지 상 최 대 의

과학 사기극

지상 최대의 과학 사기극

알렉산더 그레이엄 벨의
모략과 음모로 가득 찬 범죄 노트

세스 슐만 지음 ㅡ 강성희 옮김

살림

차례

복잡하고 수상한 대발견의 순간

왓슨, 이리 와주게.

보스턴 엑서터 플레이스 5번지의 평범한 하숙집.[1] 토머스 왓슨 (Thomas Watson)은 알렉산더 그레이엄 벨(Alexander Graham Bell)이 침실로 쓰는 다락방 서랍장 위로 허리를 굽히고 '음성 전신기'의 작은 금속제 수화기를 귀에 바싹 갖다 댄 채 창문을 향해 서 있었다. 이미 어둠이 내려앉은 바깥에선 서늘한 저녁 공기를 타고 보름달이 밝게 떠올랐다.

귀신 소리 같은 희미한 음성이 수화기를 통해 윙윙거리며 들려왔지만 그건 분명히 사람의 목소리였다. 펄쩍 놀란 왓슨은 방문을 열어젖히고 복도로 달려 나갔다.

바로 옆방에서는 벨이 작업대 위에 몸을 구부린 채 나무 상자에 부착

된 금속 삼각뿔 주둥이에 입을 대고 소리를 지르고 있었다.[2] 삼각뿔 바닥은 북을 뒤집어 놓은 것처럼 양피지가 팽팽하게 붙어 있었고 양피지 아래쪽에는 코르크에 박아 넣은 백금 침이 붙어 있었다. 그리고 침은 다시 그 아래 황산 용액이 들어 있는 작은 컵에 담겨 있었다.

벨이 이 장치에 대고 소리를 지르자 그 진동에 양피지가 떨리면서 백금 침이 위아래로 움직였다. 침 끝이 컵에 담겨 있던 다른 금속 면에 가까워졌다 멀어지기를 반복했다. 침 윗부분은 배터리에 연결되어 산성 용액을 통해야만 완전한 전기장이 형성되도록 설계되어 있었다. 산은 전기를 불완전하게 전달했고, 그 결과 벨의 목소리 음파로 침이 진동하면서 그에 따라 전기장 내의 저항력—또는 전류의 힘—이 달라졌다. 이 장치의 모양은 다음과 같았다.

·· 알렉산더 그레이엄 벨의 송화기. 단면(오른쪽)을 보면 삼각뿔 모양의 금속 송화기 아래 산성 용액이 담긴 작은 컵이 보인다.

이 혁신적인 송화기 장치를 발명함으로써 벨은 마침내 목소리 음파를 전선으로 전달되는 전기 신호로 바꾸는 데 성공했다. 대단히 영리한 발명이었고 그의 이전 연구와 비교하면 가히 혁명과 같은 발전이었다.

배터리로 움직이는 이 송화기 전선은 복도를 따라 옆방으로 들어가 작은 진동 금속판이 붙은 전신기 같은 수화기에 연결되어 있었다. 이 진동판은 벨이 지난 일 년 반 동안 진행한 여러 실험에서 계속 사용했던 것으로 전류에서 발생하는 '파동'에 따라 진동하게끔 만들었다.[3]

왓슨이 자기 귀로 들은 것을 보고하려고 방으로 달려갔을 때 벨은 아직도 기계에 입을 댄 채 계속 소리를 지르고 있었다. 흥분을 감추지 못한 왓슨의 보고를 듣고 나서야 벨은 자신이 세계 최초로 전화 통화에 성공했음을 깨달았다.

두 사람 역시 믿기 어려운 업적이었다. 오랫동안 목표를 향해 달려왔지만 한 번도 변변한 성공을 거두지 못하던 실험이 1876년 3월 10일 그렇게 결실을 보았다.

벨과 왓슨의 이 대발명의 순간은 발명 역사상 가장 유명하고 로맨틱한 이야기로 꼽힌다. 원대한 꿈을 품은 진지한 두 젊은이가 초라한 연구실에서 세상을 바꿀 발명을 해냈으니 말이다. 나는 어렸을 때 처음 이 이야기를 들은 이후 여러 가지로 화려하게 각색된 이야기들을 수도 없이 보고 들었다. 마치 낡은 목제 가구에 윤을 낸 듯한 이야기들이었다.

벨의 목소리가 한 방에서 다른 방까지 전화선을 타고 이동한 거리는 채 10미터도 되지 않았다. 인간의 교류 방식에 어마어마한 변화를 일으킨 것치고는 아주 소소한 거리다. 그런데도 1세기가 넘도록 수십억 통의 알려지지 않은 장거리 대화들 가운데서도 벨이 내뱉은 그 강렬한 첫 마디는 전화 역사를 통틀어 가장 유명한 말이 되었다.

전화 발명에 관한 이야기는 그냥 유명하기만 한 게 아니라 기록까지도 완벽하게 남아 있다. 그 기록은 두 청년이 전화 실험에 성공하던 순간을 적은 그날 저녁부터 시작된다. 당사자들이 실험에 성공한 바로 그 시간에 적은 기록은 역사학자에게는 슬램덩크나 다름없는 확실한 사료였다.

벨은 가죽 장정을 입힌 노트에 실험 성공에 대한 공식적인 증언을 깔끔한 필체로 적고 그 아래에는 송화기의 상세한 그림을 그려 놓았다.

나는 송화구에 대고 이렇게 소리쳤다.[4] "왓슨 군, 이리 와주게. 잠깐 볼일이 있네." 놀랍게도 그는 곧 방으로 와서 내가 한 말을 알아들었다고 했다. 그 말을 그대로 해보라고 하자 그는 이렇게 대답했다. "이렇게 말씀하셨죠. '왓슨 군, 이리 와주게. 잠깐 볼일이 있네.' 라고요." 우리는 서로 방을 바꿔 이번에는 내가 수화기를 잡고 왓슨이 송화구에 입을 대고 책에서 몇 구절을 읽었다. 수화기로 분명한 소리가 전달되어 나왔다. 소리는 컸지만 내용은 분명하게 들리지 않았다. 처음에는 "으로"라거나 "밖에" "더 이상" 같은 말이 들렸다. 그러다가 마침내 완벽한 문장이 들렸다. "벨 선생님, 제가 하는 말을 알아들으시겠어요? 무슨/ 말인지/ 알아/ 들으시겠어요?" 아주 분명한 소리였다.

반면 왓슨의 공책에 적힌 내용은 급히 적어 넣은 듯 조금 난해하다.[5] 처음 20페이지만 사용된 그의 길고 좁은 공책의 뒷장에는 이제는 회색으로 바랜 잉크로 당시의 일이 적혀 있다. 그는 우선 날짜를 적은 다음 벨과 자신이 전화선을 통해 전달하려던 말을 적었다. "왓슨 군, 이리 와 주게. 잠깐 볼 일이 있네."가 한 칸에 적혀 있고 그 아래에는

"처음 뵙겠습니다."

그 다음 칸에는

"여왕 만세! 분명하게 잘 들리는 문장들 만세!"

라고 적혀 있다. 다른 발명가들과 달리 벨과 왓슨은 자신들이 이룬 일이 얼마나 대단한 업적인지 재빨리 알아챘다. 한껏 의기양양해진 벨은 그날 밤 아버지에게 보내는 편지에 이렇게 적었다.

드디어 커다란 문제의 해결책을 찾은 것 같아요.[6] 이제는 수도 나 가스처럼 집집이 전신선이 깔리는 날이 올 겁니다. 사람들은 집 에 앉아서도 다른 장소에 있는 친구와 대화를 나눌 수 있는 거예요.

왓슨은 나중에 그들의 선구적인 첫 대화를 전송했던 전화선을 조용히 챙겼다. 그리고 성인의 유골을 다루듯 조심스럽고 경건하게 전화선을 감은 다음 봉투에 넣어 은행 대여 금고에 가져가 넣었다. 감아 놓은 전화선에는 이런 메모를 붙였다.

> 이 전화선은 엑서터 플레이스 5번지 건물의 13번 방과 15번 방을 연결했던 것으로 1875년 가을부터 1877년 여름까지 전화를 만드는 모든 실험에 사용되었다.[7] 그리고 1877년 여름 전화 실험은 완벽한 성공을 거두었다. 1877년 7월 8일에 씀.
>
> — T.A. 왓슨

벨과 왓슨의 공책, 심지어 그들이 사용한 전화선까지도 오늘날까지 전해지고 있다. 그러나 나는 이번 기회를 통해 역사가 얼마나 어려운 것인지를 알게 되었다. 과거에 무슨 일이 있었는지는 아주 잘 알면서도 정작 그 의미를 이해하는 일은 거의 없으니 말이다.

몇 해 전인 2004년 나는 우연히 벨과 왓슨의 이 유명한 이야기에 검은 그림자를 드리우는 일련의 정보를 발견했다. 벨의 실험 노트를 읽다가 떠오른 끈질긴 한 가지 의문에서 시작된 의혹은 점차 예상 밖의 방향으로 발전했다. 그리고 연구가 진행될수록 여러 세대에 걸쳐 전해지던 벨과 왓슨의 이야기는 많은 사람들의 사랑을 받은 진지한 '대발견의 순간'에서 뭔가 복잡하고 수상한 이야기로 변모해 나갔다.

벨의 일화 가운데 가장 유명한 것은 왓슨과의 첫 통화에 관한 이야기다. 그러나 이 이야기 때문에 벨의 비열한 행위도 역사 속에 영원히 새겨지고 말았다. 무슨 아이러니인지 벨을 유명하게 만든 이야기가 그가 저지른 역사상 가장 엄청난 도둑질의 증거가 되어버린 것이다.

나는 벨이 전화를 발명하게 된 경위를 조사하면서 점차 그에 대해 안다고 생각하던 많은 것들에 의문을 품게 되었다. 어째서 그토록 많은 역사학자들이 벨에 관한 진실을 제대로 밝혀내지 못했는지가 궁금했다. 답답한 마음이 들 때는 역사라는 것이 옆 사람에게 귓속말로 전해지다가 마지막에 가서는 전혀 다르게 왜곡되어 버리는 아이들의 전화 놀이만도 못하다는 생각이 들 때도 있었다.

이야기가 지나치게 앞서 나갔지만 본론으로 돌아가기에 앞서 한 가지 짚고 넘어가야 할 사항은 아주 이상한 일이 일어났다는 것이다. 덧붙여 내가 역사의 덫에 걸려 세상에서 가장 중요한 발명품과 관련된 성가신 음모에 발을 딛게 된 것은 순전히 우연이었다.

갑작스런 방향 전환

10월의 어느 늦은 저녁 나는 MIT에서 받은 멋진 사무실에서 일하고 있었다. 컴퓨터 화면에는 미국 의회 도서관이 공개한 알렉산더 그레이엄 벨의 실험 노트가 고화질 디지털 영상으로 떠 있었다. 그가 직접 작성한 1875~1876년도 실험 기록이었다.

책상 옆 커다란 창문 너머로 찰스 강과 보스턴 시내가 한눈에 들어왔다. 나는 불빛이 반짝이는 밤의 지평선과 도시를 드나드는 자동차 불빛을 바라보았다. 1세기도 더 전에 벨이 내 컴퓨터 화면에 뜬 글을 기록한 엑서터 플레이스 5번지도 눈에 들어왔다.

벨의 실험 노트 영상은 가죽 장정을 입힌 공책의 묵은 냄새와 줄 쳐진 페이지의 바스락거리는 느낌만 빼면 모든 면에서 실물과 다름이 없어서 벨이 직접 만년필로 기록한 실험 기록을 실제로 보는 듯한 생생함을 느낄 수 있었다. 심지어 서두르느라 마구 갈겨쓴 구절에서는 벨이 느꼈을 법한 흥분까지 전해진다.

나는 벨이 월드와이드웹을 통해 완벽하게 재현된 자신의 노트를 본다면 어떤 생각을 할지 궁금했다. 분명히 기술의 발전에 감탄하고 당연히 자랑스럽다는 생각도 할 것이다. 결국 인터넷이란 그가 만들어낸 통신 장치의 후손이니 말이다.

과학기술 전문 기자인 나는 발명, 특히 그 발명이 어떻게 이루어졌고 후세에 어떻게 기억되는지를 오랫동안 관심 있게 지켜보았다. 따라서 MIT의 디브너 과학기술사 연구소에서 특별 연구원으로 일 년간 지낼 기회가 오자 주저 없이 그 기회를 붙잡았다. 그들이 외부인을 연구소에서 개최하는 세미나와 토론 그룹에 참여하도록 초청한 것은 처음 있는 일이었고 나 역시 역사학자들과 함께 일하는 것이 처음이었다.

발명가에 관심이 많던 나는 이 기간에 위대한 발명가 둘의 관계를 연구하겠다고 제안했다. 토머스 에디슨(Thomas Edison)과 알렉산더 그레이엄 벨이 바로 그 주인공이다. 여러 가지로 다룰 점이 많아 보이는 프로젝트였기 때문에 연구를 시작할 기회가 주어졌다는 것에 감사했다. 모두 알다시피 에디슨과 벨은 이른 나이에 세상을 바꿀 만한 기술적 이바지를 한 것으로 유명하다. 에디슨은 서른네 살에 백열등을 발명함으로써 '멘로 파크(Menlo Park: 에디슨의 실험실이 있던 뉴저지 주의 도시)의 마법사'라 불렸고 벨은 서른 살에 전화를 발명해 유명해졌다.[1]

그러나 에디슨과 벨이 1847년, 같은 해에 단지 20일 차이로 태어난 동시대 인물이라는 점은 잘 알려져 있지 않다.[2] 그들이 오랜 경쟁자였으며 사이가 좋지 않았고 기질과 배경, 발명에 대한 접근법까지 백팔십도 달랐다는 사실 또한 그렇다. 까칠한 성미에 걸핏하면 신경질을 내던 에디슨은 정규 학교 교육이라고는 3개월 밖에 받지 않은 독학자였다.[3] 그는 공장 같은 실험실에 틀어박혀 노예처럼 오랜 시간을 일하며 조수들에게는 출퇴근 시간을 기록하게 했고 무엇보다도 실험과 *끈기*를 강조했다.[4] 우리는 에디슨 하면 흔히 백열등을 떠올리지만 그가 만들어낸 혁신적인 발명품은 그 밖에도 수없이 많다. 그가 받은 1,093건이라는 특허 건 수는 개인이 받은 최다 기록으로 아직도 깨지지 않고 남아 있다.[5] 하지만 이런 수치보다 더 놀라운 것은 그가 발명한 물건들이 다양한 분야에 포진해 있다는 사실이다. 영사기, 축음기, 전기 자동차를 비롯해 건물 건축에 콘크리트를 사용한 것까지 그의 발명품에는 경계가 없었다.

성취 면에서는 에디슨이 앞서지만 화려함에서는 벨이 앞선다. 그는 영국 런던 대학을 다녔으며 보스턴 대학에서 학생들을 가르쳤다. 늦잠을 자고 저녁에는 피아노를 즐겨 연주했으며 이론이 실험에 앞선다고 믿는 세련되고 귀족적인 교수였다. 또한 시대에 앞선 감각을 자랑했으며 과학을 비롯해 관심 분야도 에디슨보다 훨씬 넓었다. 기술 발전의 양상을 좇아가려고 외국 서적까지 탐독하고 백과사전을 읽으며 하루를 마감하는 것도 좋아했다. 농아들을 가르치는 새롭고 진보적인 방법을 제시하고 헬렌 켈러(Helen Keller)에게 그녀의 인생을 바꿔 놓은 선생님도 소개했다.[6] 1880년대에는 「사이언스(Science)」지의 창간을 도왔고 미국 지리 학회 회장을 지내기도 했다.[7] 전화를 발명한 후에는 작은 팀을 꾸려 세계에서 첫 성공을 거둔 비행기 설계를 하기도 했다.[8] 선천성 농아에 대한 관심이 유감스럽게 우생학 운동으로 이어지기도 했으나 전체적으로 그는 여성의 권리 증진이나 보통 선거권을 지지하는 편견 없는 사람이었다.[9]

대부분의 사람들이 그를 좋아했다는 사실도 주목할 점이다. 그들은 벨의 따뜻한 마음과 학식, 특히 새로운 것을 향한 지칠 줄 모르는 열정을 좋아했다. 벨의 그런 면은 사위 데이비드 페어차일드(David Fairchild)의 회상에서 잘 드러난다.

> 벨 선생님은 키가 크고 잘 생겼으며 뭐라 정의할 수 없는 야심 찬 분위기를 풍겼다.[10] 선생님이 발산하는 생기와 따뜻함 때문인지 그 강렬한 시선 앞에서는 어떤 편협한 사고도 사라지는 것 같았다. 선생님과 함께 있다 보면 우주에는 관심을 기울이고 관찰하고 생각해 봐야 할 멋진 것들이 많아서 가십이나 사소한 논쟁에 몰두하는 것은 지독한 시간 낭비라는 기분이 들었다.

에디슨이 이룬 업적도 대단히 매력적이었지만 조금 알게 된 것만으로도 벨이 더 친근하게 느껴졌다. 그래서 나는 먼저 벨에 관한 연구를 시작하기로 했다. 대학 도서관에서 벨의 인생과 그 시대에 관한 자료들을 빌려와 사무실 책꽂이를 채워 나갔다. 연구의 출발점은 당연히 그가 아름다운 필체로 기록한 실험 노트였다.

이런 연구를 하기에 디브너 연구소보다 더 적합한 곳은 없었다. 북적 거리는 MIT 캠퍼스의 서쪽 구석에 틀어박힌 연구소는 전 세계 학자들이 모여 수준 높은 연구를 할 수 있는 안식처로 베른 디브너(Bern Dibner)라 는 사업가가 남긴 유산이다.[11] 그는 뉴욕 브롱크스 공장 창고에 세세 최 고 수준의 과학기술사 서적 컬렉션을 만든 수수께끼 같은 인물이다. 디 브너가 자신의 사업(고압선에 사용되는 전기 연결기를 만드는 일)보다 취미(과 학기술사)에 점점 더 많은 관심을 쏟아 부으면서 창고 선반에는 아르키메 데스(Archimedes)에서 알렉산드로 볼타(Alessandro Volta)에 이르는 희귀 본들이 자리를 채우게 되었다.

　디브너 과학기술사 연구소는 1990년에 설립된 이래로 초기의 창고 모습과는 전혀 다른 쾌적한 환경을 갖춘 건물에 학자들 수십 명을 초청 해 명성 높은 도서관 자료를 활용하여 연구를 할 수 있게 배려했다. 내 옆 사무실에도 카이사르 마피올리(Cesare Maffilo)라는 싹싹한 이탈리아 인이 유체 역학에 관한 레오나르도 다빈치의 오싹할 정도로 놀라운 이해 력을 주제로 연구하고 있었고, 한 층 아래에서는 물리학과 역사에 정통 한 피터 보쿨리치(Peter Bokulich)라는 젊은 연구원이 '보어-로젠펠트 논 문'으로 알려진 과학 기사가 양자 역학이 등장하는 데 어떤 영향을 미쳤 는지를 연구하고 있었다.[12]

　연구소 행정 사무실의 세련된 유리문을 처음 열고 들어갔을 때 가장 놀라웠던 것은 접수 계원 책상 뒤에 걸린 알렉산더 그레이엄 벨의 대형 초상화였다. 백발에 인자한 모습을 한 벨은 작업대 옆에 서서 생각에 잠긴 듯 먼 곳을 응시하고 있었다. 과학기술사와 관련된 물건들을 전시한 우아하고 현대적인 유리 진열장이 사무실 벽을 따라 늘어서 있는 모습도 눈에 띄었다. 한 진열대에는 초기 뢴트겐 엑스레이 기계로 찍은 사진이 전시되어 있고 또 다른 진열대에는 새것처럼 보이는 초기 모스 전신기가 있었다. 그 옆에는 벨의 첫 전화 연설문이 깔끔하게 장정되어 놓여 있었다. 이 연구소가 발명이라는 주제를 얼마나 진지하게 생각하고 있는지 엿볼 수 있는 전시물들이었다.

나는 내 연구 주제인 벨의 초상화가 연구소 본부 사무실에 보란 듯이 걸려 있는 걸 보고 왠지 모를 위안을 받았다. 대부분 역사학자로 구성된 높고 높은 상아탑에 처음 들어간 외부인으로서 이질감을 느끼고 있었기 때문이다.

연구소에 도착한 지 얼마 지나지 않아 연구 프로그램 감독 대행 조지 스미스(George Smith) 교수가 내 사무실 문을 두드렸다. 커다란 안경을 쓰고 수줍은 미소를 띤 다정하고 학식이 높은 스미스 교수는 젊은 시절 제트 엔진 설계에 참여한 경험이 있었다. 그러나 군사 연구에 참여했다는 죄책감을 느끼고 이내 철학으로 방향을 틀었다. 그러고는 오랜 연구 끝에 과학기술사에 관한 해박한 지식을 습득한 후 아이작 뉴턴(Isaac Newton)의 삶과 업적에 관한 세계 최고 수준의 전문가로 떠올랐다.[13]

스미스 교수는 환영의 말을 건넨 다음 감사하게도 내가 쓴 글을 몇 개 언급하기까지 했다. 그는 특히 내가 초기 항공 역사에 관해 썼던 책을 좋아한다고 말했다. 등한시되던 선구자들의 역할을 제대로 조명했다는 이

유에서였다.

그러나 그는 모두가 자기처럼 내게 호감을 느끼고 있는 것은 아니라는 말도 덧붙였다. 연구소에 있는 몇몇 역사학자들에게 나를 증명해야 할 것이라는 다정한 충고도 잊지 않았다.

"솔직히 말해, 자네가 여기 와 있는 걸 찬성하지 않는 사람도 많다는 걸 알아야 할 걸세."

그러나 나는 다른 사람의 생각은 별로 개의치 않았다. 벨의 공책을 한 장씩 넘겨보던 그날 밤에도 나는 벨의 연구에만 온통 정신이 팔려 있었다. 우선 벨의 실험이 합리적으로 진행되고 있음을 알 수 있었다.[14] 벨은 날마다 같은 요소들을 이용해 실험에 변화를 주었다. 전자석, 진동판, 소리굽쇠 같은 것들이었다. 명확하고 이해하기 쉬운 실험이었다. 지금까지 내가 취재한 현대 과학의 난해한 연구들과는 달리 그가 무엇을 하고 있었는지, 심지어는 그가 무슨 생각을 하고 있었는지까지 이해할 수 있을 정도였다.

벨의 실험은 우리가 오늘날 전화라고 부르는, 당시에는 아직 존재하지 않던 장치를 염두에 두고 진행된 것은 아니었다. 오히려 당시의 다른 발명가들과 마찬가지로 그 또한 전신 산업의 발전에 걸림돌이 되는 문제를 푸는 데 주력하고 있었다. 바로 전신선을 통해 하나 이상의 전문을 보내는 방법에 관한 문제였다. 벨은 전기와 자기라는 새로운 분야에 대해서는 그다지 지식이 풍부하지 않았으나 뛰어난 농아 교사였기에 소리에 관해서는 아는 게 많았다. 그는 '다중 전신기'라고 이름 붙인 장치를 만들기 위해 전문을 주고받을 때 다른 주파수를 이용하는 방법을 생각하고 있었다. 하나의 주파수로 전문을 주고받도록 조율된 장치를 만들 수 있다면 같은 전신선으로 동시에 다수의 전문을 서로 섞이지 않게 보낼 수 있다는 것이 그의 이론이었다.

이를 위해 벨은 특정한 주파수로 보낸 신호만 받아들이는 전신 장치를 만드는 데 체계적인 노력을 기울였다. 세기가 다른 배터리나 정렬이 다른 자석도 사용해 보고, 심지어는 회로 안 진동판의 주파수를 조정하려고 다른 속도로 회전하는 막대 자석을 붙인 실린더까지 만들었다.

물론 이런 상업적인 목표 외에도 벨의 관심을 끄는 것은 아주 많았다. 예리한 사고와 풍부한 상상력을 자랑하던 그에게는 전신선을 통해 사람의 음성을 전송할 수 있을까 하는 문제도 중요한 관심사였다. 사람이 소리를 인지하는 방식에 관심이 많던 그는 이 시기에 진행하던 연구의 하나로 클래런스 블레이크(Clarence Blake)라는 의사의 도움을 받아 시체의 귀로 실험을 하기도 했다. 그의 음향에 대한 이해와 다른 주파수로 조율된 소리를 전신선으로 보내려는 강한 집념은 곧 사람의 음성을 성공적으로 전송할 수 있는 장치를 생각해 내기에 이른다.

나는 벨의 공책을 읽느라 시간이 가는 줄도 몰랐다. 자정쯤 되었을 때는 1876년 3월의 기록을 살펴보고 있었다. 순간 한 기록이 눈에 띄었다.

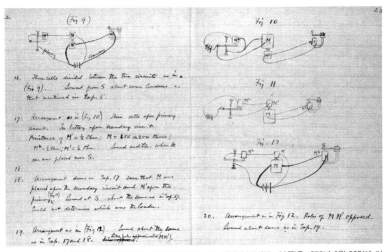

•• 1875~1876년 사이에 기록한 알렉산더 그레이엄 벨의 노트. 펼쳐진 부분(22~23쪽)은 1876년 2월 22일에 기록한 것으로 다중 전신기에 관한 몇 가지 아이디어를 담고 있다.

몇 달 동안 천천히 점진적으로 진행되던 연구가 3월 8일에 이르러 완전히 새로운 아이디어로 방향을 틀고 있었다.[15] 벨은 그날 처음으로 황산을 넣은 물 접시 실험을 노트에 기록했다. 그가 만들던 회로의 한쪽 끝에는 여전히 진동판과 자석을 쓰고 있었는데 난데없이 완전히 새로운 장치를 다룬 기록이 등장한 것이다. 전기 회로를 완성하려고 격막에 침을 박아 산성 용액에 담근다는 아이디어였다. 이 기록이 등장한 이후로 빠르게 이어지는 일련의 실험에서는 몇 가지 다른 용액이 등장한다. 그리고 이 새로운 실험 안이 나온 지 하루 반 만에 벨은 새로 발명한 장치로 옆방의 왓슨을 부르는 놀라운 성공을 거둔다.

꾸준하게 이어지는 몇 달간의 연구를 따라가던 나는 실험 방향이 갑자기 바뀐 것에 충격을 받았다. 그전 해에는 이와 비슷하다고 할 수 있는 기록조차 전혀 없었기 때문이다. 나는 벨이 일 년 넘게 진동판과 자석, 배터리로 배열만 달리하며 연구를 진행하다가 어떻게 갑자기 용액에 침을 담글 생각을 하게 되었는지 궁금했다.

처음에는 그처럼 급격한 개념의 전환이 벨의 천재성을 보여주는 증거라고 생각했다. 그날 밤 내 일기에도 그런 말을 적어 넣었다.

대발견의 순간에는 이런 마법 같은 일이 일어날 수도 있음을 경험상 알고 있었기에 나는 이런 벨의 사고 전환에 감동을 받았다. 손에 잡히지 않고 명확히 알 수 없던 무언가가 명백해지는 그런 순간이 벨에게 찾아왔던 것이다. 그러나 그런 전환을 가능케 하는 요소는―번쩍하는 깨달음이든 우연이든―설명하거나 표현하기가 어렵다. 그래서 나는 매장량이 풍부한 금광을 발견한 채굴업자나 우연히 희귀본을 발견한 책 수집가처럼 그런 순간들에 흥분한다.

윌버 라이트(Wilbur Wright)는 자전거 가게에서 튜브가 든 상자를 할 일 없이 비틀어 구부리다가 공기 중에서 제어력을 갖추도록 비행기 날개를 구부리는 획기적인 생각을 해냈다.[16] 알렉산더 플레밍(Alexander Fleming)은 습한 런던 공기에서 소리 없이 기어 나와 진행 중이던 포도상 구균 배양 실험을 망친 곰팡이에 매료되었다.[17] 그리고 못 쓰게 된 표본을 버리는 대신 그 곰팡이를 연구해 페니실린을 발견함으로써 세상을 바꿔 놓았다.

그러나 나는 벨의 대발견의 순간이 기록된 노트를 보다가 자그마한 단서를 찾아냈다. 2월 말과 3월 초의 기록 사이에 열이틀 동안 공백이 있었다. 페이지마다 연달아 기록되어 한결같아 보이던 실험이 2월 24일 실험을 마친 후로 2주 동안이나 중단되었던 것이다. 벨은 새로운 송화기에 대한 아이디어를 소개하기 하루 전, 34페이지에 다음과 같은 간결한 말로 이 사실을 분명하게 확인해 주고 있다.

　　1876년 3월 7일, 워싱턴에서 돌아옴.[18]

　실험실을 떠나 있던 시간이 벨에게 새로운 방향으로 눈을 돌리게 한 계기가 된 게 분명했다. 나는 워싱턴에서 무슨 일이 있었고 무엇 때문에 여행에서 돌아오자마자 그의 연구에 눈에 띄는 변화가 일어났는지 알고 싶었다.

　역사학자인 동료들에게는 이런 문제를 파헤치는 것이 일상적인 일이겠지만 내게는 완전히 새로운 경험이었다. 벨의 실험 노트는 내게 작은 역사 퍼즐 조각을 하나 던져 주었고, 다행히 내게는 끝을 알 수 없는 이 실마리를 따라갈 시간과 자원이 충분했다. 나는 어쩌면 벨과 토머스 에디슨의 경쟁 관계에 이 문제를 푸는 열쇠가 있을지도 모른다고 생각했지만 자세한 내용은 조사를 해봐야 알 수 있을 터였다. 그러나 다음에 어떤 일이 벌어질지는 조금도 예상하지 못했다.

워싱턴행과 우선권 다툼

1876년 2월 26일 토요일 알렉산더 그레이엄 벨이 탄 기차가 칙칙 거리는 커다란 소리와 금속이 긁히는 날카로운 비명을 지르며 워싱턴 시내에 있는 볼티모어 포토맥 역으로 들어왔다. 벨은 서둘러 기차에서 내려 플랫폼에 발을 디뎠다. 앞으로 일어날 일의 결과에 그의 운명이 달려 있었다.

스물아홉 살 생일을 며칠 앞둔 알렉 벨은 검은 곱슬머리에 텁수룩한 수염을 기른 추진력 강하고 진지한 청년이었다. 농아 교사이며 이제 막 문을 연 보스턴 대학의 부교수였던 그는 가난했지만 누구보다 야망이 컸다. 이 시기에 그를 알았던 사람들은 알렉 벨이 예의범절과 화법을 공부했으며 등을 곧게 세운 자세부터 격식을 차린 말투에 이르기까지 딱딱한

·· 1876년의 알렉산더 그레이엄 벨.

행동거지 때문에 실제보다 더 나이 들어 보였다고 회상한다.[1]

가죽 가방을 손에 든 벨은 역 입구로 나갔다. 벨에게는 대단히 중요한 순간이었고 건국 백 년을 맞아 새롭지만 혼란스러운 변화를 경험하고 있던 미국에는 약동의 시기였다. 이런 정황은 당시 철도만 보아도 충분히 짐작할 수 있다. 미국에는 지난 4년 동안에만 2만 킬로미터에 가까운 철도가 깔리며 새로운 시대를 향해 가속도를 붙이고 있었다.[2] 사람들은 재봉틀에서 화재경보기에 이르는 기계와 전기 장치는 물론 찰스 다윈(Charles Darwin)의 진화론처럼 새로운 과학 사상이 넘쳐나는 어지럽고 신나는 신세계로 앞다퉈 발을 내딛고 있었다. 세상은 지상 최대의 쇼를 만든 바넘(P.T. Barnum) 같은 장사꾼과 뉴욕 주 상원의원으로 공금을 착복하고 해외로 도주하려고 탈옥했던 윌리엄 보스 트위드(William 'Boss' Tweed)같은 도둑들로 가득 차 있었다.[3] 기차에서 승객들을 상대로 대담한 강도 행각을 벌인 제시 제임스(Jesse James) 일당 같은 범법자들도 많았다.[4]

바깥 날씨는 계절답지 않게 따뜻했다. 벨은 근사한 마차를 잡아타고는 부유하고 영향력 있는 특허 전문 변호사 안토니 폴록(Anthony Pollok)의 집으로 향했다. 워싱턴에 머무는 동안 폴록의 집에서 묵을 생

•• 워싱턴 DC 소재 미국특허청, 1876년 경.

각이었다.

　마차 밖으로 보이는 미국의 수도 워싱턴은 채 완성되지 않아 거친 분위기를 물씬 풍겼다. 벨에게 제2의 고향이나 다름없는 보스턴과 비교하면 특히 더 그랬다. 넓은 거리는 텅 비다시피 했고 거대한 정부 청사 근처에는 초라한 싸구려 호텔과 가게들이 모여 있었다.[5] 아직 포장되지 않은 도로들도 많았다.[6] 몇십 년 전 워싱턴을 방문한 찰스 디킨스(Charles Dickens)는 이곳을 "엄청난 속셈을 지닌 도시"라고 부르며 많은 것이 과장되어 있다고 말한 바 있다.[7]

　그 이후 인구는 배로 늘어났지만 율리시스 그랜트(Ulysses S. Grant) 대통령의 두 번째 임기가 끝나갈 무렵에도 워싱턴은 디킨스가 했던 말에서 한 발자국도 발전하지 못하고 있었다.[8] 마치 그런 분위기를 강조하듯 도시 중앙에는 반쯤 완성된 워싱턴 기념비가 잘못 찍은 느낌표처럼 추하게 우뚝 솟아 있었다.[9] 기념비는 남북 전쟁 이전부터 삼십 년 가까이 건설이 지연되고 있었다. 1848년에 제임스 포크(James Polk) 대통령이 초석을 놓았지만 1876년인 지금도 부러진 대형 굴뚝같은 모양으로 비를 막는 간이 지붕을 인 채 그대로 서 있었다.

그러나 이런 도시 분위기와 달리 폴록의 집은 몹시 화려했다. 그의 집에 머무는 동안 벨은 아버지에게 보내는 편지에 이렇게 적었다.

폴록 씨의 집은 제가 지금껏 본 어느 집보다 화려합니다. 분명히 워싱턴에서 가장 멋지고 시설도 최고에 속할 겁니다.[10]

남북 전쟁 후의 대호황기에 지어진 폴록의 저택이 자랑하는 시설물 가운데는 화강암 기둥과 4미터가 넘는 높이의 천정도 있었다.[11] 벨은 수많은 흑인 하인들 이야기도 적었다. 폴록은 벨이 머무는 동안 그에게 워싱턴의 상류층 사람들을 소개하고 파티까지 열어주었다.

그러나 벨은 자신의 일에 정신이 팔린 나머지 사교에는 신경 쓸 겨를이 없었다. 그는 아버지에게 이렇게 털어놓았다.

아버지는 지금 제가 얼마나 불안하고 애가 타는지 모르실 겁니다.[12]

벨의 말처럼 그의 미래는 얽히고설킨 특허권 결과에 달려 있었다. 벨이 워싱턴에 온 이유도 바로 그 문제를 해결하기 위해서였다. 그러나 성공 가능성은 크지 않았다. 벨이 신청한 전화 특허 ─역사상 가장 돈을 많이 벌어들인 것으로 알려진 특허─는 미국 특허청으로부터 '우선권 다툼'이라는 판결을 받은 상태였다. 우선권 다툼이란 둘 이상의 발명가가 같은 발명품을 가지고 동시에 특허 신청을 냈을 때 쓰는 용어다. 특허 심사관은 벨과 다른 발명가의 아이디어 사이에 중복되는 부분이 많다고 생각했다. 결과적으로 돈과 시간이 많이 드는 우선권 심사를 받아야 할 가능성이 커진 것이다.

벨은 그런 심사는 무슨 일이 있어도 피해야 한다는 걸 알고 있었다. 몇 년이 걸릴지도 모르고 심사가 진행되는 동안에는 발명품에 대한 대가를 거둬들일 수도 없기 때문이다. 이는 벨과 그의 재정 후원자들 모두에게 불행한 일이었다. 당시 전신업계에서 상대적으로 잘 알려지지 않았던 벨은 명확하고 독자적인 특허권을 받아야만 자신의 발명품을 성공적으로 상업화시킬 수 있었다.

벨은 워싱턴에서 아버지에게 보낸 편지에 자세한 상황을 털어놓았다. 벨은 그 일이 자신의 인생에 중대한 전환점이 될 것이라고 말했다. 그리고 특허를 받지 못하면 전기 연구를 완전히 접고 농아를 가르치는 일에만 매진하겠다고 썼다. 그러나 특허를 받는 데 성공한다면 최근에 약혼한 젊고 부유한 여성과 결혼할 자신이 있다고 했다. 그는 신이 나서 이렇게 강조했다.

우선권 다툼 없이 특허를 따낸다면 모든 게 제 것이 되는 겁니다. 제가 만든 장치를 완벽하게 다듬기만 하면 부와 명성과 성공이

따라오는 거예요.[13]

나는 다음 며칠 동안 벨의 인생을 바꿔 놓은 워싱턴행을 둘러싸고 복잡하게 얽혀 있는 이상한 점들을 푸는 데 골몰했다. 우선 여행 시점이 이상했다. 벨이 전화 특허 신청을 낸 것은 1876년 2월 14일이었다. 그러나 실험 노트에 따르면 그가 전화로 명확한 사람의 음성을 전송하는 데 성공한 것은 3월 10일이었다. 그렇다면 벨은 아직 아이디어를 형상화시키지 않은 상태에서 특허 신청을 냈던 것일까? 다시 말해 만들지도 않은 발명품에 특허를 냈다는 말인가?

그러나 이런 의문도 이상하기는 마찬가지였다. 지적 재산권에 관한 논쟁을 취재한 적이 있는데 알아본 결과 1800년대 당시에는 특허 신청을 낼 때 발명품의 실제 모델을 함께 제출해야 했기 때문이다.[14] 그러나 조금 더 살펴보자 새로운 사실이 등장했다. 1876년 2월 14일 벨이 전화 특허를 신청한 바로 그날, 미국 상원 위원회에서 발명품 모델을 제출해야 한다는 요건을 파기하는 법안에 관한 청문회가 열렸던 것이다. 코네티컷 주 상원의원 제임스 잉글리시(James E. English)가 제안한 이 법안의 지지자들은 특허청의 다락이 말 그대로 포화 상태여서 다음해에 예상되는 약 2만 건의 새 발명품 모델들을 더는 수용할 공간이 없다고 증언했다.[15]

물론 그때까지 미국 특허청이 신청서와 함께 발명품 모델을 함께 내야 한다는 요건을 지키지 않고 있었다면 상원에서 이 문제로 논쟁을 하는 일은 없었을 것이다. 그런데 왜 벨의 경우에는 특허 심사관이 실제 전화기 모델을 제출하라고 요구하지 않았을까?

이상한 점은 또 있었다. 특허청은 벨이 1876년 3월 7일 보스턴의 연구실로 돌아가기도 전에 전화 특허를 내주었다. 아무리 생각해도 지나치게 신속한 결정이었다. 어떻게 역사상 가장 중요한 특허를 단 3주 만에 내줄 수 있었을까? 나는 같은 시기에 신청되었거나 취득된 특허들을 찾아보았다. 모두 특허가 나오는 데 몇 달에서 몇 년 씩 걸렸다. 벨처럼 보스턴을 기반으로 하고 있던 발명가 티머시 스테빈스(Timothy Stebins)는 1876년 3월 2일 유압 엘리베이터에 관한 특허를 냈지만 5개월 이상이 지난 8월 15일에야 특허를 받았다.[16] 뉴헤이번의 윌리엄 게이츠(William Gates)라는 발명가의 특허가 처리되는 데는 거의 2년이 걸렸다.[17] 1874년 4월 1일에 신청한 특허가 1876년 2월 29일까지 나오지 않았던 것이다. 조금 더 조사하자 그럴 듯한 이유가 발견되었다. 1876년에 미국 특허청은 고작 몇십 명의 심사관을 고용해 매년 수만 건씩 들어오는 특허 신청을 처리하고 있었던 것이다.[18]

그럼에도 미국 특허청이 벨의 특허를 그렇게 신속하게 처리한 데에는 이상한 점이 많았다. 1876년 2월 19일 특허 심사관은 벨에게 특허가 3개월간 보류될 것이라는 통보를 보냈다. 거기에는 3개월이 지나면 특허청에서 우선권 심사 여부를 정식으로 결정할 것이라고 적혀 있었다. 심사에서는 어느 발명가가 우선권을 주장할 수 있는지를 결정하는 정식 청문회가 열리는 것이 상례였다. 예컨대 1877년 에밀 베를리너(Emile Berliner)라는 발명가의 마이크 특허 신청 관련 우선권 심사는 13년 이상 걸리기도 했다.[19] 물론 이 경우는 극단적인 예지만 일반적인 우선권 심사라 해도 일 년 이상 걸리는 것이 보통이었다.

따라서 결론은 하나였다. 벨의 특허에 대한 미국 특허청의 신속한 처리는 극히 예외적이었다는 것이다. 나는 특허청 관리들이 다른 발명가와 벨의 특허 신청이 중복된다는 생각을 그렇게 빨리 바꾼 이유가 무엇인지 궁금했다. 우선 이 궁금증을 해결하자면 다른 발명가가 신청한 내용이 무엇인지 정확히 알아야 할 것이다.

디브너 연구소의 멋진 도서관 덕분에 나는 두 번째 의문점에 관한 대답을 쉽게 찾아낼 수 있었다. 벨의 전화 특허와 충돌을 일으킨 것은 엘리샤 그레이(Elisha Gray)라는 전기 연구자가 낸 특허권 보호 신청이었다.

오늘날에는 엘리샤 그레이를 기억하는 사람도 드물거니와 기억하더라도 아마 그를 알렉산더 그레이엄 벨보다 몇 시간 늦게 전화 특허 신청을 냈던 불행한 사람으로만 기억하고 있을 것이다.[20]

이렇게 역사는 승자와 패자를 냉혹하게 가른다.

엘리샤 그레이를 조사해 나가자 전화 특허권을 둘러싸고 벨과 그레이 사이에서 벌어진 싸움에 관해 대단히 많은 정보를 얻을 수 있었다. 그들의 싸움은 여러 법정을 옮겨 다니며 십 년 이상을 끌었다. 그럼에도 오늘날 그 사실을 기억하는 이는 거의 없다. 결국 최종 승자가 누구였는지는 말할 필요도 없다.

그러나 아이러니하게도 1876년 당시에는 그레이가 벨보다 훨씬 더

•• 엘리샤 그레이.

유명했다. 벨보다 열두 살 많은 그레이는 적어도 과학계에서는 미국의 대표적인 전기 연구자로 인정받고 있었다.[21] 그는 당시 발명에만 전념함으로써 돈과 갈채를 함께 받고 있었다. 전 세계적으로 그의 발명으로 인정되어 받은 특허만도 70여 개에 이르렀다.[22] 벨이 발명한 것보다 훨씬 많은 수치다.

그레이는 1835년 오하이오의 한 농장에서 태어났다.[23] 열두 살 때 아버지가 세상을 떠나 집안이 기울자 그는 학교를 그만두고 일을 시작했다. 비록 정식 교육을 많이 받지는 못했지만 1800년대 중반에 등장한 마법 같은 '전기'의 새로운 가능성에 온통 마음을 빼앗겼다. 목수일로 생활비를 벌면서 예비 학교를 마친 그는 집에서 가까운 오벌린 대학에 진학해 2년을 더 공부했다. 그러다가 1868년 서른세 살 때 개량 전신 계전기로 첫 특허를 따냈다.[24] 처음에는 농사일과 전기 실험을 병행했지만 특허 성공을 바탕으로 곧 전신 장비를 제조하는 바튼 그레이(Barton & Gray)라는 회사 설립을 도우면서 제조업자 겸 발명가로 변신했다.[25]

얼마 지나지 않아 전신 사업을 독점하다시피 하던 미국의 거대 회사 웨스턴 유니언(Western Union) 사가 그레이가 하는 연구의 우수성을 인정했다. 1872년 웨스턴 유니언 사는 그레이 회사의 지분 3분의 1을 사들여 그를 부자로 만들어 주었다.[26] 그레이의 회사는 웨스턴 일렉트릭(Western Electric Company)으로 사명을 바꾸고 시카고로 옮겨 가 곧 웨스턴 유니언 사에 필요한 장비를 개발해서 공급하는 주요 협력 업체가 되었다.

1876년에 이르자 웨스턴 일렉트릭 제품의 품질은 업계 사람들 모두가 인정할 만한 수준에 도달했다. 벨의 조수였던 토머스 왓슨은 찰스 윌리엄스(Charles Williams)의 기계 공작소(왓슨이 벨의 전신 발명품을 만든 곳)에서 사람들이 그레이가 만든 물건을 보며 얼마나 부러워했는지를 생생하게 기록하고 있다.

그레이는 당시 미국에서 가장 큰 전기 장치 제조업체로 시카고에 있는 웨스턴 일렉트릭 사의 전기 기술자였다. 그의 공작소에 있는 도구들은 윌리엄스의 공작소에 있는 것들보다 훨씬 훌륭하고 기술도 정교했다. 웨스턴 일렉트릭 사에서 만든 기계 수리 건이 우리 공작소에 들어오면 우리들은 그 아름다운 디자인과 장인의 품질에

감탄하기 바빴다. 거기에 비하면 윌리엄스의 도구들은 얼마나 조악
하던지.[27]

전화의 경우 그레이는 당시 특허청에 '발명 특허권 보호 신청'을 해
놓은 상태였다.[28] 1910년에 와서는 정부가 없애 버렸지만 당시에는 발
명가들에게 아이디어를 실제 발명품으로 만들어낼 수 있도록 최대 일 년
까지 허용해 주던 독점권이었다.[29] 따라서 아이디어만 있고 아직 발명품
을 실제로 만들지 못한 발명가들은 이 권리를 이용해 미래의 경쟁자들을
떨쳐낼 수 있었다. 일단 보호 신청이 받아들여지면 신청자들은 문제의
발명품을 완성하는 데 주어진 일 년 동안 특허권과 동일한 권리를 부여
받았다. 그레이의 신청서에는 '전신을 이용하여 음성을 보내고 받는 도
구'라고 되어 있었다. 운명의 장난이었을까? 그레이가 이 신청을 낸 것
은 1876년 2월 14일, 벨이 특허 신청을 낸 바로 그 날이었다.[30]

나는 전화 역사에 관한 책에서 그레이의 발명 특허권 보호 신청서를
보다가 전화 송화기에 산이 첨가된 물을 사용할 것이라고 밝힌 대목을
발견했다. 놀라운 우연이었다.

그러나 그레이의 발명 특허권 보호 신청서 3페이지에 실린 도안은 더
욱더 충격적이었다. 나는 그것이 벨의 실험 노트에 실린 것과 사실상 똑
같은 것임을 금방 알아볼 수 있었다.

결론은 분명했다. 내 추리가 옳다면 벨은 워싱턴에서 경쟁자의 발명
아이디어를 자신의 공책에 거의 그대로 베껴서 보스턴의 연구실로 돌아
왔던 것이다.

나는 그레이의 신청서에 그려진 도안을 들여다보며 사건의 경위를 다시 정리해 보았다. 우선 그레이는 미국 특허청에 음성을 전송하는 기계에 관한 발명 특허권 보호 신청을 냈다. 아이디어는 있지만 아직 만들지는 못한 발명품이었다. 한편 워싱턴에 갔던 벨은 아직 음성을 전송한 적도 없는 발명품에 대한 특허를 받아서 돌아왔다. 그리고 보스턴에 돌아오자마자 이전의 실험들을 모두 파기하고 경쟁자의 아이디어라고밖에 볼 수 없는 액체를 이용한 송화기 도안을 마치 자신이 생각해낸 것인 양 실험 노트에 그려 넣었다. 그런 다음 엑서터 스트리트에 위치한 하숙집 연구실에서 이 기계—그레이의 기계—를 이용해 세계 최초의 전화 통화로 기록될 실험을 했던 것이다.

어이가 없었다. 벨이 다른 사람의 아이디어를 이토록 노골적으로 도용한 것이 정말 사실일까? 만약 그랬다면 어떻게 이 사실을 알아챈 사람이 한 명도 없었을까? 아무리 오래전에 일어난 일이라 해도 여기에는 대단히 중요한 역사적 의미가 있다. 전화는 현대의 여러 뛰어난 발명품들 가운데서도 가장 중요한 위치를 차지하고 있으며 알렉산더 그레이엄 벨은 전 시대를 통틀어 가장 유명한 발명가 중 한 사람이니 말이다. 이런 명성이나 역사적 정확성의 문제 외에도 벨의 한결같은 전화 특허권 주장은 세계에서 가장 크고 이윤이 많은 독점 시장을 장악하게 되는 기업도 탄생시켰다. 바로 AT&T 사다.[31]

전화 발명가로 전 세계적인 추앙을 받다시피 하는 알렉산더 그레이엄 벨이 사실은 그런 칭송을 받을 자격이 없는 사람이라는 주장을 받아들이기는 쉽지 않을 것이다. 또 전공자도 아닌 내가 벨의 노트를 훑어보다가 여러 세대의 수많은 역사가의 시선을 피해간 무언가를 발견했다는 사실 역시 믿기 어려울 것이다. 따라서 나는 이야기를 전개하기 전에 내 주장이 허구라거나 과장이라고 의심하는 이들을 위해 잠시 설명할 기회를 얻으려 한다. 다음은 내가 알렉산더 그레이엄 벨에 관한 진실을 찾아 나서는 최초의 계기가 되었던 벨의 실험 노트다.

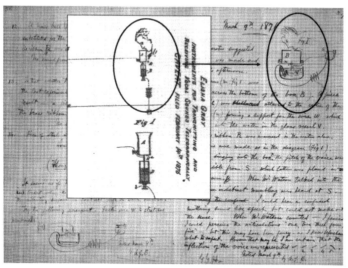

• • 벨이 그레이의 발명 아이디어를 도용했음을 극명하게 보여주는 기록. 이 발견은 내가 그리 달갑지 않은 음모를 파헤치는 계기가 되었다.

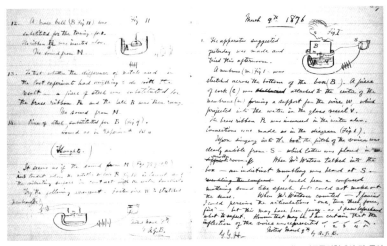

•• 알렉산더 그레이엄 벨의 실험 노트 중 1876년 3월 9일자 기록. 벨이 워싱턴에 있는 미국특허청에서 막 돌아온 때로, 그는 바로 다음 날 세계 최초로 전화 통화에 성공했다고 기록했다.

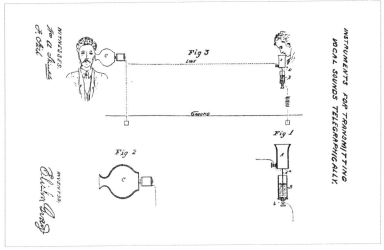

•• 엘리샤 그레이의 발명 특허권 보호 신청서 3쪽에 실린 도안. 이 신청서는 1876년 2월 14일 미국 특허청에 제출된 비밀 서류였다. 그러나 3주 후 거의 동일한 도안이 벨의 공책에 나타났다.

이 도안들 덕분에 나는 송화기에 액체를 이용한다는 벨의 아이디어가 어디에서 비롯되었는지 확신할 수 있었다. 그러나 이 증거들이 보여주는 모종의 역사적인 음모가 기존의 전화 발명 이야기와 너무도 달라서 이 문제를 어디서부터 풀어야 할지 알 수가 없었다. 내가 MIT에 온 것은 벨과 에디슨의 경쟁 관계를 연구하기 위해서였지만 이제 토머스 알바는 뒤로 밀려나 있었다. 멋지게 포장되어 있던 벨의 유산에서 놀라운 틈을 발견했기 때문이다. 이 틈을 열려면 나는 역사를 처음부터 파고들어 가야 했다.

보이는 음성, 말하는 기계

어렸을 때부터 알렉산더 그레이엄 벨에게는 물건을 분해하고 고치는 재능이 없었다. 사실인지 아닌지는 모르지만 후에 그가 이런 이야기를 한 적은 있다. 어렸을 때 아버지에게 시계를 닦아달라는 부탁을 받았는 데 시계를 모두 분해해 물과 비누로 씻어 돌려 드렸다는 이야기였다. 벨의 표현을 그대로 빌리면 그의 아버지는 "그 결과에 별로 탐탁해하지 않았다."고 한다.[1]

그가 기계를 다루는 데 서툴렀다는 사실은 유명하다. 그러나 개념의 영역에서는 항상 대단히 뛰어난 능력을 나타냈다. 똑똑하고 성실한 아이 였던 그는 마치 가업을 물려받듯 가족들에게 음성과 소리 그리고 당시 새롭게 떠오르던 음향 분야에 대한 관심을 물려받았다. 벨은 빅토리아 여왕이 통치한 지 20년째 접어들던 1847년 에든버러에서 태어났다.[2] 영국이 산업 확장기를 맞이하면서 과학과 이성이 중요하게 떠오르던 시대였다. 벨의 집안은 음성을 과학적으로 연구하는 일을 일종의 가업으로 삼고 있었다.

벨이 이름을 물려받은 친할아버지 알렉산더 벨은 발성법을 가르쳤다.[3] 벨의 삼촌 데이비드 벨과 아버지 알렉산더 멜빌 벨도 마찬가지였다.[4] 특히 멜빌 벨은 발성법에 관한 책들을 출판해 엄청난 인기를 끌었고 '보이는 음성'이라는 시스템까지 개발해 세계적인 명성을 얻었다.[5] 이 야심적인 빅토리아 시대의 '보이는 음성'은 인간이 내는 모든 소리에 상징 문자를 달아 특정한 말을 할 때 혀와 입술이 닿는 위치를 체계적으로 분류해서 보여주는 추상화한 문자였다.

어디선가 들어본 것 같다면 그건 아마 뮤지컬 〈마이 페어 레이디〉의 원작인 조지 버나드 쇼(George Bernard Shaw)의 『피그말리온(Pygmalion)』 때문일 것이다. 벨 집안과 가깝게 지내던 버나드 쇼 덕분에 멜빌 벨의 시스템이 역사에 길이 남게 된 것이다. 버나드 쇼는 희곡 서문에 "보이는 음성의 저명한 발명가 알렉산더 멜빌 벨"

•• 벨의 아버지 알렉산더 멜빌 벨.

을 언급하기도 했다.[6] 우연인지도 모르지만 피그말리온의 주인공 헨리 히긴스 교수의 집 주소는 벨의 할아버지가 학생들을 가르치던 런던 해링턴 광장에 있던 집에서 불과 몇 분 떨어지지 않은 곳이다.[7]

아는 것 많고 고압적인 히긴스 교수의 캐릭터는 벨 집안의 가장이 보여주던 지나친 과학 숭배 태도를 모델로 삼은 것이었다. 벨의 할아버지는 상류층을 꿈꾸는 집안 아이들의 발음을 개선해 주었을 뿐만 아니라 말더듬이나 언어 장애를 가진 어른들도 가르쳤다. 어린 알렉 벨도 할아버지와 아버지에게서 발성법과 상류 사회 예절을 배웠다. 아마 피그말리온에서 히긴스 교수에게 발성법을 배우던 주인공 일라이자 둘리틀의 모습과 크게 다르지 않았을 것이다.

가족들은 알렉이 열다섯 살 때 그를 일 년 동안 런던의 할아버지 집으로 보냈다. 벨은 그때의 경험이 자신의 인생에 큰 전환점이 되었다고 말한 바 있다.[8] 알렉은 할아버지 밑에서 셰익스피어 작품을 큰 소리로 읽는 훈련을 통해 발음과 억양을 갈고 닦았다.[9] 그러나 발성 수업은 그가 받은 교육의 일부일 뿐이었다. 할아버지 알렉산더는 그에게 정장 재킷과 중산모를 착용하고 지팡이까지 들게 했다.[10] 버나드 쇼가 만들어냈을 법한 말쑥한 영국 신사의 십대 버전인 셈이다.

이즈음 멜빌 벨의 '보이는 음성' 시스템은 영국에서 전국적인 관심을 끌고 있었다. 멋진 과학적 접근법에 자기 개선이라는 평등주의적 전망이 결합해 당시 시대정신과도 꼭 들어맞았기 때문이다. 십대였던 알렉은 이미 그 분야에서 뛰어난 실력을 쌓아 아버지의 잦은 강연회에 함께 참석했다. 강연에서 그는 흥행사의 조수처럼 아버지가 청중에게 자신이 만든 음성 기호를 이용해 여러 언어의 단어나 발음하기 어려운 특이한 소리를 칠판에 적는 동안 무대 뒤 소리가 들리지 않는 곳에서 기다렸다가 강연장으로 돌아와 칠판에 적힌 음성 기호만 보고 한 번도 들어보지 못한 소리를 발음해 보임으로써 아버지가 만든 언어 도식 체계의 가능성을 보여주었다.

·· 1863년 열여섯 살의 알렉산더 그레이엄 벨.

그는 아버지의 음성 기호에 따라 이상한 소리를 내서 많은 환호를 받았는데 어떤 강연회에서는 음성 기호에 따라 혀끝을 입천장에 댄 채 공기를 불어 소리를 낸 적도 있었다고 회상했다. 그때 청중 속에 있던 한 언어학자는 '산스크리트 반전음 T'가 영어권 사람들이 발음하기 가장 어려운 소리라고 말해 주었다고 한다.[11] 물론 그 언어학자가 알렉이 아버지가 칠판에 적은 음성 기호만 보고 단 한 번에 정확하게 발음을 했다는 사실에 깊은 감명을 받았음은 두말할 필요가 없었다.

벨이 할아버지와 아버지에게서 받은 예절, 발성법, 말하기 훈련은 평생 그에게 큰 도움이 되었다. 한 예로 토머스 왓슨은 벨의 조수로 일해서 좋은 점들 가운데 첫 번째로 벨의 발성을 꼽았다.

벨 선생님은 음성의 음악적인 면에 관심이 있다는 점이 중요하다며 나를 격려했다. 그 분야의 전문가인 선생님의 말에는 표현력이 살아 있었다. 목소리는 말뜻을 생생하게 살려 주는 것 같았고 정확하고 산뜻한 발음은 듣기에 좋았다. 그와 비교하면 다른 사람의 말은 거칠고 투박하게만 들렸다.[12]

벨을 만나기 전에는 내성적이고 말이 없던 왓슨은 벨의 발성과 연설 능력에 큰 감화를 받았다. 전화 발명으로 명성과 부를 얻고 난 후 그는 셰익스피어 작품을 공연하는 순회 극단에 들어가기도 했다.[13]

벨은 발성뿐만 아니라 음감도 타고났다. 세 형제 가운데 감수성이 풍부한 둘째였던 벨은 음악적인 재능이 풍부해 처음에는 어머니에게 나중에는 유명한 피아니스트 어거스트 브누아 버티니(August Benoit Bertini)에게 피아노를 배웠다.[14] 그는 어렸을 때부터 즉흥 연주를 했으며 귀로 듣기만 한 어려운 곡도 곧잘 연주했다. 평생을 음악에 빠져 살던 그는 십대 초반에는 버티니를 본받아 멋진 연주자가 되는 걸 꿈꾸기도 했다고 나중에 털어놓았다.[15]

벨은 어머니 엘리자 시몬즈 벨과 음악에 대한 사랑을 공유했다.[16] 그의 어머니는 밝고 명랑한 여성이었지만 빅토리아 시대의 보청기인 삼각뿔을 귀에 대야만 소리를 들을 수 있었다. 알렉은 어머니를 위해 자주 피아노를 쳤는데 그가 연주하면 어머니는 피아노의 공명판에 삼각뿔을 대고 아들의 연주를 들었다. 이 경험은 그에게 큰 영향을 미쳐서 그는 그 후로도 몇십 년 동안 계속 피아노를 쳤을 뿐만 아니라 일생 동안 농아 문제에도 적극적인 관심을 보였다.

알렉 벨과 멜리, 에드워드 형제 모두 할아버지와 아버지의 뒤를 잇기로 되어 있었다. 그러나 벨 집안의 이 새로운 세대들은 가업과 전혀 다른 분야로 나아갔다. 음향 과학이 부흥기를 맞으면서 소리의 생산, 전달, 인지를 연구하는 방식에 완전히 새로운 변화가 일고 있었기 때문이다.[17] 전신의 등장은 원격 통신이라는 새로운 세계를 열어 놓았을 뿐만 아니라 새로운 연구 영역도 만들어냈다. 영국 과학자 찰스 휘트스톤(Charles Wheatstone) 경은 새롭게 떠오른 이 분야의 핵심 인물이었다.[18] 대부분 독학으로 공부를 마친 그는 초기에는 소리 전송에 관한 실험을 했고 1800년대 중반에 이르러서는 영국에서 가장 이윤을 많이 내는 전신 특허도 몇 개 갖고 있었다.[19]

벨은 열여섯 살 때 아버지를 따라 런던에 있는 휘트스톤의 연구실을 방문한 적이 있다.[20] 휘트스톤이 몇 해 전에 만든 '말하는 기계'가 발성법을 연구하던 멜빌 벨의 관심을 끌었던 것이다. 그러나 그 기계는 수십년 전 바론 볼프강 폰 켐펠렌(Baron Wolfgang von Kempelen)이라는 헝가리의 괴짜 연구자가 인간의 음성은 진동하는 공기로만 이루어져 있다는 선구적인 통찰을 바탕으로 만들어낸 것을 휘트스톤이 자신의 구상에 따라 다시 만든 것이었다.[21]

휘트스톤이 만든 그 장치는 구멍이 뚫린 각종 파이프와 밸브, 손으로 조절할 수 있는 지레가 가득 들어 있는 상자와 그 안으로 공기를 불어넣는 풀무로 이루어졌다. 휘트스톤은 공명강을 조절하여 각각의 모음 및 자음과 비슷한 소리를 낼 수 있다고 설명하며 시범을 보였다. 그 장치에 홀딱 반한 알렉은 후에 이렇게 적었다.

> 찰스 경이 기계를 조작하자 기계에서 말소리가 들렸다. 발음은 실망스러웠지만 그래도 아주 놀라웠다.[22]

에든버러로 돌아간 멜빌은 알렉과 멜리에게 그들만의 '말하는 기계'를 만들어보라고 부추겨 알렉의 열정을 자극했다.[23] 아이들은 대단히 열심이었지만 쉬운 일은 아니었다. 끝없는 노력과 실험 끝에 형제는 고무, 나무, 전선으로 이루어진 쓸 만한 견본을 만들었다. 공기를 기계 안으로 불어넣을 풀무와 각 부분을 조정할 작은 키보드도 달려 있었다.

벨은 형 멜리와 함께 말하는 기계를 만들며 실패를 거듭하는 동안 끈기가 얼마나 중요한지 배울 수 있었다고 회상했다. 40년이 지난 1909년 그는 이렇게 적었다.

> 말하는 기계를 만든 경험은 분명히 내 경력에 큰 도움이 되었다. 그 일을 통해 성대의 기능을 알게 되었으며 결과적으로는 전화 발명에 이르는 길이 거기서 시작되었기 때문이다.[24]

그러나 두 십대 소년이 과학 지식을 쌓는 데만 관심이 있었던 것은 아니었다고 벨은 고백한다. 견본을 만든 다음 형제는 그들이 살던 타운 하우스의 공동 계단으로 기계를 몰래 갖고 나와 '소리를 지르게' 만들었다.[25] 벨은 기계에서 나온 소리가 애처로운 아기 울음소리와 매우 흡사했다고 회상했다.

> 누군가 "맙소사, 어느 집 아기가 저렇게 우노."라고 말하는 소리
> 가 들리더니 발자국 소리가 들렸다. 그게 바로 우리가 노린 거였다.
> 우리는 조용히 집을 빠져나가 문을 닫고 이웃집 사람들이 있지도
> 않은 아기를 찾아 헤매게 놔두었다. 성공했다는 생각에 얼마나 기
> 분이 좋았는지 모른다.[26]

어린 시절의 다양한 경험에서 비롯된 벨의 재능과 관심은 청년으로 성장하면서 주위에서 일어나고 있던 기술 변화의 물결과 맞아떨어졌다. 그가 아직 그 사실을 모르고 있었을 뿐이다.

1863년 가을, 할아버지의 집중 교육을 갓 마친 열여섯 살의 벨은 집안의 명성에 힘입어 스코틀랜드 북동부 해안가의 엘긴이라는 도시에 있는 웨스턴 하우스 아카데미 남자 기숙학교에서 음악과 발성법을 가르치기 시작했다.[27] 그의 첫 직업이었다. 벨은 지금껏 배웠던 발성법과 음향과학에 대한 경험, 음악에 대한 사랑을 십분 활용해 학생들을 가르치며

교사로서 승승장구했다. 교사가 되고 2년 후, 열여덟 살의 벨은 여기서 더 나아가 한가한 시간을 이용해 갓 피어나고 있던 음향 과학 분야에 자신의 발자취를 남기려는 노력도 병행했다. 앞으로 그에게 중요한 의미가 될 주제인 음파로 공명 진동을 일으키는 실험에 집중하기 시작했던 것이다.[28]

공명 진동 실험을 위해 벨은 우선 입 앞에 소리굽쇠를 댄 채 모음 소리를 냈다. 혀의 위치에 따라 소리굽쇠의 진동 크기가 달라졌다. 그는 오늘날 우리가 배음(倍音)이라고 부르는 음을 이용해 더 많은 실험을 진행하며 다양한 모음 소리의 정확한 음을 측정했다. 그리고 자신이 관찰한 결과를 이해하려고 체계적으로 실험을 진행했다.

아버지의 권유로 벨은 실험 보고서를 영국 음성학 연구의 대가인 알렉산더 존 엘리스(Alexander John Ellis)에게 보냈다.[29] 엘리스는 벨의 연구가 소리굽쇠를 이용해 모음의 음을 측정한 독일 과학자 헤르만 폰 헬름홀츠(Hermann von Helmholtz)의 연구와 비슷하다는 답장을 보냈다. 물리학자이자 의학 박사인 헬름홀츠는 음향 분야의 걸출한 인물로 베를린 대학의 최고 학자로서 유럽 전역에 명성을 떨치고 있었다.[30]

물론 열여덟 살 소년이 헬름홀츠와 같은 연구를 했다는 것은 놀라운 일이었다. 런던 언어 학회 회장이던 엘리스는 어린 벨이 이룬 성과를 바탕으로 그를 이 학회의 회원으로 추천했다. 런던 언어 학회는 말과 언어를 연구하는 학술 단체로 오늘날의 언어학 분야를 선도했던 단체다.[31] 엘리스는 또 벨에게 연구를 계속하라고 독려하며 『음악 이론을 위한 생리학적 기초로서의 음 감각(On the Sensations of Tone as a Physiological

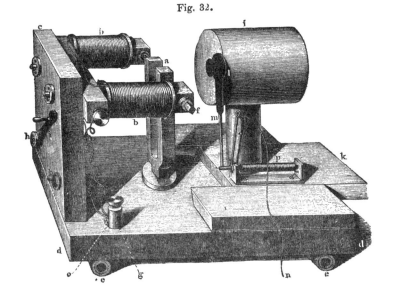

Fig. 32.

·· 헤르만 폰 헬름홀츠의 소리굽쇠 측심기, 1865년 경.

Basis for the Theory of Music)』이라는 헬름홀츠의 저서까지 빌려 주었
다. 이 책에 따르면 헬름홀츠가 발명한 소리굽쇠 측심기는 벨의 소리굽
쇠 실험과 같은 논리를 바탕으로 만들어진 것으로 바론 폰 켐펠렌의 말
하는 기계보다 훨씬 더 잘 다듬어진 장치였다.[32] 헬름홀츠의 장치에는
소리굽쇠가 계속 진동하는 것을 막으려고 간헐 전류가 사용되었으며, 움
직이는 덮개가 달린 마분지 공명통 앞에 소리굽쇠를 세운 다음 통의 입
구를 열었다 닫았다 하면 인간의 모음 소리와 매우 흡사한 소리를 낼 수
있었다.

　　당시 헬름홀츠의 책은 영어로 번역되어 있지 않았고(엘리스가 나중에

번역했지만) 벨은 독일어를 할 줄 몰랐다. 그래서 벨은 한 가지 오해를 하고 말았다. 헬름홀츠의 도면 탓이었는지 아니면 엘리스의 설명 때문이었는지는 몰라도 헬름홀츠가 모음 소리를 변화시켰을 뿐만 아니라 '그 소리를 전신선으로 전송'하기까지 했다고 말이다.[35] 그리고 이 잘못된 생각에 매료되어 배터리에 관한 책들을 읽고 작은 전신기도 만들며 전기 실험에 더욱 박차를 가했다.

벨이 헬름홀츠의 연구를 오해하고 있었다는 사실은 오랫동안 그의 조수로 일한 캐서린 맥켄지(Catherine MacKenzie)를 통해서 잘 알 수 있다. 맥켄지는 1928년에 출간된 벨의 첫 전기 『알렉산더 그레이엄 벨: 공간을 좁힌 사람(Alexander Graham Bell: The Man Who Contracted Space)』에 이렇게 적었다.

"난 헬름홀츠가 성공한 줄 알았어." 벨은 이렇게 말하곤 했다. "그래서 내가 실패하는 건 전기를 잘 몰라서일 뿐이라고 생각했지. 하지만 꽤 쓸 만한 실수 아닌가? 그것 때문에 자신감을 가질 수 있었으니까 말이야. 그때 독일어를 할 줄 알았다면 아마 실험을 시작하지도 못했을 거야!"[40]

벨은 그 엄청난 오해가 자신이 전화 연구를 시작하게 된 계기가 되었다고 생각했다. 맥켄지에 따르면 벨은 1870년 영국을 떠나기 직전까지도 그 오해를 깨닫지 못하고 있다가 헬름홀츠의 불어 번역판을 보고 나서야 헬름홀츠도 만들지 못한 장치를 자신이 따라 만들려고 했다는 것을 깨달았다고 한다.

그러나 오해였든 아니었든 헬름홀츠의 연구가 벨의 사고 발달에 큰 영향을 미친 것은 분명한 사실이다. 벨이 미 대륙으로 건너가던 시점에는 이미 전신선으로 소리를 보낸다는 생각이 그의 상상 속에 깊이 뿌리 내리고 있었다고 맥켄지는 전한다.

1870년 벨의 가족이 갑작스럽게 영국을 떠나게 된 데는 연달아 일어난 비극적인 사건들의 영향이 컸다. 할아버지 알렉산더가 1865년에 세상을 떠났고 그로부터 몇 년 후에는 벨의 두 형제까지 모두 결핵으로 죽었다.[35] 동생 에드워드는 열아홉 살이던 1867년에 결핵에 걸렸고 형 멜리는 스물다섯 살이 되던 1870년에 죽었다. 부모는 이들의 죽음에 상심한 나머지 새로운 출발을 위해 아메리카 대륙으로의 이민을 결심했다.

그러나 알렉 그레이엄 벨에게는 시기가 좋지 못했다. 1868년에 입학 시험에 통과해 런던 대학의 입학 허가를 받아 놓은 상태였기 때문에 공부도 마쳐야 했고, 발성법에 관한 지식을 바탕으로 농아 어린이들에게 말하는 법을 가르치기 시작해서 큰 성공을 거두고 사람들의 인정을 받고 있었기 때문이다.[36]

그러나 벨의 부모는 유일하게 살아남은 아들의 건강이 우선이었다. 부모에게 벨은 어렸을 때는 줄곧 고질병에 시달렸고 커서는 지쳐 쓰러질 때까지 일만 하는 아들이었다.[37] 그는 책을 못 읽을 정도로 심한 두통을

자주 호소했다. 벨의 부모는 그에게 건강한 환경을 찾아 주어야 한다고
생각했다.

한편 멜빌 벨의 명성이 시작된 곳은 영국이었지만 보이는 음성에 대
한 소문이 바다를 건너 전해지면서 미국에서도 상당히 인정을 받고 있었
다.[38] 1868년에는 보스턴을 방문해 유명한 로웰 강연으로 수많은 사람
들로부터 갈채를 받기도 했다.[39] 멜빌이 집으로 돌아와 자랑스럽게 말한
내용에 따르면 하버드 대학 학장 토머스 힐(Thomas Hill)도 그의 열광적
인 팬으로 멜빌 벨의 책을 보며 보이는 음성을 공부했다고 한다.[40]

가족의 죽음에 상심하고 남은 아들의 건강을 지키려는 바람으로 벨의
부모는 캐나다 온타리오 주의 브랜트퍼드를 이민지로 선택했다.[41] 스코
틀랜드에서 알고 지내던 집안 친구들이 이민을 가서 살고 있는 곳이었
다. 알렉도 결국 그들과 함께 이민을 갔지만 캐나다에서는 거의 살지 않
았다. 스물네 살의 알렉 벨은 이번에도 아버지의 명성에 힘입어 보스턴
에서 농아들을 가르치고 보스턴 대학에서 학생들을 가르치며 자신의 운
을 시험했다.

보스턴 대학의 젊은 교수

내가 벨과 동시대의 가상 인물인 셜록 홈즈와 같은 열정을 가지고 전화에 얽힌 음모에 뛰어들었다고 말할 수 있다면 좋겠지만 사실은 그렇지 않다. 나는 그레이의 발명 특허권 보호 신청서를 열심히 복사한 후 사무실로 돌아와—이 부분은 아주 선명하게 기억한다—책상 위에 쌓아둔 자료 더미 아래에 놓아두었다. 그 후 그 자료는 내가 다른 역사 문헌과 전기물들 속에 나타난 벨에 관한 다른 정보들을 비교하는 동안 일주일 넘게 그대로 파묻혀 있었다.

처음에 나는 그 정보를 계속 미뤄둔 이유가 벨에 관해 좋지 않은 사실을 알기 싫어서라고 생각했다. 원래 내가 벨에 관한 글을 쓰려던 이유가 뭐였던가. 그를 창조적인 발명가이자 박애주의자로서 존경했기 때문이 아닌가? 그런데 그가 범죄에 관련되어 있음을 보여주는 자료가 떡 하니 내 앞에 놓여 있었다. 내가 원래 계획했던 이야기와 너무 달라서 나는 그것으로 무엇을 해야 할지 알 수가 없었다. 분명히 난처한 발견이었다. 만약 벨의 범죄가 사실로 드러난다면 모두가 인정하는 전화 발명에 관한 역사는 완전히 뒤집힐 수도 있었다. 나는 어느 방향으로 움직여야 할지 확신이 서지 않았다. 누가 나를 믿을 것이며 벨이 전화 노안을 훔쳤다는 사실은 어떻게 증명할 것인지도 알 수 없었다. 어떻게 일개 기자가 그토록 유명한 역사를 백 년도 지난 지금에 와서 고칠 수 있단 말인가? 옳건 그르건 통념은 강력한 힘을 지닌다.

알렉산더 그레이엄 벨을 부정행위나 그보다 더한 행위로 고발한다는 것은 지루하고, 어쩌면 절망적일 수 있는 모험이었다. 그러려면 우선 벨의 전화 특허권에 제기된 수많은 이의를 기각해버린 미국 사법 체계의 오점을 인정해야 했다. 여러 세대에 걸친 유능하고 존경받는 역자학자들의 연구에도 의문을 제기해야 하고 벨이 전화를 발명했다고 말하는 교재와 참고 서적들도 모조리 무시해야 했다. 그건 무서운 일이었다.

처음 내가 이 정보와 씨름하기 시작하면서 읽은 참고 자료들은 그런 두려움을 더욱 가중시켰다. 그중에서도 1973년 로버트 브루스(Robert Bruce)가 써서 호평을 받았던 벨의 전기 『벨: 알렉산더 그레이엄 벨과 고독의 정복(Bell: Alexander Graham Bell and the Conquest of Solitude)』은 다른 어느 자료보다도 나를 좌절시켰다. 퓰리처상을 수상한 바 있는 역사학자 브루스는 더 나아가 엘리샤 그레이가 벨의 아이디어를 훔쳤다고까지 비난했다.

결국 그레이가 이겼다면 벨과 그의 팀은 약자 편을 들기 좋아하는 사람들과 함께 그레이의 말이 궤변이라고 의심했을 것이다. 그도 그럴 것이 그레이는 워싱턴에서 특허청을 뻔질나게 드나들며 한 달 가까운 시간을 보낼 때까지 자신의 아이디어를 종이에 적어 놓지도 않았고 누구에게 이야기한 적도 없었다. 특허청 사람들이 벨의 공증 받은 발명 명세서를 보며 며칠 동안이나 감탄에 빠져 있을 때까지 말이다.[1]

나는 브루스의 어조가 너무도 확신에 차 있는데다가 그가 벨의 특허 신청 문제에 상당한 권위를 가진 것 같아서 자신이 없어졌다. 내 판단이 틀렸다는 생각이 들었다. 그리고 얼마 동안은 그 문제로 골머리를 썩이느라 벨의 특허 신청서에 액체 송화기 그림이 그려져 있지 않다는 분명한 사실까지도 그냥 지나칠 뻔했다. 아무리 브루스에게 유리하게 해석한다 하더라도 벨의 공증 받은 발명 신청서에는 액체 송화기에 대한 가능성이 아주 모호하게 잠깐 언급되어 있을 뿐이었다. 벨의 노트에 액체 송화기가―그레이의 도안과 사실상 같은 형태로―처음 나타난 것은 그레이가 보호 신청을 내고 약 3주가 지나서였다.[2] 또한 벨의 노트에는 그 이전에 액체를 이용한 송화기로 실험을 했다거나 다른 방식으로라도 명확한 말소리를 전달하는 데 성공했다는 기록이 나타나 있지도 않았다. 따라서 권위가 실려 있건 실려 있지 않건 브루스의 추측은 사실과는 전혀 달랐다.

그렇다면 과연 사실은 뭐였을까? 오랜 시간이 지난 지금에 와서 내가 그것을 구별할 수는 있는 것일까?

그러나 이런 질문들은 한편으로 나를 끊임없이 감질나게 했다. 알렉산더 그레이엄 벨이 전화를 연구한 곳은 내 사무실에서 채 3킬로미터도 떨어지지 않은 곳이었다. 그는 MIT 교수들에게 조언을 구했고 그 기록 문서들은 아직도 이곳 캠퍼스에 보관되어 있다.[3] 1876년 벨이 세계 최초로 전화를 공개 시연한 곳은 당시 보스턴 시내를 흐르는 강을 사이에 두고 MIT 바로 맞은편에 있던 미국 예술 과학 아카데미였다.[4] 1876년 10월에 벨과 왓슨이 처음 그들이 만든 기계로 3킬로미터의 전신선을 이용해 보스턴과 케임브리지포트 사이의 장거리 통화를 시험했을 때 왓슨이 앉아 있던 곳도 내가 있는 건물 밖 주차장 자리에 있던 창고였다.[5] 이 모든 이야기가 이토록 가까운 곳에서 일어났다는 사실에 나는 마치 내 발 밑 어딘가에 묻혀 있는 보물처럼 진실도 그만큼 가까이 있을지 모른다는 생각이 들었다.

가을이 오고 보스턴 거리는 울긋불긋한 나뭇잎들로 화려하게 물들어 있었다. 그레이의 발명 특허권 보호 신청서를 발견하고 일주일 정도 지나 햇볕이 유난히 좋던 어느 날 나는 벨의 전기물들을 밀어 놓고 느긋한 산책에 나섰다. 보스턴에 남은 벨의 발자국을 따라가며 그에 대해 더 많은 것을 알아보기 위해서였다. 그러나 나는 그 산책에서 역사의 물리적 흔적이 얼마나 덧없는 것인지만 확인하고 말았다. 보스턴에서 내가 지금까지 가보지 못한 지역까지 몇 시간을 걸었지만 벨이 살았다는 것을 증명하는 역사적 건물은 거의 남아 있지 않았다.

우선 나는 벨의 실험실이 있던 엑서터 플레이스 5번지로 향했다. 그러나 그곳은 도시 재개발 사업으로 무너진 지 오래였다. 벨에 관한 참고 문헌들에 자주 실리는 로저스(W.A. Rogers)의 그림에는 1877년 3월 당시의 연구실 모습이 담겨 있다.[6] 그 그림에서 가장 눈에 띄는 것은 아무것도 깔리지 않은 마룻바닥과 무늬가 들어간 벽지, 석탄 난로가 놓여 있는 연구실이 대단히 평범하고 누추하다는 사실이다.

그러나 현대 고층 빌딩들과 도시 건설 공사 프로젝트 속에서 벨의 연구실이 있던 하숙집을 상상하기는 어려웠다. 예전의 존재를 알려 주는 유일한 흔적은 전화 발명 40주년을 기념하려고 지역 역사 학회에서 달아 놓은 외로운 청동 명판 하나뿐이었다. 보스턴의 중심 도로를 가득 메운 교통의 물결 속에서 거의 눈에 띄지도 않는 이 예스럽고 격식을 차린 명판에는 다음과 같이 적혀 있었다.

• • W.A. 로저스가 1877년 3월의 스케치를 바탕으로 토머스 왓슨과 알렉산더 그레이엄 벨이 보스턴의 엑서터 플레이스 5번지 연구실에 있는 모습을 그린 그림.

1876년 3월 10일 알렉산더 그레이엄 벨은 이곳에서 분명하게 알아들을 수 있는 완벽한 문장을 토머스 왓슨에게 전화로 전송했다.

나는 좁은 골목길을 통해 도시의 심장부로 향하며 찰스 윌리엄스의 공작소를 찾아가 보기로 했다.[7] 벨의 초기 전화 장치를 거의 도맡아 만들던 곳이었다. 당시 스무 명가량의 기계공들을 고용하고 있던 윌리엄스의 공작소에서는 걸쇠와 금속 도구들이 쩔그렁거리는 시끄러운 소리와 함께 전신 계전기에서 검류계에 이르는 이상하고 새로운 각종 전기 장치들의 견본이 수없이 만들어졌다.

그러나 공작소의 흔적은 남아 있지 않았다. 건물만 헐린 것이 아니라 코트 스트리트 109번지라는 주소까지도 더는 존재하지 않았다. 1960년대에 정부 센터에 새로운 시청이 들어갈 공간을 만들면서 주소를 코트 스트리트로 줄여버렸기 때문이다. 한때는 전화 연구의 세계적인 진원지였으며 한동안은 벨의 개인 작업장이기도 했던 윌리엄스 공작소 자리에는 그 사실을 기리는 명판 하나 붙어 있지 않았다. 대신 무슨 역사의 아이러니인지 이제 그 자리에는 점점 사라져 가는 공중전화 박스들이 여럿 모여 있었다.

불핀치(Charles Bulfinch)가 설계한 장엄한 돔 지붕을 머리에 인 보스턴 주 의회 의사당 근처 비콘힐에 이르러서야 아직 남아있는 몇 안 되는 벨 시대의 주요 장소들 가운데 하나가 보였다. 미국에서 가장 오래된 회원제 도서관이 들어가 있는 역사적인 보스턴 아테니움 빌딩이었다.[8] 벨이 미국 예술 과학 아카데미 회원들 앞에서 처음으로 세상에 자신의 전화 연구 결과를 발표했던 곳이다. 벨이 태어난 1847년에 세워진 비콘 스트리트 10번지의 이 화강암 건물에서는 아직도 그 시대의 매력이 그대로 뿜어져 나왔다.

나는 일층에 있는 도서관을 둘러보려고 수위에게 양해를 구하고 안으로 들어갔다. 검은 벽을 따라 작은 발코니와 커다란 창문들이 빙 둘러 서 있는 웅장한 공간이었다. 모두 숨을 죽이고 있는 역사적인 그 도서관 안에서 나는 비로소 벨과 관련된 연결 고리를 발견할 수 있었다. 아테니움에는 명백한 보스턴 브라민(Boston Brahmin: 신대륙에 최초로 이주하여 보스턴과 뉴잉글랜드를 건설한 영국계 프로테스탄트들의 후예로 선조에게 물려받은 엄청난 재산을 바탕으로 보이지 않는 영향력을 행사하고 있다. 보통 미국의 귀족 계급으로 간주된다-옮긴이)의 혈통과 함께 벨이 살던 시대의 모습이 아직 그대로 간직되어 있었다.

•• 보스턴에 있는 찰스 윌리엄스 기계 공작소, 1870년 경.

로비를 지나 역사적으로 유명한 입구로 돌아오자 1876년에 벨이 전화 연구 결과를 발표했을 때의 모습이 어땠을지 쉽게 상상할 수 있었다. 말이 끄는 마차가 자갈이 깔린 길을 달그락거리며 달려와 건물 앞에 서는 모습, 중산모를 갖춰 쓴 격식 있는 차림의 신사들이 길에 내려서 전화 연구에 대해 젊은 과학자가 무슨 말을 할지 궁금해하며 아카데미 안으로 들어가는 모습이 마치 바로 내 눈앞에서 펼쳐지는 것 같았다. 그러나 밖으로 나오자 내 이런 백일몽은 도시의 부산한 소음에 눌려 재빨리 흩어지고 말았다.

젊은 알렉 벨의 보스턴 생활에 관한 가장 생생한 이야기는 그의 조수였던 토머스 왓슨에게서 들을 수 있다.[9] 1874년 왓슨이 벨을 처음 만났을 때 스물일곱 살의 벨은 탄탄대로를 달리고 있었다. 몇 년 전에 보스턴으로 온 벨은 그곳에서 아버지가 만든 '보이는 음성' 시스템의 홍보 대사 노릇을 성공적으로 해냈을 뿐만 아니라 학생들과 자연스럽게 공감대를 형성하는 능력과 가르치는 재능으로 많은 농아 어린이들에게 말을 가르쳐 명성을 얻었다. 벨은 아버지의 시스템에 기초한 그림을 이용해 정확한 발음에 맞는 입과 혀의 위치를 아이들에게 알려 줄 수 있다는 사실을 알아냈다.[10] 얼마 지나지 않아 벨이 고안한 방법을 배우려고 그 지역 교육자 수십 명이 몰려들었고 신문들은 시시각각 음성 생리학 학교의 성공을 보도했다.[11] 그 결과 벨은 곧 열두 명의 개인 학생들─대부분이 부유한 집안 출신이었다─을 가르치는 일과 함께 1869년에 막 문을 연 보스턴 대학에서 음성 생리학 및 발성법 교수직도 맡게 되었다.[12] 그리고 스코틀랜드에서처럼 한가한 시간에는 발명에 전념했다.

당시 벨은 보스턴에서 몇 년을 살다가 그가 가르치던 매사추세츠 주 세일럼의 조지 샌더스(Geroge Sanders)라는 부유한 학생의 집으로 들어가 수업료 대신 숙식을 제공받고 있었다.

벨은 기차를 타고 보스턴으로 출퇴근하며 곧 샌더스 가족의 저택에 음향 실험실을 차렸다. 조지의 아버지 토머스 샌더스(Thomas Sanders)는 실험이 상업적인 성공을 거둘 경우 이윤을 나누는 조건으로 실험 비용을 부담하기로 했다.[13] 머지않아 벨은 다른 농아 학생의 부모인 가디너 허버드(Gardiner G. Hubbard)와도 비슷한 거래를 했다.

벨을 만나기 전 왓슨은 정식 교육은 거의 받지 못했지만 모험심 많고 성실한 십대 소년으로 열세 살 때부터 생활비를 벌고자 일을 하고 있었다. 1872년 7월 열여덟 살의 왓슨은 코트 스트리트에 있는 찰스 윌리엄스의 기계 공작소에 들어갔다. 왓슨은 공작소가 자기 같은 젊은이에게는 매우 신나는 곳이었다고 회상했다. 그곳은 '전기의 힘'이라는 아직 이해하기는 어렵지만 짜릿한 잠재력을 시험하는 온갖 기계들을 만들려는 발명가들의 집합소였다.[14]

그곳에 모이는 젊은 과학자들 가운데는 토머스 에디슨도 있었다. 그는 1860년대 후반에 윌리엄스 공작소를 최대한 이용

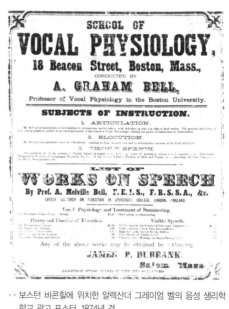

* * 보스턴 비콘힐에 위치한 알렉산더 그레이엄 벨의 음성 생리학 학교 광고 포스터, 1874년 경.

하려고 같은 건물에 사무실을 차렸다.[15] 그가 전기 투표 기록기로 첫 특허를 획득했던 곳도 바로 이곳이다.[16] 그러나 그 기계를 사려는 사람은 아무도 없었다. 오늘날 투표 기술을 둘러싸고 일어나는 논쟁들을 고려하면 에디슨의 발명은 일 세기 반 이상 시대를 앞서 갔던 것이다. 에디슨에 따르면 그가 시장을 고려하지 않고 발명을 한 것은 그때가 마지막이었다.

기계공인 왓슨은 공작소의 단골들이 제시한 상세도에 따라 견본을 만들었다. 에디슨과 모세 파머(Moses Farmer) 그리고 당시 존경받던 많은 전기 연구자들이 그곳의 단골이었다. 왓슨은 1926년에 발간한 자서전 『탐구하는 삶(Exploring Life)』에서 윌리엄스 공작소에서는 어떤 일이 벌어질지 아무도 예측할 수 없었다고 회상했다. 그의 인생을 바꾼 한 사람의 극적인 출현도 바로 그랬다.

1874년 어느 날, 나는 아침 일찍부터 전기를 이용해 해저 광산을 폭파하는 파머 씨의 기계를 열심히 만들며 오늘은 또 무슨 일이 생길까 속으로 생각하고 있었다. 바로 그때 문이 벌컥 열리며 키가 크고 늘씬한 청년이 빠른 걸음으로 내 작업대를 향해 걸어왔다. 창백한 얼굴에 검고 긴 구레나룻과 수염을 기르고 높고 큰 코에 넓게 벗겨진 이마에는 새까맣고 숱 많은 눈썹이 자리 잡고 있었다. 보스턴 대학의 젊은 교수 알렉산더 그레이엄 벨, 그와의 첫 만남이었다.[17]

벨은 왓슨이 만든 작은 기계 두 개를 들고 공작소로 들이닥쳤다. 그리고 인사 한마디 없이 곧장 바닥에 기계들을 내려놓고는 왓슨에게 자신의 지시대로 기계를 만들지 않았다고 불만을 터트렸다.[18] 태도는 대단히 공손했지만 성급한 면이 많았던 그는 대놓고 잘못된 점을 고치라고 요구했다. 왓슨은 순순히 자신의 잘못을 인정하며 무슨 용도에 쓰이는지도 모른 채 만들었던 그 이상한 기계에 대한 벨의 설명에 귀를 기울였다.

왓슨이 다시 만들기로 한 그 기계들은 벨이 스코틀랜드에서 했던 소리굽쇠 실험에서 나온 결과물로 벨은 보스턴에 와서 공명 진동에 관한 자신의 생각을 실용적으로 적용할 곳을 찾았던 것이다. 당시 전신업계는 양이 점점 늘어나는 전문 때문에 어려움을 겪고 있었다. 엄청난 비용을 들여 설치한 보기 흉한 전선들이 온 나라를 어지럽게 뒤덮었고 보스턴과 같은 대도시에서는 전신주에 연결된 전선들이 하늘을 가릴 정도였다.[19] 웨스턴 유니언 사는 이런 혼잡을 없애고자 한 번에 많은 전문을 보내는 방법을 찾아내는 발명가에게 백만 달러를 지급하겠다는 발표까지 했다.

그전에 윌리엄스 공작소

•• 1874년 알렉산더 그레이엄 벨을 처음 만났을 당시의 토머스 왓슨.

의 단골이던 조지프 스턴스(Joseph Stearns)라는 연구자는 전선 하나로 동시에 송수신할 수 있는 이중 전신기를 발명하기도 했었다.[20] 중심 전신선의 양끝에 평행 회로를 설치해 놓고 회로 장치가 수신을 받을 때는 송신을 막아두는 방법이었다. 의미 있는 진전이었다. 그러나 벨은 고조파(高調波) 다중 전신기라고 이름 붙인 자신의 방법이 훨씬 낫다고 생각했다.[21]

벨의 생각은 간단했다. 공명 진동 원칙을 이용해 특정한 파장에 맞출 수 있는 송신기와 수신기 한 쌍을 개발하려는 것이었다. 그러면 다른 파장을 이용해 하나의 전신선으로 동시에 많은 전문을 보낼 수 있을 것 같았다. 수신기는 파장이 맞추어진 송신기에서 보내는 전문에 따라 진동하게 되어 있었다.

•• 1870년대에 이르자 몇몇 도시 지역에서는 어지러운 전신선들이 골칫거리로 떠올랐다. 그러자 전신업계는 하나의 전신선으로 많은 전보를 동시에 보낼 수 있는 장치를 찾아 나섰다.

벨은 왓슨에게 이 다중 전신기의 견본을 만들어 달라고 부탁했다.[22] 송신기에는 작고 얇은 금속 진동판이 사용되었는데 이 진동판은 전기 초인종에서 볼 수 있는 것과 같은 접촉식 나사못이 달린 전기 자석 위에 올려졌다. 벨이 송신기를 배터리에 연결하자 금속 진동판이 진동하면서 소리가 발생했다. 그리고 진동판이 전기 자석과 붙었다 떨어지기를 반복함에 따라 진동판의 파장에 반응하는 간헐 전류가 발생했다. 벨의 생각에 따르면 간헐적으로 진동하는 이 전류는 전신선을 통과하여 멀리 있는 수신기의 진동판을 공명 진동하게 만들 수 있었다. 벨의 목소리 음파가 입 앞에 놓인 소리굽쇠를 진동하게 하였던 것과 똑같은 논리였다. 벨을 전화 연구로 이끈 것도 바로 이 논리였다.

오후 내내 보스턴에 남은 벨의 역사적 자취를 찾아 돌아다닌 탓에 다시 MIT로 돌아갔을 때는 몹시 지쳐 있었다. 유형의 증거물도 거의 남아 있지 않은데 내가 갖는 의문들이 과연 명확한 해답을 얻을 수 있을까 하는 우울한 생각마저 들었다. 사무실로 향하는 카펫 깔린 긴 복도에 들어섰을 때는 이미 저녁이었다.

건물은 조용했지만 내 옆 사무실은 불이 켜진 채 문이 열려 있었다. 데이비드 카한(David Cahan)이 컴퓨터 앞에 앉아 일에 몰두하고 있었다. 한눈에 따뜻하고 학자적인 인상을 풍기는 카한은 중서부 사람 특유의 환한 미소와 약간 굽은 어깨를 가진 다정한 사람으로 네브라스카 대학에서 과학사를 가르치는 교수였다. 이건 또 무슨 운명인지 그는 헤르만 폰 헬름홀츠에 관한 세계적인 석학이기도 했다. 카한은 약 15년 동안 헬름홀츠 전기의 결정판을 내려고 연구를 하고 있었다. 그의 사무실 책장에는 오랜 연구를 반영하듯 수많은 기록과 원고들이 쌓여 있었다. 그는 눈을 들어 나를 보더니 따뜻하게 인사를 건넸다. 아직 남아있는 사람이 자기 말고 또 있다는 사실이 반가웠던 모양이다.

나는 내 사무실로 들어가 책상 의자에 앉아 노트북을 꺼냈다. 그러나 카한 교수에 대한 생각이 머리를 떠나지 않았다. 그도 분명히 연구를 하면서 온갖 역사적 미스터리에 부딪혀 길을 잃고 당황한 적이 있었을 것이다. 그럼에도 그는 헬름홀츠의 삶에 관한 각종 허구에서 사실만을 가려내는 그 오랜 연구에도 전혀 흔들림 없는 태도를 유지해왔다. 나 역시 그레이의 비밀 도안이 벨의 공책에 나타나게 된 경위를 설명하려면 전화가 탄생하기까지 무슨 일이 있었는지 알아내야 했다. 자신은 없었지만 한 가지 위안이 되는 사실은 적어도 디브너 연구소에 있는 한 해 동안은 과학기술의 역사를 연구하고 이해하는 데 평생을 바친 카한 같은 전문가들과 역사가들이 내 주위에 많이 있다는 사실이었다. 따라서 결론은 하나였다. 전화 별명 뒤에 숨겨진 진짜 이야기를 최대한 발굴해 내려면 그들의 도움을 받아야만 했다.

아이디어와 자본의 만남

　1874년 10월의 어느 늦은 오후 알렉산더 그레이엄 벨은 케임브리지에서 가장 부유한 동네에 사는 허버드 가족을 찾아갔다.[1] 다과회 초대였다. 벨은 지난 한 해 동안 허버드 부부의 다정하고 생기 넘치는 딸 메이블을 가르치고 있었다.[2] 당시 메이블은 열여섯 살이었는데 다섯 살때 성홍열을 앓은 후 청력을 잃었다.[3] 벨은 브래틀 스트리트 146번지로 걸음을 옮기다가 그 집의 웅장함에 압도되어 발을 멈췄다.[4] 이탈리아양식의 인상적인 저택이 찰스 강을 내려다보며 서 있었다. 잘 정돈된 정원과 마구간, 온실로 둘러싸인 집은 헨리 위즈워스 롱펠로우(Henry Wadsworth Longfellow)의 화려한 식민지 양식의 저택에서 길 하나 떨어진 곳에 있었다.

벨은 보스턴에 온 이후로 화려한 상류층 생활에 어느 정도 익숙해져 있었다. 샌더스 가족 덕분에 여러 사교 모임에 참석하기도 했고 샌더스 집 역시 대저택으로 식민지 시대 때부터 내려오는 지붕 위에 대서양이 내려다보이는 전망대가 있는 집이었다.[5] 그러나 허버드 일가의 웅장한 서택은 다른 어떤 것과 비교할 수 없을 정도로 고상하고 멋졌다. 메이블이 늘 아름다운 옷을 입고 다니며 예절 바르고 똑똑하다는 것은 이미 알고 있었다. 확실히 그가 가르친 학생들 가운데 가장 매력적인 존재였다. 메이블의 집은 그 집안의 부와 상류층 혈통을 더욱더 분명하게 드러내고 있었다.

메이블의 아버지 가디너 그린 허버드는 보스턴과 워싱턴에 사무실을 둔 변호사이자 기업가였다.[6] 그의 아버지 사뮤엘 허버드는 매사추세츠 대법원 판사였고 외할아버지 가디너 그린은 당시 보스턴의 최고 부자로 유명했다. 허버드 가의 보스턴 뿌리도 아주 깊었다. 허버드는 1840년대 초반에 하버드 법대를 다녔고 그의 첫 미국 조상이자 유명한 목사였던 윌리엄 허버드는 그보다 약 200년 전인 1642년에 하버드 칼리지를 졸업했다.[7]

벨은 이미 예전에 농아 교육 문제와 관련해 가디너 허버드를 만난 적이 있었다. 당시에는 농아를 정신 병원에 보내는 것이 관습이었지만 허버드는 메이블을 정신 병원에 보내지 않았다. 대신 그는 메이블뿐만 아니라 다른 농아 아이들에게 기회를 만들어 주는 일에 전념했다. 그 중 하나가 매사추세츠 주 노샘프턴에 세워진 클라크 농아 학교였다. 허버드는 학교의 설립자이자 초대 교장이었다.[8] 이 학교는 농아에게 말을 가르치는 혁신적인 교수법으로 세계적인 명성을 얻었고 거기서 말을 배운 농아들은 정상적인 세상 속으로 들어가 사람들과 어울려 살았다.

메이블은 아버지의 노력과 타고난 재능 덕분에 입술을 읽어 사람들의 말을 완벽하게 이해할 수 있었다. 열두 살에는 자신보다 두세 살 많은 정상아들과 함께 학교 수업을 받을 정도였다. 그럼에도 허버드는 그녀의 말하는 능력이 더 개선되어야 한다고 생각했다. 1873년 8월 그는 메이블이 어머니 그리고 세 자매와 함께 했던 오랜 유럽 여행에서 돌아오자마자 벨을 찾았다.

그로부터 약 14개월 후 벨은 허버드 가족의 환대와 주목을 받으며 차를 마시고 있었다. 남편에 뒤지지 않는 집안 배경과 활달한 성격을 갖춘 메이블의 어머니 거트루드 허버드는 처음부터 벨의 마음을 사로잡았다. 그녀는 뉴욕에 정착한 유복한 가문의 딸로 아버지 로버트 헨리 맥커디는 뮤추얼 라이프 인슈어런스 컴퍼니 수탁자이자 창립자였다.[9]

거트루드 허버드는 집안 살림을 감독하는 것 외에도 케임브리지, 뉴욕, 워싱턴에서 사교 활동을 하느라 바쁜 나날을 보냈다. 교육 수준이 높고 자기주도적인 성격도 강해서 메이블이 어렸을 때는 구약성서를 원어로 읽으려고 혼자서 히브리어를 익힐 정도였다.[10] 가족과 함께 유럽에 갔을 때도 남편은 몇 개월 후 미국으로 돌아왔지만 그녀는 네 딸을 데리고 제네바, 비엔나, 로마, 피렌체, 파리, 런던을 돌며 2년을 더 보낸 후에야 집으로 돌아왔다.

벨은 초·중기 빅토리아풍의 붉은색 벨벳 벽지와 금박이 박힌 커튼, 크리스털 장식이 달린 가스등으로 꾸며진 허버드 가의 거실에서 그랜드

피아노를 연주하며 그들을 즐겁게 해주었다.[11]

그리고 자신이 좋아하는 소나타를 연주한 후 가디너 허버드에게 그가 연구하고 있던 전신기 이야기를 꺼냈다. 그는 허버드와 함께 피아노 옆에 서서 스코틀랜드에서 하던 자신의 소리굽쇠 실험에서 도출된 아이디어를 시연했다.[12] 댐퍼 페달을 밟고 뚜껑 열린 피아노 위로 몸을 숙여서 진동이 멈추지 않은 피아노의 현이 그가 내는 음에 맞춰 공명 진동하는 것을 보여주었던 것이다. 허버드도 피아노의 현들이 벨이 내는 음과 정확하게 공명하는 것을 보았다.

벨은 그것이 자신이 하는 연구의 일부분이라고 설명했다. 그리고 공기 대신 전신선으로 진동을 보냄으로써 같은 효과를 낼 수 있으며 그런 식으로 수백 킬로미터 떨어진 곳의 소리도 전송할 수 있다고 말했다. 더불어 그는 그 기술로 하나의 전신선으로 동시에 여섯, 여덟, 혹은 그보다 훨씬 많은 전문을 보내는 다중 전신기도 만들어낼 수 있을 거라고 덧붙였다.

•• 가디너 그린 허버드.

허버드는 희끗희끗해진 회색 수염을 길게 기르고 항상 검은 정장의 단추를 끝까지 채워 입는 진지하고 격식을 차리는 귀족적인 사람이었지만 벨의 말은 그런 그를 보기 드물게 흥분시켰다. "가디너 허버드 씨 앞에서 그 이야기를 꺼냈습니다." 벨은 집으로 돌아와 가족에게 보내는 편지에 그렇게 적었다.

> 그에게 제 시스템에 대해 자신 있게 설명했습니다. 감정을 드러내는 법이 없는 분이 제 설명을 듣고 보이는 반응에 오히려 제가 놀랐죠. 그는 부인을 부르더니 다시 설명을 해달라고 하더군요. 이야기를 듣던 부인이 반대 의견을 제시하자 그가 나서서 이렇게 대답하는 게 아닙니까. "공기는 하나니까 전선도 하나만 필요한 것 아니오!"라고요.[13]

그전에 집으로 보낸 편지를 보면 벨은 허버드 가를 방문하기 전부터 가디너 허버드가 전신업에 관심이 있다는 사실을 알고 있었다.[14] 한 예로 그 집을 방문하기 몇 개월 전인 1874년 3월에 그가 부모님에게 보낸 편지에는 웨스턴 유니언 사의 독점권을 해제하고 전신업을 국유화하려고 미국 의회에 제출한 일명 허버드 법안에 관한 이야기가 나와 있다. 그 편지에서 벨은 자신이 메이블을 가르치고 있으며 전신업계에 큰 영향력을 미치고 있는 그녀의 아버지에게 자신의 전신기 연구 이야기를 해야 할지 말아야 할지 생각 중이라고 적었다.

벨의 계획이 무엇이었는지는 모르지만 그도 자신의 연구가 그렇게 빨리 허버드의 기업가적 상상력을 사로잡을지는 예상하지 못했을 것이다. 허버드는 그 자리에서 벨이 가진 아이디어의 잠재력을 인정했다. 그날 허버드의 우아한 응접실에서 선보인 벨의 시연은 엄청난 결과를 불러왔다. 허버드는 즉시 벨의 전신기 연구가 시작될 수 있도록 자신의 부와 연줄, 법적·정치적 전문 지식을 총동원했다.

1874년 10월 20일 허버드 가에서 돌아온 벨은 집으로 보내는 편지에 이렇게 적었다.

> 오늘 밤은 너무나 행복합니다. 성공이 사방에서 저를 보고 손짓하고 있는 것 같아요. 지난번 만남 후에 허버드 씨는 워싱턴에 있는 특허청으로 가서 혹시 다른 사람도 저와 같은 아이디어를 갖고 있지 않은지 찾아봤다더군요. 그리고 이제 이 프로젝트에 자신이 파트너로 참여할 수 있다면 실험에 드는 돈을 대겠다고 제안했습니다.[15]

특허 전문 변호사였던 가디너 허버드는 발명에도 당연히 관심이 많았다. 그는 신발을 만드는 데 사용하는 새로운 기계에서부터 목재를 분쇄하는 특수 톱에 이르기까지 각종 특허권을 보호해 주는 일을 하고 있었다.[16] 그러나 허버드가 벨의 연구를 그렇게 빨리 열정적으로 뒷받침한 데에는 또 다른 이유가 있었다. 점점 더 수익 전망이 좋아지는 전신 산업을 단속하려는 정부 정책에 그가 긴밀히 참여하고 있었기 때문이다.

허버드는 벨의 방문이 있기 적어도 6년 전부터 전신업을 규제하여 미국 우편국의 감독권 아래로 끌어오도록 정부를 설득하는 일에 시간과 에너지를 쏟고 있었다. 1868년에는 체신 장관의 요청으로 정부의 규제를 받는 다른 나라 우편 전신 시스템에 관한 보고서를 만들기도 했다.[17] 허버드의 분석에 따르면 그가 검토한 나라들에서는 전신 기반 설비가 성장하고 전보량이 증가하면서 가격이 내려가는 효과를 보였다. 그러나 미국에서는 웨스턴 유니언 사가 전신선을 거의 독점하다시피 하고 있었기 때문에 사업이 성장할수록 가격은 올라가는 현상이 자주 나타났다.

그는 「애틀랜틱 먼슬리(Atlantic Monthly)」에 기고한 기사에서 영국의 전체 인구가 약 1억 8천만 건의 전보를 보내는 데 대략 5백만 달러를 쓰는 반면 미국에서는 고작 천 3백만 건의 전보를 보내는 데 두 배에 가까운 돈을 쓰고 있다고 지적했다.[18] 허버드는 그 차이가 땅덩어리의 크기 때문만은 아니라고 믿었다. 오히려 웨스턴 유니언 사가 고객들에게 요금을 과하게 부과하여 미국 경제에 부담을 주고 있다고 생각했다.

의회는 여러 번에 걸쳐 허버드 법안의 장점을 놓고 논쟁을 벌였다.[19] 흥미로운 계획이기는 했다. 허버드의 계획대로라면 우편국이 실제로 전신업을 인수할 필요는 없었다. 대신 전신업에 참여하려는 자본가가 의회의 허가를 받고 민간 회사―미국 우편 전신 회사로 알려짐―를 만들어 우편국과 계약을 맺고, 이렇게 설립된 민간 회사는 연방 정부를 위해 새로운 전신망을 구축해서 감독해야 했다. 무엇보다 주목해야 할 점은 그 회사의 운영을 허버드와 그의 사업 제휴자들이 주도하는 컨소시엄이 맡는다는 것이었다.[20]

허버드 법안은 의회에서 논쟁을 불러일으켰다.[21] 의원들 가운데는 이 계획을 애국심에서 비롯된 것으로 보는 이들도 있었고 지나치게 열정적인 기업가의 책략이라고 보는 이들도 있었다. 그러나 목적이 무엇이었건 의회를 설득하려는 허버드의 노력은 정력적이고 정치계에 연줄도 많은 웨스턴 유니언 사 회장 윌리엄 오턴(William Orton)에게 거듭해서 허를 찔렸다. 허버드 법안을 둘러싼 논쟁이 벌어질 당시 오턴은 의원들에게 어느 전신국에서든 무제한으로 무료 전보를 보낼 수 있는 카드를 발급하여 우편국이 의원들에게 제공하는 무료 우송 특권에 상응하는 특혜를 준 적도 있다.[22] 이런 정치적 술수로 허버드 법안은 법률로 통과될 만큼의 정치적인 주목을 받지 못했다.

그러나 오턴의 이런 술책은 당시의 부패 수준에서 보면 아무것도 아니었다. 정치 부패는 1876년 민주당 대통령 후보였던 뉴욕 주지사 새뮤얼 틸덴(Samuel Tilden)과 공화당의 러더퍼드 헤이스(Rutherford B. Hayes)의 대통령 선거에서 절정을 이뤘다.[23] 뉴욕을 기반으로 한 부패 정치가들의 모임인 보스 트위드 도당의 부정부패를 타파한 개혁가로서 선거전에 뛰어든 틸덴은 이 선거에서 상당한 표차로 대통령에 당선되었다. 그러나 플로리다와 다른 몇몇 남부 주에서 일어난 선거 부정과 협박으로 헌법이 붕괴될 위기에까지 몰리자 의회는 특별 선거 위원회를 조직했고, 이 위원회에서 다수를 차지하고 있던 공화당 의원들은 논쟁의 여지가 있는 틸덴의 표를 무효 처리함으로써 헤이스에게 매우 의심스러운 승리를 안겨 주었다.

허버드는 이렇게 부패와 정실로 물든 정치 현상을 경험하면서 웨스턴 유니언 사에 대한 반감을 더욱더 굳혀갔다. 그러니 벨이 전신업에 혁명을 가져올 발명품 아이디어를 설명했을 때 허버드가 곧장 그 기회에 뛰어든 것은 당연한 일이었다. 허버드는 벨의 다중 전신기가 있으면 다시 의회로 돌아가 벨의 효율적인 신기술을 중심으로 한 전신망 구축을 주장할 수도 있고, 아니면 특허 보호권을 이용해 전신 회사를 직접 설립할 수도 있다고 생각했다. 고조파 다중 전신기에 관한 벨의 아이디어가 웨스턴 유니언 사와 경쟁할 새로운 원거리 통신 네트워크를 조직하는 기회가 될 수 있다고 결론을 내렸던 것이다.

나는 벨이 전신기 연구를 상업화하는 과정에서 허버드가 이바지한 역할에 대해 알면 알수록 점점 더 그에게 흥미가 생겼다. 나는 우선 허버드가 케임브리지에서 이와 비슷한 몇몇 사업을 벌여 성공을 거둔 것에 주목했다.

허버드의 열정과 자본에 힘입어 케임브리지 시는 가스 가로등과 깨끗한 물을 공급하는 시스템을 갖추고 있었다. 이 시설은 보스턴의 여느 지역들보다 몇 년이나 앞선 것이었다. 그뿐만 아니라 허버드는 1853년에 케임브리지 가스 회사를 조직하는 데도 기여했고 2년 후에는 케임브리지 상수도 설립에도 참여했다.[24] 케임브리지 상수도에서는 초대 회장으로도 일했다. 그의 손길은 케임브리지와 보스턴 간 말이 끄는 전차망 설립에까지 미쳤다. 케임브리지 철도 회사라고 불리던 이 회사는 허버드의 활발한 지원 덕분에 절대 승객을 끌 수 없다고 주장하던 사람들을 머쓱

하게 만들며 1856년까지 많은 인기를 누렸다.[25] 이는 뉴욕을 제외하면 미국에서 만들어진 최초의 지역 교통망으로 고작 인구 만 5천 명밖에 되지 않는 도시로서는 매우 놀라운 일이었다.

이렇게 성공한 사업들에는 한 가지 중요한 특징이 있었다. 개인적인 관심과 공공을 생각하는 애국적인 행동이 결합했다는 점이다. 허버드는 많은 재산을 물려받았지만 1840년대에는 밀 투기에 손을 댔다가 많은 돈을 잃었다.[26] 그러나 그는 아직 변호사 일을 계속하고 있었고 무엇보다도 케임브리지 최고급 부동산을 많이 소유하고 있었다. 부동산의 대부분은 개인 주택으로 개발되었다. 케임브리지를 살기 좋은 곳으로 만드는 지역 서비스를 제공하는 일은 곧 허버드와 그 지역민들의 삶을 개선하는 것이었으며 그의 부동산 가치를 높이는 일이었다.

그러나 허버드의 이런 공인으로서의 명성은 벨의 집주인이며 조언자이자 후원자였던 토머스 샌더스에게는 걱정거리였다. 이미 벨의 연구에 상당한 돈을 지원하고 있던 그는 허버드를 믿어도 되는지 확신이 서지 않았다. 벨은 가족들에게 보낸 편지에 이렇게 적었다.

　　토머스 샌더스 씨는 허버드 씨에게 연구 이야기를 한 게 현명하지 못한 행동이었다고 생각하더군요. 공인들은 부정부패에 물든 사람들이 많아서 허버드 씨가 그 아이디어만 팔아도 수천 달러는 벌어들일 수 있을 거라면서요. 또 전신 회사들이 허버드 씨에게 사들인 그 아이디어를 이용한다면 그들의 가치가 지금 있는 모든 전신선의 가치만큼 올라서 정부가 나중에 그 회사들을 사들일 때는 더

많은 돈을 지급해야 할 거라고도 했죠. 샌더스 씨는 제가 즉시 아이

　　디어를 보호할 조치를 취해야 한다고 생각하고 있어요.[27]

　샌더스의 재촉으로 벨은 그와 함께 조셉 아담스(Joseph Adams)라는 특허 전문 변호사를 찾아갔다.[28] 우선 특허청에 다중 전신기에 대한 발명 특허권 보호 신청을 낼 생각이었다. 완벽한 견본을 만들 때까지 발명권을 보호하려는 조치였다. 샌더스는 지금까지 벨의 연구에 자금을 지원해왔던 대로 이 법률 비용도 자신이 내기로 했다.

　샌더스는 벨에게 법적인 보호 조치와 함께 항상 조심할 것을 강조하면서도 다른 한편으로는 벨이 연구를 성공시키는 데 허버드가 큰 도움이 될 수도 있겠다는 생각을 하고 있었다. 결국 허버드는 재빨리 그들과의 거래에 참여했고 세 사람은 함께 팀을 이뤘다.[29] 샌더스와 허버드는 벨의 실험 비용과 법률 비용을 대고 발명으로 벌어들이는 이윤은 세 사람이 나누기로 했다. 그들은 또 실험 조수를 고용할 비용도 대겠다고 나섬으로써 벨과 토머스 왓슨이 인연을 맺게 도와주기도 했다.

　허버드의 정력과 연줄, 능력은 처음부터 분명하게 효과를 발휘했다. 그는 두 사람을 설득해 워싱턴에 있는 폴록 베일리 법률 회사에 법률 자문을 맡겼다.[30] 안토니 폴록은 당시 정치적으로 가장 영향력 있는 변호사였으며 허버드와 많은 프로젝트를 함께 했다. 특히 허버드 법안에 미국 우편 전신 회사의 감독 역할로 명시되어 있는 컨소시엄의 파트너로도 지명을 받았다.

　허버드는 폴록의 도움으로 샌더스와 벨이 내려던 발명 특허권 보호

신청도 중지시켰다. 허버드는 1874년 가을에 이미 엘리샤 그레이라는 유명한 전기 연구자가 벨의 아이디어와 중복되는 다중 전신기 시스템에 관한 특허권 보호 신청을 넣었다는 사실을 알고 있었다. 따라서 허버드는 뒤늦게 보호 신청을 넣어 우선권을 잃으니 가능한 한 빨리 연구를 끝내서 곧바로 특허를 신청하는 것이 낫다고 벨에게 권했다.[31] 그래야 다중 전신기에 관한 벨의 아이디어가 그레이의 보호 신청보다 앞섰다고 주장함으로써 그레이의 주장을 뒤엎을 수 있다는 것이 허버드와 폴록의 생각이었다.

1874년 가을이 되자 전화 발명에 관련된 주요 인물들이 거의 다 모이면서 무대가 꾸려졌다. 벨은 즉각 허버드의 충고를 받아들였다. 그는 자신이 성공하려면 그레이보다 먼저 다중 전신기를 만들어내야 한다는 것을 잘 알고 있었다. 1874년 11월 23일 자 편지에 그는 이렇게 적고 있다.

그레이 씨와 전 이 장치를 누가 먼저 완성하느냐를 놓고 접전을 벌이고 있습니다. 그에게는 전기 기술자라는 이점이 있지만 소리 현상에 대해서는 제가 더 아는 게 많죠. 그 점에서는 분명 제가 유리합니다. 전 지금 굉장히 흥분한 상태라 만약 여기서 진다면 몸져 누울지도 몰라요.[32]

물론 여기서 벨이 말하는 그레이와의 접전은 전화가 아니라 많은 전문을 동시에 보낼 수 있는 다중 전신기를 둘러싼 것이었다. 그러나 흥미롭게도 벨의 머릿속에서 음성을 전송하는 장치에 대한 아이디어가 자리를 잡기 시작한 것도 1874년 11월, 바로 이 즈음이었다. 벨은 우선 십대 때 형 멜리와 함께 만든 말하는 기계보다 발전한 형태의 수화기를 생각했다. 왓슨의 회상에 따르면 벨은 처음 음성을 전송할 수 있는 전신기에 관한 아이디어를 들려주며 그것이 조율된 현과 진동판, 기타 진동 장치들을 이용해 전송된 음성을 재생할 수 있는 피아노만 한 크기의 기계라고 설명했다고 한다.[33]

그러나 다중 전신기에만 관심이 있던 가디너 허버드는 벨에게 전신기 연구에만 집중하라고 요구했다. 후에 왓슨이 전하는 말에 따르면 허버드는 벨에게 다음과 같이 말했다.

> 허버드 씨는 일단 전신기를 먼저 완성해야 음성을 보내는 전신기든 뭐든 만들고 싶은 것을 만들 시간과 돈이 마련될 것이라고 말했다. 그래서 우리는 전신기에 집중하며 그보다 훨씬 더 멋진 일들에 대해서는 꿈만 꾸었다.[34]

벨은 허버드와 폴록의 지시를 받으며 1875년 3월 다중 전신기 연구와 관련된 첫 번째 특허 신청을 냈다.[35] 이 과정에서 허버드의 전략적인 손길은 곳곳에 미쳤다. 조사가 진행될수록 후에 전화 특허로 알려진 벨의 개선된 전신기 특허에서 허버드가 한 역할은 단연 돋보였다.

벨이 전화를 발명하기까지의 과정에 관한 가장 자세한 정보들은 전화가 발명된 후 10년 동안 이어진 특허권 소송의 증언에서 찾아볼 수 있다. 이 소송에서 벨과 그의 팀은 벨의 특허권에 제기된 이의 신청을 물리치고 전화에 대한 자신들의 독점권을 입증하고자 상세한 증언들을 내놓았는데 보통 이런 증언들은 발명 과정에서 무슨 일이 있었는지를 예리하게 파고드는 질문에 대한 응답 형식으로 나왔다. 1908년 벨전화회사에서는 벨의 조서를 책으로 발간하기까지 했다.[36] 지금은 거의 남아 있지 않지만 당시 회사는 이 책이 전화 개발과 관련해 지금까지 나온 어떤 설명보다 완벽한 설명을 담고 있다고 말했다.

그러나 불행히도 역사가들은 이렇게 풍부한 정보가 담긴 자료를 적절히 이용하지 못했다. 벨의 전기 작가 로버트 브루스(Robert Bruce)는 그나마 예외였지만 그조차도 참고문헌 목록에 실린 주석을 통해 이 자료를 깎아내리는 듯한 글을 남겼다.

> 벨의 전화 특허 이의 소송의 증언이 담긴 149권의 조서집 대부분은 벨 이전에 이미 다른 사람이 전화를 발명했다는 주장을 다루고 있으나 이는 벨의 이야기와는 아무 상관이 없다.[37]

여러 권의 조서를 읽는 건 분명히 더디고 고통스러운 일이다. 나 또한 모든 페이지를 다 들여다보지는 못했다. 그러나 나는 곧 디브너 연구소 도서관에 소장된 자료들을 통해 종종 중대한 사실을 내포하고 있는 벨과 다른 팀원의 증언을 발견했다. 한 예로 법정에서 선서하고 증언석에 앉은 벨은 자신의 특허 제출 시기에 관해 한 가지 엄청난 자백을 했다.[38] 허버드가 1876년 2월 14일에 벨의 구체적인 바람과 지시를 무시한 채 직접 전화 특허 신청을 냈다는 것이다.

벨은 집안끼리 알고 지내던 친구이자 「토론토 글로브(Toronto Globe)」지의 편집자인 조지 브라운(Geroge Brown)을 영국에 보내 그곳에서 특허 신청을 하고 기다리는 동안 허버드와 그의 변호사들에게 미국에서의 특허 신청을 기다려 달라고 지시했다고 말했다. 당시 영국 특허청에서는 다른 나라에서 특허를 받지 않은 기술에만 특허를 내주었기 때문이다.

벨에게 영국 특허는 매우 중요했다. 그가 영국 왕가의 백성이라는 이유도 있었지만 영국의 특허권은 허버드나 샌더스와 맺은 계약에 포함되지 않았기 때문이다. 따라서 벨은 조지, 고든 브라운(Gorden Brown) 형제와 별도의 계약을 맺었다.[39] 이 계약에 따르면 벨은 자신의 기술이 영국에서 상용화되면 거기서 나오는 이윤의 반을 가질 수 있었다.

조지 브라운은 1876년 1월 25일에 배를 타고 영국으로 떠났다.[40] 그러나 2월 14일까지도 아무런 소식이 없었다. 허버드는 한 증언에서 다음과 같이 주장했다.

기다리던 브라운 씨의 연락을 받지 못한 벨은 내게 편지를 보내 특정한 날짜까지 소식이 없으면 특허 신청을 내도 좋다고 말했다.[41]

그러나 전화 발명에 관한 수많은 자료에 벨이 허버드에게 보냈다는 이 편지에 관한 기록은 어디에도 없다. 그러나 그보다 더 중요한 것은 벨이 이 문제를 두고 전혀 다른 이야기를 하고 있다는 사실이다. 벨은 조서에서 다음과 같이 말했다.

> 특허 신청이 자꾸 미뤄지는 것에 조바심을 내던 허버드 씨는 개인적으로 내 변호사들과 연락해 미국 특허청에 발명 신청서를 제출하라고 지시했다. 그렇게 그들은 내게 알리지도 않고 동의를 받지도 않은 채 1876년 2월 14일에 특허 신청서를 제출했다.[42]

나는 처음부터 허버드의 개입에 관심이 갔지만 이 사실을 알게 되면서 전화 발명의 진짜 이야기를 밝혀내야겠다는 결심을 굳혔다. 허버드는 벨이 영국 특허와 관련해 브라운 형제와 계약서를 작성한 사실을 알고 있었다. 단지 알고 있었을 뿐 아니라 벨과 조지 브라운이 합의 사항을 반영하는 문서를 작성하는 자리에 함께 있었다.[43] 문서에는 다음 사항도 들어 있었다.

> 벨은 유럽 특허와의 충돌을 피하고자 브라운으로부터 연락이 있을 때까지 미국 특허청에 특허 신청을 내지 않기로 한다.[44]

변호사인 허버드가 이런 벨의 합의를 가볍게 깰 리는 없다. 그러나 벨의 증언대로라면 허버드가 특허권 신청 문제를 벨과 상의 없이 일방적으로 처리한 셈이 된다. 그저 초조하기만 했다면 브라운에게 전보를 보내 일이 지체되는 이유를 물어보았음직도 하지만 허버드가 그런 조치를 취했다는 증거는 어디에도 없다.

허버드는 왜 벨의 동의를 받지 않고 특허를 제출했을까? 다급함을 느꼈다는 것이 가장 그럴듯한 설명일 것이다. 특히 오랫동안 지속해 온 그레이와의 접전을 생각한다면 그레이의 특허권 보호 신청이 들어간 바로 그날 허버드가 성급하게 일방적으로 특허를 제출한 것이 단지 우연이라고만 볼 수는 없었다.

허버드가 어디서 어떤 식으로든 그레이가 특허권 보호 신청을 낸다는 말을 들었을 가능성이 크다. 허버드와 폴록의 영리한 전화 음모가 흐릿하게 형체를 드러내고 있었다. 그러나 아직 해결되지 않은 질문들이 남아 있었다. 허버드는 그 이야기를 어떻게 들었을까? 그레이는 벨 팀의 움직임이 표면으로 드러났을 때 왜 항의하지 않았을까? 아직은 이 질문들에 답하기가 어려웠다. 그러나 한 가지 사실은 분명했다. 흔히들 벨과 그레이의 전화 발명 시기가 겹친 것은 우연일 뿐이라고 하지만 허버드가 성급하게, 그것도 벨이 모르게 특허 신청을 냈다는 사실은 다른 가능성을 강력하게 시사했다.

휘그주의의 위험, 통념과의 모순

2004년 늦가을까지 나는 전화 발명에 관해 점점 더 늘어나는 의문점들을 모아 공책에 정리한 다음 다시 노트북에 입력하고 필기 카드에도 적어 두었다. 내 사무실에는 매직 마커로 썼다 지웠다 할 수 있는 화이트보드가 걸려 있었는데 어느 날 나는 좀 더 체계적인 연구 전략을 세울 수 있을지도 모른다는 희망으로 거기에 몇 가지 질문들을 적어보았다.

미국 특허청은 왜 벨에게 발명품 모델을 제출하라고 요구하지 않았나?

오랫동안 이어진 특허권 소송에서도 벨의 도용 사실이 밝혀지지 않은 이유는 무엇인가?

엘리샤 그레이는 왜 끝까지 자신의 주장을 고집하지 않았나?

어느새 이런 질문들로 보드가 가득 채워졌을 때 옆방 동료 데이비드 카한이 사무실 문을 두드렸다.

"바쁜가?" 그는 그렇게 물으며 화이트보드에 적힌 글들을 호기심 어린 눈으로 흘끗 쳐다보았다.

"아뇨, 아뇨. 들어오세요."

카한의 손에는 선물이 들려 있었다. 그는 내게 종이 한 장을 내밀었다.

"흥미가 있을지 모르겠네만, 헬름홀츠가 말년에 미국을 방문했을 때 벨과 만난 적이 있다는 증거가 나와서 말이야. 보고 싶어 할까 봐 갖고 왔네."

1893년 10월 4일 자 「뉴욕 데일리 트리뷴(New York Daily Tribune)」 지의 기사 사본이었다.[1] 그 기사에 따르면 벨은 자신의 전화 연구에 큰 영감을 준 헬름홀츠가 미국에 왔다는 소식을 듣자마자 노바스코샤 주에서 즉각 달려왔다고 한다. 늙은 헬름홀츠가 미국 여행을 결정한 이유는 아이러니하게도 엘리샤 그레이가 개최한 국제 전기 회의에 참석하기 위해서였다. 어쨌든 벨은 뉴욕에서 자신의 정신적 스승을 만났다. 두 사람은 함께 점심을 했고 그 후 벨은 헬름홀츠의 강연회와 환영회에 참석했다.

카한이 자신의 연구와 내 연구 사이에 공통점이 있다는 사실을 발견하고 자료를 가져다주다니 감동이 밀려왔다. 나는 그에게 생각해줘서 고맙다고 말했다. 그는 책상 앞에 놓인 속을 빵빵하게 채워 넣은 의자에 앉아 헬름홀츠의 미국 방문이 미친 영향에 관한 기사를 거의 다 썼다고 했다. 나는 그것을 읽어보고 싶다고 말했다.

"아직 알릴 일은 아니지만요." 나는 충동적으로 오랫동안 억누르고 있던 말을 꺼냈다. "잠깐 시간 좀 내주시겠어요? 조언을 얻고 싶은 문제가 있어서요." 나는 책상 위에 널려 있던 자료를 뒤져 그레이의 발명 특허권 보호 신청서와 벨의 액체 송화기 그림을 찾아 책상 가장자리에 나란히 올려놓고 그것을 발견하게 된 경위를 들려주었다.

카한은 두 그림을 자세히 들여다보며 내 이야기에 귀를 기울였다. 한참 동안 침묵이 이어졌다.

"아주 흥미로운 자료군." 그가 말했다. "자네 말대로라면 이건 정말 대단한 발견인 것 같네." 그는 다시 말을 멈췄다. "물론 아직 알아야 할게 더 많지만 말이야. 우선은 휘그주의의 위험이 떠오르는군. 휘그주의에 대해 알고 있나?"[2]

토리당과 휘그당이 전화 발명과 무슨 관계가 있을까? 내가 멍한 표정을 짓자 카한은 조용하고 부드러운 목소리로 히스토리오그래피(historiography)에 관한 유익한 지식을 알려 주었다. (히스토리오그래피란 역사 연구를 연구하는 학문이다.) 카한은 휘그주의란 어떤 현상들을 있는 그대로 보지 않고 현재의 기준으로 과거를 판단하는 역사의 함정이라고 했다. 휘그주의라는 말은 역사를 자신들의 정치적 성향에 유리한 쪽으로 기술한 영국 역사학자들에게서 비롯되었다. 카한은 과학기술사에서는 연구 대상인 어떤 인물에게 그가 당시에 갖고 있지 않았던 지식을 부여하거나 후에 옳은 것으로 증명되었다는 이유로 어떤 이론을 과도하게 신용하거나 시대착오적인 행동을 했다는 이유로 역사적 대상들을 배제하는 것 모두가 휘그주의라고 말했다. 여기에 대해 또 다른 동료는 "그런 오류를 피하는 게 쉽지는 않지만 역사를 거꾸로 읽지 않도록 항상 조심해야 한다."는 말을 하기도 했다.

카한의 말이 이어졌다. "여기서 짐작해 볼 수 있는 건 벨과 그레이가 그 당시 주로 이용하던 방식에 따라 발명 도안을 그렸을 수도 있다는 것이네. 그럴 가능성이 높지는 않지만 전혀 없는 건 아니지."

가능성이 있든 없든 그건 내가 한 번도 고려해 보지 못한 점이었다.

"자료를 분석하는 데 휘그주의가 스며들 위험을 막으려면 당시 나온 교재들을 살펴보는 것도 좋은 방법이네. 이런 식으로 고개를 숙이고 있는 그림이 새로운 발명품을 그릴 때 보통 이용하는 방법이었는지 아닌지 확인할 수 있을 테니까 말이야. 어쨌든 이런 걸 분석할 때는 그게 기본이지."

이 시대의 전문가인 카한은 구체적인 방법도 서슴없이 제시했다.

"확실히 헬름홀츠의 연구에서는 이런 식의 그림을 본 적은 없군." 그가 말했다. "하지만 레일리 경(Lord Rayleigh)의 책들을 살펴보는 게 좋겠군. 미국에서 많이 연구했던 물리학자니까. 그 시대에 나온 전기와 자기에 관한 입문서들도 좋고 말이야."

그런 다음 그는 문으로 향하며 이렇게 덧붙였다. "나도 늘 생각하고 있겠지만 자네도 어떻게 돼 가는지 경과를 알려 주게. 이건 정말 흥미로운 발견이군. 이야기해줘서 고맙네."

그 말을 끝으로 그는 자기 사무실로 돌아갔다.

그 주가 끝나기 전에 나는 카한의 제안을 행동에 옮겼다. 우선 고전이라 할 수 있는 레일리 경의 『음향 이론(Theory of Sound)』과 당시의 교재들을 훑어보았다.[3] 비슷한 그림은 없었다. 1842년에 출간된 대니얼 데이비스(Daniel Davis)의 『자기 매뉴얼(Manual of Magnetism)』과 1872년에 출간된 베일(J. Baile)의 『전기의 경이로움(Wonders of Electricity)』은 특히 더 자세히 살펴보았다.[4] 벨과 왓슨이 영감을 얻은 원천으로 두 책을 언급한 적이 있기 때문이다. 그들이 이 책들을 꼽은 이유는 쉽게 찾을 수 있었다. 베일의 연구는 음향 전신기라는 기계의 발명을 예언하고 있었다.

우리는 앞으로 몇 년 후면 억양과 말투가 생생하게 살아있는 음성 전보를 보낼 수 있을지도 모른다.[5]

그러나 전기 장치의 도안을 그린 그림에서 사람 모습이 나타난 예는 없었다. 데이비스의 몇몇 그림에는 기계 장치 위로 손이 그려져 있었지만 벨과 그레이처럼 사람의 머리가 그려진 그림은 없었다.

나는 벨과 그레이가 그 당시에 흔히 사용하던 도안 양식을 차용한 것이 아니라는 자신감이 생겼다. 그리고 두 그림을 들여다볼수록 그것들이 희소성을 보여주는 증거라는 확신이 들었다. 한 역사적 사건에 대한 공인된 생각을 재평가해 볼 계기를 제공하는 결정적 증거였다. 벨이 전화 발명에 성공하기 전날 밤 실험 노트에 그려 넣은 백 년도 넘은 이 그림이 그의 명백한 표절 행위를 보여주는 증거가 된 것이다.

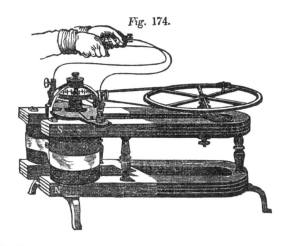

Fig. 174.

•• 벨이 영감을 받은 책이라고 언급한 바 있는 다니엘 데이비스의 『자기 매뉴얼』(1847년 판)에 실린 전기 치료기 장치. 왼쪽 위로 손이 그려져 있다.

나를 끈질기게 괴롭힌 것은 휘그주의에 대한 두려움보다는 벨의 고결한 명성을 뒷받침하는 증거들이었다. 벨을 아는 사람들은 대부분 그를 정의감이 강한 완벽한 신사라고 묘사했다. 오랫동안 벨의 조수로 일했던 캐서린 맥켄지도 벨을 정직하고 용감하며 겉과 속이 다른 것을 경멸하는 사람으로 묘사했다.

진리 추구는 벨이 인생에서 대단히 중요하게 여기는 원칙이었다. 그에게서 전화 특허권을 빼앗으려고 벌어진 오랜 소송으로 그

가 악의적인 사기를 저질렀다는 말들이 퍼졌지만 그것은 벨의 타고

난 인품을 전혀 모르고 하는 소리였다.[6]

벨의 가까운 친구이자 조수이며 든든한 우방이었던 맥켄지의 말을 객관적인 증언으로 받아들일 수는 없을 것이다. 당시 벨의 사기 혐의에 관한 말들이 퍼졌다는 부분에 호기심이 일긴 했지만 벨의 노트와 편지로 알 수 있는 그의 사람됨을 생각하면 맥켄지의 근본적인 평가가 잘못되었다고 의심할 만한 근거는 없었다.

나는 벨이 허버드나 다른 조언자들에게 자신도 모르게 이용당했을 가능성도 생각해 보았다. 그러나 그런 이론으로는 벨이 그레이의 액체 송화기 도안을 자신의 노트에 직접 그려 넣은 이유를 설명할 수 없었다. 따라서 나는 음모의 시작은 벨이 아니었을지라도 그가 그레이의 도안을 훔치는 계획에 협조한 것은 틀림없다고 생각했다. 그러나 정직한 사람으로 정평이 나 있는 벨이 어떻게 그런 일에 협조할 수 있었는지는 짐작하기 어려웠다.

여기에 대해서는 왓슨의 자서전에서 몇 가지 잠재적인 단서를 발견할 수 있다. 참고로 맥켄지처럼 왓슨 또한 벨을 존경했다.

그레이엄 벨 선생님처럼 내 인생에 좋은 영향을 끼친 사람은 없었다. 나는 선생님처럼 교육을 많이 받은 사람과 가까이 지내는 것이 처음이었고 그의 행동거지가 마음에 들었다.[7]

일을 하며 서로 가깝게 지내던 몇 년 동안 선생은 조수의 시야를 넓혀 주었다. 벨은 처음부터 왓슨에게 대수(大數)를 배우라고 권하고 헬름홀츠를 비롯한 당대 유명한 과학자들의 연구에 대해서도 알려 주었다. 벨이 이런 전문적인 영역에 관해서만 조언한 것은 아니었다. 왓슨의 회상에 따르면 벨은 발성법에서 식사 예절에 이르기까지 그에게 신사처럼 행동하는 법도 가르쳤다.[8]

맥켄지처럼 왓슨도 벨을 무척 좋아했기 때문에 대부분의 역사학자들은 왓슨의 자서전이 객관적인 사료로서의 가치가 있는지 의심스러운 눈길을 보낸다. 그 자서전이 전화 발명과 관련된 주요 사건들이 일어나고 수십 년이 지나 왓슨이 생을 마감할 무렵인 1926년에 쓰였다는 사실도 신뢰성을 떨어뜨렸다. 그러나 이런 단점에도 왓슨의 자서전에는 벨이 1874년과 1875년에 다중 전신기를 만들며 느낀 끝없는 좌절감이 자세하게 나타나 있다. 두 사람이 아무리 노력해도 다중 전신기(또는 고조파 전신기)는 작동이 되지 않았다. 왓슨은 당시의 상황을 이렇게 적고 있다.

고된 노력에도 우리는 실제적인 성과를 내지 못했다. 고조파 전신기가 생각만큼 간단하지 않다는 것만 증명될 뿐이었다.[9]

왓슨에 따르면 두 사람은 윌리엄스 공작소에 딸린 벨의 다락방 작업실에서 고조파 시스템을 만들었지만 수신기가 신호에 제대로 응답을 하지 않았다고 한다. 게다가 그 장치들은 서로 파장을 맞추기도 대단히 어려웠다. 왓슨은 이렇게 회상했다.

고조파 전신기에 대한 믿음이 사라지고 몇 달 동안 힘든 작업이 이어진 터라 마침내 벨 선생님의 드높던 사기도 흔들리기 시작했다. "왓슨, 우린 위대한 발견을 눈앞에 두고 있어."라며 늘 내게 기계 장치를 새롭게 개선하고 다시 시작할 힘을 주던 선생님의 자신감 넘치던 그 말도 더는 늘을 수 없게 되자 나는 선생님의 열의가 식어가고 있음을 알 수 있었다.[10]

왓슨은 재정 후원자들과의 약속과 성공해야 한다는 압박감 등 벨이 받은 스트레스를 강조했다. 얼마 후 벨은 한 편지에서 "샌더스 씨와 허버드 씨가 내 특허와 실험을 위해 쓴 돈을 갚아야 한다는 생각이 없었다면 결코 연구를 계속할 수 없었을 것"이라고 적었다.[11]

왓슨은 벨의 좌절감과 실망감이 대단했다고 말한다. 그러나 나는 그것이 과연 경쟁자의 도안을 훔칠 만큼 심한 것이었는지 의심스러웠다. 그런 행동은 왓슨이 말하는 벨의 인격이나 내가 그에 대해 알게 된 사실들과도 일치하지 않았다. 그러나 곧 알게 되겠지만 여기에는 또 다른 이야기가 숨어 있었다.

솟구치는 사랑의 열정

1874년 겨울 벨은 점점 더 자주 허버드의 집을 방문했다.[1] 특히 일요일 오찬에는 빠짐없이 참석했다. 허버드 가의 우아한 일요일 오찬에는 넉넉한 로스트비프와 함께 커스터드 소스에 아몬드 맛의 머랭을 넣은 플로팅 아일랜드라는 후식이 나왔다.[2] 거트루드 허버드가 특히 좋아하는 후식이었다. 그러나 분위기나 요리보다 벨을 더 강력하게 사로잡는 것이 있었다. 바로 매력적인 학생, 메이블 허버드였다. 벨은 자신이 점점 더 메이블에게 빠져들고 있다는 것을 깨달았다.

메이블을 사랑하는 벨의 마음은 그녀를 가르치는 과정에서 드러나기 시작했다.[3] 가디너 허버드는 허버드 법안과 관련된 일로 워싱턴에 가 있느라 몇 주 혹은 몇 달씩 집을 비웠고 거트루드 허버드는 뉴욕에 있는 연로한 부모님을 찾아뵙느라 집을 비우는 일이 잦았기 때문에 메이블은 사촌 언니 메리 블래치포드와 함께 케임브리지에 혼자 남아 있는 시간이 많았다. 열여섯 살 생일을 앞둔 활기차고 모험심 강한 소녀 메이블은 말이 끄는 전차를 타고 케임브리지와 보스턴을 오갔다. 보스턴 비콘힐에 있는 벨의 사무실에서 벨이나 그의 조수 애비 로크(Abby Locke)에게 수업을 받기 위해서였다. 메이블은 처음 벨을 만난 후 그가 흥미로운 사람이기는 하지만 신사라고는 생각하지 않는다고 일기에 썼다.[4] 그녀는 벨이 유행에 뒤떨어진 옷을 아무렇게나 입고 있었다고도 적었고 처음에는 스물여섯 살이던 벨을 마흔 살 넘게 보기도 했다. 그러나 메이블이 가끔 어머니에게 보낸 편지에는 수업이 진행됨에 따라 그녀가 점점 더 벨에게 호감을 느꼈다는 사실이 드러나 있다.[5]

메이블은 벨이 자신과 이야기하는 것을 좋아하는 것 같다고 적었다. 그리고 그에게는 멋진 아이디어가 너무나 많아서 하나라도 놓칠까 봐 그의 얼굴에서 한시도 눈을 떼지 못한다고도 적었다. 한편 처음부터 메이블의 매력에 끌린 벨은 수업이 끝난 후 이런저런 핑계를 대며 몇 번이나 전차 타는 곳까지 그녀를 바래다주었다. 폭설이 내렸던 어느 날을 회상하며 메이블은 어머니에게 이런 편지를 썼다.

벨 선생님이 전차까지 데려다 주겠다고 우기셨어요. 높이 쌓인 눈밭을 함께 걸어 내려오면서 얼마나 재밌었는지 몰라요. 무릎까지 빠졌지만 눈에 물기가 많지 않아 젖지는 않았어요. 게다가 뛰어다니느라 보통 때보다 더 더웠거든요. 약국 근처 정거장에 도착하면서운할 것 같았지만 숨이 찬 데다 방수복과 베일이 온통 휘날려서 꼭 붙잡는 것 외에는 아무것도 할 수 없었어요.[6]

메이블의 다른 편지에는 이런 추신도 달렸다.

내가 아름답대요. 어떻게 생각하세요?[7]

그리고 또 다른 편지에서 그녀는 어머니에게 이렇게 적었다.

오늘 벨 선생님이 내 목소리가 예쁘다고 하셨어요. 목소리를 제대로 내는 법을 배울 수 있다면 누구 목소리가 더 예쁜지 엄마와 경쟁할 수도 있다고요! 선생님은 저한테 만족하고 계세요. 오늘은 저한테 뭐든 시킬 수 있겠다고 말씀하셨어요. 수업이 정말 재밌어요. 계속 할 수 있게 해줘서 고맙습니다.[8]

교실 밖에서 메이블을 볼 기회가 많아짐에 따라 벨은 곧 그녀를 학생에서 매력적인 여성으로 인식하기 시작했다. 벨은 메이블이 열여섯 살이 된 직후 그녀를 위해 허버드 저택에서 열린 무도회에 참석했다.[9] 메이블은 무도회가 열리기 직전 헨리 워즈워스 롱펠로우의 딸이자 가장 친했던 에디스와 애니가 아파서 올 수 없다는 전갈을 받고 낙심했지만 농아라는 장애를 이기고 파티의 주인공으로서 벨과 스무 명의 우아한 젊은 손님들을 훌륭하게 접대했다.

•• 1870년 열세 살의 메이블 허버드.

거트루드는 당시 워싱턴에 가 있던 남편에게 편지로 자세한 파티 소식과 함께 메이블이 얼마나 멋진 숙녀가 되었는지를 전했다.

> 메이블은 여유 있고 당당한 태도로 손님들을 맞았답니다. 얼마나 행복한지 얼굴에 다 드러나 있었죠. 당신도 그 아이가 얼마나 생기 넘치고 예뻤는지, 얼마나 즐거워했는지 봤다면 좋았을 텐데……. 복숭아색 실크 드레스를 입었는데 정말 최고로 사랑스러웠어요.[10]

1875년 봄이 시작되면서 벨은 메이블을 향한 마음이 점점 더 커지면서 혼란에 빠졌다. 그리고 자신의 그런 감정을 확인하려고 특별 일기장을 만들어 두 사람의 관계 변화를 기록했다.[11] 그는 일기에 자신의 괴로운 상황과 감정을 털어놓았다. 메이블은 그보다 열한 살이나 어린데다 자신의 제자가 아닌가. 그는 메이블이 자신을 선생님으로만 보고 청혼자로 받아들여 주지 않을까 봐 두려웠다. 그리고 자신의 얼마 되지 않는 수입과 메이블의 부유한 가정환경 사이에는 극복하기 어려운 격차가 있다고 토로하며 그렇게 어린 소녀에게 자신의 감정을 털어놓는 것이 과연 옳은 일인지 걱정했다.

"메이블이 어쩌면 이토록 강하게 내 마음을 사로잡았는지 나도 모르겠다."라고 벨은 기록하고 있다.

> 선택권이 내 이성에 혹은 다른 사람에게 있었다면 아마 모든 것이 달라졌을 것이고, 나는 변함없이 즐거움을 안겨주는 과학의 길을 함께 갈 수 있는 성숙한 여자를 찾았을 것이다. 그러나 그녀를 선택한 것은—그게 오히려 더 잘된 일이라고 생각하지만—내 심장이었다.[12]

벨은 자신이 메이블을 좋아하게 된 이유를 설명하진 못했지만 그녀의 어떤 점이 좋은지는 잘 알고 있었다.

> 내가 세상에서 가장 좋아하는 것은 사랑이 가득한 따뜻한 마음

이다. 메이블은 바로 그런 마음을 가진 사람이다.[13]

    1875년 6월 2일 사랑의 미래는 알 수 없었지만 벨은 절망적인 몇 달 간의 연구 끝에 마침내 전신기 연구에 중요한 전기를 맞았다.[14] 벨과 왓슨이 윌리엄스 공작소에 딸린 다락방에서 송신기와 수신기들을 서로 연결하여 최신형 다중 전신기를 시험하고 있을 때였다. 그들이 만든 회로에는 각자 다른 주파수에 맞춰진 초인종 같은 송신기가 세 개 달려 있었다. 벨과 왓슨은 수신기도 여섯 개를 만들어 송신기 하나에 수신기 두 개씩을 연결했다. 그리고 세 개는 벨의 방에 다른 세 개는 옆방에 놓아두었다. 계획대로라면 벨이 송신기를 작동시킬 때 그에 반응하도록 조율된 수신기들이 공명 진동하며 정해진 소리가 울려야 했다.

    벨이 송신기 두 개에 각각 수신기 두 개의 주파수를 맞춘 다음 세 번째 세트의 주파수를 맞추기 시작할 때였다. 옆방에 있는 수신기가 제대로 작동하지 않자 벨은 진동판이 붙어서 작동하지 않을 수도 있다는 생각에 배터리에 연결된 송신기들을 회로에서 제거하고 옆방의 왓슨에게 송신기의 진동판을 손으로 퉁겨 보라고 지시했다. 놀랍게도 배터리가 없는 상태에서 앞에 놓인 수신기의 진동판이 왓슨이 퉁기는 진동판에 맞춰 진동음을 냈다. 벨은 왓슨에게 다른 진동판들도 계속 퉁겨 보라고 소리쳤다. 그러자 벨의 방에 있는 수신기들에서 지정된 주파수의 소리들이 하나씩 들렸다.

회로에 남아 있는 자기가 다중 전신기에 필요한 전류를 진동판에서 발생시킬 것이라는 벨의 추측이 옳았던 것이다.[15] 그리고 이 추측이 옳다면 그의 이론은 대체로 옳았으며 지금까지 실패를 반복한 이유는 전문을 보내는 데 필요한 진동의 양을 지나치게 많이 추정했기 때문이라는 결론이 나왔다.

그날 왓슨이 진동판을 퉁기는 소리를 들으며 벨은 이보다 더 놀라운 사실도 한 가지 알게 되었다. 그의 예민한 귀에 진동판이 진동하면서 내는 소리뿐만 아니라 거기에 특정한 음색을 부여하는 배음(倍音)도 함께 들렸던 것이다. 후에 벨은 이 발견으로 전선을 통해 음성을 전송할 수 있을지도 모른다는 생각에 더 큰 자신감을 갖게 되었다고 말했다.[16] 물론 어떻게 전송할 것이냐는 여전히 해결해야 할 문제로 남아 있었지만 말이다.

전화 발명의 순간이 아주 가까이 다가오고 있었다. 이때의 흥분과 초조함은 이즈음 벨이 부모님께 보낸 편지에 아주 잘 나타나 있다.

전 아직 안개 속에 쌓여 있지만 제가 어디쯤 있는지는 잘 알고 있습니다. 목적지에 아주 가까이 와 있다는 걸 알고 있어요. 안개만 걷히고 나면 그 목적지는 바로 제 눈앞에 나타날 겁니다.[17]

그러나 불행하게도 안개는 한동안 걷히지 않았다. 한편 이런 중요한 진전 속에서도 벨은 어느 때보다도 강력하게 메이블 허버드 생각에 사로잡혀 있었다. 왓슨도 벨의 변화를 알아차리기 시작했다. 그는 당시의 벨에 대해 자서전에 이렇게 적고 있다.

> 나는 열 살 이후로 사랑에 빠진 적이 없었기 때문에 신생님의 괴
> 로워하는 모습을 보기 전까지는 사랑의 고통이 어떤 것인지 까맣게
> 잊고 있었다. 선생님은 일이 전혀 손에 잡히지 않는 것 같았다.[18]

1875년 7월 말 벨은 메이블이 사촌 언니 메리 블래치포드와 함께 낸
터킷으로 여름휴가를 간다는 말을 듣고 낙담했다. 자신이 고백하기도 전
에 메이블이 떠날지도 모른다는 생각에 초조함이 밀려오자 그는 행동을
취하기로 마음먹었다. 그러나 별다른 해결 방법을 찾지 못하고 세일럼의
아파트에서 메이블의 어머니에게 다음과 같은 편지를 썼다.

> 갑작스럽게 편지 드리는 것을 용서해 주십시오. 깊은 고민에 빠
> 져 부인 외에는 조언을 구할 사람이 없습니다.[19]

벨은 조심스럽게 자신의 마음을 드러냈다.

> 사랑스러운 제자 메이블에 대한 제 관심이 깊은 감정으로 발전
> 했다는 것을 알게 되었습니다. 그녀를 사랑합니다.

벨은 자신의 감정을 메이블에게 고백하고 그녀의 의사를 물어보고 싶
다고 털어놓았다. 그러나 메이블이 아직 어리므로 자신의 감정보다는 부

모가 바라는 대로 따르겠다고 말했다.

> 그녀의 감정이 어떤지는 저도 모르겠습니다. 그러나 한 가지 분
> 명한 건 제 헌신으로 그녀의 인생이 조금이라도 더 행복해질 수 있
> 다면 전 온 마음을 그녀에게 바칠 준비가 되어 있다는 겁니다. 부인
> 의 조언에 따르겠습니다. 자식에게 가장 좋은 결정을 내리실 분은
> 어머니라는 걸 알고 있으니까요.

거트루드 허버드는 편지를 받은 즉시 벨을 만났다.[20] 벨을 좋아하고
그에게 다정하게 대하기도 했지만 그녀는 메이블이 결혼 생각을 하기에
는 너무 어리다고 잘라 말했다. 그러면서 메이블에게는 시간이 필요하니
일 년만 기다려 주면 그때 가서 자신이 직접 벨의 마음을 메이블에게 전
해 주겠다고 말했다.

며칠 후 워싱턴에서 돌아온 가디너 허버드는 아내보다 더 완강한 반
응을 보였다. 벨은 1875년 6월 27일의 일기에 그의 반응을 이렇게 요약
해 놓았다.

> 24일 일기와 관련하여 허버드 씨 방문. 메이블이 너무 어리다고
> 생각함. 그녀에게 사랑이나 결혼에 대해 생각하게 하고 싶지 않다
> 고 함. 허버드 부인은 1년이라고 말했지만 그는 2년은 필요하다고
> 말함.[21]

부모의 뜻에 따르겠다고 맹세했지만 벨은 감정적으로 극심한 고통을 겪고 있었다. 그리고 어느 때보다도 메이블과 함께 있고 싶었지만 그런 감정이 겉으로 드러나지 않도록 억제했다.

그러나 메이블이 낸터킷으로 떠나기 직전 벨이 허버드 부부와 한 약속은 어려운 시험을 겪는다. 화창한 6월의 어느 저녁 그는 허버드 가의 정원에서 메이블과 그녀의 동생 베르타, 그보다 더 어린 사촌 동생 리나 맥커디와 함께 산책을 하고 있었다.[22] 베르타와 리나는 꽃잎으로 사랑점을 치다가 벨의 점이 사랑으로 나오자 그의 마음을 사로잡은 여자가 누구냐며 고백하라고 놀려댔다. 벨은 당황했지만 자신의 감정을 말하지 않기로 한 약속 때문에 아무런 대답도 하지 않았다. 벨은 후에 그 일로 메이블이 그가 다른 여자를 사랑한다고 생각하지 않을까 두려웠으나 그녀에게 자신의 감정을 말하고 싶지는 않았다고 적었다.[23]

그러나 메이블이 휴가를 떠나고 나자 그 일에 대한 벨의 걱정과 후회는 도를 지나쳐 집착으로까지 발전했다. 8월로 넘어가면서 더는 견디지 못한 벨은 다시 허버드 부인을 찾아가 자신의 결정을 알렸다.[24] 그들이 반대하지 않는다면 낸터킷에 있는 메이블을 찾아가 사랑을 고백하겠다는 것이었다. 허버드 부부는 메이블이 돌아올 때까지만이라도 기다리라고 설득했다. 그러나 어디선가 그 이야기를 전해들은 메리 블래치포드 때문에 메이블은 모든 사실을 알게 되었다.

1875년 8월 4일 허버드 부인은 또다시 벨을 만났다. 그녀는 남편과 함께 벨의 무모한 행동을 말리려던 차에 메이블에게서 편지를 한 통 받았는데 너무나 놀라서 어떻게 해야 할지 모르겠다고 말했다.[25] 그러면서

딸의 편지 한 부분을 벨에게 읽어 주었다. 메이블은 그 편지에서 벨이 자신에게 청혼을 했냐고 꼬집어 물었다.

저한테는 그가 엄마, 아빠에게 그런 말을 했는지 알 권리가 있어요. 그 정도 나이도 됐고요. 아직 다 큰 어른은 아니지만 제 미래는 제가 결정해야 한다고 생각해요.[26]

벨은 편지에 담긴 메이블의 성숙함에 깊은 인상을 받았다. 그녀는 벨이 자신을 사랑한다는 것에 놀랐고 벨에 대한 자신의 감정에 대해서도 확신할 수 없지만 모든 것은 자신이 결정할 것이라는 의사를 분명히 밝혔다. 그녀는 이런 말도 적었다.

아, 여자로 생각하고 느끼고 행동한다는 건 아주 근사한 일 같아요. 하지만 한 남자의 사랑을 얻었다는 기분이 들지 않으니 왜일까요? 벨 선생님이 제게 청혼을 해도 사랑 때문이라는 생각은 들지 않을 것 같아요.

메이블의 성숙함에 벨은 결심을 굳혔다. 그리고 아무리 좋은 의도였더라도 본인을 젖혀두고 부모와 먼저 의논한 것은 메이블에게 실례되는 행동이었음을 깨달았다. 그는 허버드 부인에게도 그 점을 분명히 전했다.

어제 제게 읽어 주셨던 편지는 어린 소녀가 아니라 진정으로 고

귀한 심성을 지닌 여성이 쓴 것이었습니다. 그러니 그런 대접을 해 주어야 마땅합니다.[27]

벨은 "앞으로 제 행동을 결정하는 것은" 메이블의 바람뿐이라고도 말했다. 그리고 "솟구치는 열정"을 후회하게 될 것이라는 가디너 허버드의 경고를 무릅쓰고 낸터킷으로 향했다.[28]

종일 달려간 끝에 벨은 그날 오후 늦게 낸터킷의 오션하우스 호텔에 도착했다.[29] 그러나 거대한 폭풍우 때문에 섬은 사람의 통행이 불가능했다. 벨은 호텔 방에서 메이블에게 보내는 긴 편지를 썼다. 편지에다 메이블을 향한 자신의 열정과 그녀가 좀 더 나이들 때까지 감정을 억누르기로 했던 부모님과의 약속에 대해 털어놓았다.

메이블, 당신은 전혀 몰랐을 거요. 내가 아주 오래전부터 당신을 사랑했다는 사실을. 당신이 이해할 수 없을 정도로 당신을 사랑하고 있소. 이건 내게도 낯설고 이해되지 않는 감정이라오.[30]

다음 날 벨을 만난 메이블의 사촌 메리는 편지는 받겠지만 메이블이 그를 보고 싶어 하지 않으니 만나게 해줄 수는 없다고 전했다.[31] 벨은 적어도 자신의 감정을 솔직히 전할 수 있었다는 것에 기뻐하며 그녀의 선택을 받아들였다. 한바탕 소동을 일으킨 여행을 마치고 벨은 집으로 향했다. 메이블의 마음은 여전히 알 수 없었지만 기분만은 가벼웠다.

8월 26일 마침내 메이블이 케임브리지로 돌아오자 벨은 그녀와 단둘

이 자유롭게 이야기할 기회를 얻었다.[32] 두 사람은 집 뒤 온실에서 오랫동안 이야기를 나눴다. 메이블은 자신은 벨뿐만 아니라 누구도 사랑하지 않는다고 말했다. 적어도 벨이 고백한 그런 뜨거운 사랑을 느끼는 상대는 없다고 했다. 그러나 여러 가지 면에서 벨을 존경하며 그가 싫지 않으니 좀 더 알고 싶다고 말했다.

벨은 그녀의 말에 크게 안도하며 힘을 얻었다. 그날 저녁 그는 메이블에 대한 감정을 다음과 같이 기록하며 일기를 접었다.

이제는 여기에 아무것도 적지 않겠다. 마침내 내 고민이 끝난 것 같다. 무슨 일이 생기든 이제는 끝이다. 끝![33]

고백과 함께 벨은 메이블에 대한 은밀한 감정으로 고통 받던 생활에서 벗어났다. 그러나 연구에 아주 중요한 시기였음에도 가디너 허버드와의 관계는 복잡하게 얽히고 말았다. 벨이 메이블을 진심으로 사랑했다는 것에는 의심의 여지가 없다. 1875년 여름에는 사랑에 빠진 나머지 일에도 집중하지 못했고 메이블과 결혼한 후에 보여준 그의 헌신적인 태도에서도 그가 메이블을 얼마나 사랑했는지는 분명히 드러난다. 그러나 1875년 격정적인 여름이 지나자 벨은 전신기 연구에서 허버드를 만족시켜야 한다는 압박감뿐만 아니라 언젠가는 사위가 될지도 모른다는 희망에 그의 눈 밖에 나면 안 된다는 걱정까지 떠안게 되었다.

쉽지 않은 일이었다.

1875년 가을 벨은 캐나다의 가족에게 돌아가 오랫동안 휴식을 취한 후 농아를 가르치는 일에 더 많은 관심을 기울이자는 결심을 하고 보스턴에 돌아왔다. 아버지의 영향도 있었지만 부분적으로는 그의 경제 상황에서 비롯된 결심이었다. 샌더스와 허버드는 벨의 연구와 왓슨에게 지급되는 얼마 되지 않는 봉급을 지원하고 있었다. 벨은 연구 때문에 생활비를 벌 시간이 없었지만 후원자들에게 생활비를 도와달라고 손을 벌리지는 않았다.

가디너 허버드는 벨의 결정을 매우 못마땅하게 생각했다. 그는 10월에 벨에게 보낸 편지에서 "자네가 전신기 일에 관심을 보이지 않는 것 같아 유감이네!"라고 말하며 벨의 행동이 "대단히 실망스러우며 큰 격정"이라고 덧붙였다.[34]

벨은 자신에게 수입이 필요한 이유를 설명했지만 메이블의 청혼자라는 새로운 입장을 고려해 허버드에게 손을 벌릴 생각은 하지 않았다. 벨은 다음과 같이 자신의 태도를 명확히 밝혔다.

> 당신은 메이블의 아버지십니다. 그러니 전 메이블에 대한 제 감정이 알려지기 전에 합의한 것 외의 어떤 금전적인 도움도 요청하지 않을 겁니다. 주신다 해도 받지 않을 거고요.[35]

그러나 벨의 자존심은 그렇더라도 허버드는 벨이 새로운 전신기 발명에서 경쟁자를 물리치려면 연구를 서둘러야 한다는 것을 알고 있었다.

그는 자신이 쓸 수 있는 모든 영향력을 동원했다. 메이블과의 결혼을 미끼로 삼은 것이다. 그는 벨에게 메이블과 결혼하고 싶으면 교사 일을 그만두고 전신기 연구에만 힘을 쏟으라고 압박했다.[36]

그러나 허버드의 의도가 무엇이었건 그의 최후통첩에 분노한 벨은 허버드에게 다음과 같은 편지를 보냈다.

> 전 더 유익한 일을 발견하거나(아마 어려울 거로 생각합니다만) 다른 적임자들이 나타나기 전까지는 제 직업을 포기하지 않을 겁니다.[37]

벨은 메이블이 자기 마음과 똑같이 자기를 사랑하게 된다면 명예롭고 유익한 일을 하는 한 그녀가 자신을 받아줄 것이라고도 덧붙였다.

그러나 말은 그렇게 했지만 벨은 전신기 연구에 더 많은 노력을 기울였다. 허버드의 압력이 도가 지나친 면은 있었지만 메이블과의 관계를 진전시키려면 그녀 아버지의 사업적 충고에 귀를 기울여야 한다는 것을 잘 알고 있었기 때문이다.

1875년 11월 25일 추수 감사절이자 메이블의 열여덟 번째 생일날 두 사람은 정식으로 약혼했다.[38] 벨은 물론 한껏 고무되어 있었지만 그 결정에는 현실적인 걱정도 뒤따랐다. 메이블에게 익숙한 호화로운 생활 방식과 자신의 현실 사이에서 상당한 격차를 느꼈기 때문이었다. 그는 처음 허버드 부인에게 메이블에 대한 사랑을 고백하며 보낸 편지에도 이 문제를 완곡하게 언급한 바 있다.

메이블이 얼마나 어린지 그리고 저희 둘 사이에 다른 점이 얼마나 많은지도 잘 알고 있습니다.[39]

물론 그 가운데서도 가장 크게 다른 점은 벨과 메이블의 경제적 지위였다. 왓슨에게도 그 섬이 분명해 보였던지 그는 후에 다음과 같이 적었다.

벨 교수님에게 큰 문제가 생겼다. 사랑에 빠져 결혼하고 싶어 했지만 그럴 만한 돈이 없었다.[40]

왓슨은 메이블이 매력적인 소녀이며 벨이 그녀와 사랑에 빠진 이유를 알 수 있다고도 덧붙였다. 그러나 벨에게는 해결해야 할 문제가 있었다고 왓슨은 전한다.

벨 선생님에게 중요한 문제는 결혼할 돈을 어떻게 마련할 것이냐 하는 것이다.

09
수상한 특허 심사

지금까지 모인 증거들이 가리키는 방향은 하나다. 우선 벨은 다중 전신기를 만들다 절망하고 낙심한 상태였다. 엘리샤 그레이와 숨 막히게 빠듯한 경주를 벌이고 있다는 것도 알고 있었고, 정력적인 사업 파트너이자 장래의 장인이 될지도 모르는 가디너 허버드에게는 재정적으로나 정서적으로 많은 도움을 받고 있었다. 어린 메이블 허버드를 신부로 맞이하려면 반드시 성공해야 한다는 절박함도 있었다. 이미 기록으로 충분히 입증된 이런 상황들은 벨이 전화의 독점권을 확보하려고 경쟁자 그레이를 이용하는 충분한 동기가 되었다.

물론 동기를 발견했다고 범죄 가담 사실이 증명되지는 않는다. 나는 편지와 동시대 사람들의 기록, 기타 일차 자료들을 통해 과거의 일들을 알 수는 있었지만 전체적인 그림은 아직 파악하지 못했다. 동기란 파악하기 어려운 경우가 많아서 1세기도 지난 지금 그 동기들을 식별해 내는 일은 거의 불가능하게 느껴졌다.

미국 의회 도서관에 소장된 벨의 자료는 147,000건으로 그의 개인적인 서신이 많은 부분을 차지하고 있다.[1] 그러나 자료는 많지만 벨 일당이 서로 공모해 그레이의 전화 도안을 훔치고 자신들이 발명한 것으로 둔갑시켰다면 그들이 그런 계획을 글로 남겼을 리는 없을 것 같았다. 설령 남겼다 해도 그런 기록을 간직하고 있을 리도 없었다. 될 수 있으면 그 문제를 은밀하게 다루었을 테고 증거는 모두 없애 버렸을 테니까 말이다.

자, 그러면 이 문제를 어떻게 극복할 것인가?

"쉬운 일은 아니에요." 그 문제로 내가 조언을 구하자 동료 콘베리 발렌셔스(Conevery Valencius)가 대답했다. "하지만 정황이 중요하죠. 정황들을 역사와 연계해서 파악할 수 있을 만큼 공부를 해야 할 거예요. 가령 이 경우에는 19세기 편지에 대해 알아보는 것도 중요하겠죠. 오늘날과 비교하면 그 시대 사람들은 감정을 표현하는 방식이 훨씬 더 신중하고 예의 발랐다는 사실 같은 거 말이에요."

콘베리의 사무실은 복도 아래쪽에 있었다. 스탠퍼드와 하버드에서 공부한 그녀는 뛰어난 역사학자로 2002년에는 『국가의 건강(The Health of the Country: How American Settlers Understood Themselves and Their Land)』이라는 책으로 최고 환경 역사 서적상을 받기도 했다.[2] 그러나 내가 특별히 그녀를 찾은 것은 그런 명성 때문만은 아니었다. 그보다는 허를 찌르는 언변과 솔직함 때문이었다. 우리 그룹의 정기 세미나에서 그녀는 항상 동료들의 연구를 격려하고 건설적인 태도를 유지하는 동시에 가장 예리하고 직설적인 질문을 던지는 사람이었다. 깊이 있는 소그룹 모임에서 아칸소 주 출신의 콘베리는 언제나 대단히 진지했다.

지금까지 벨에 관해 알아낸 정보를 이해하려고 노력하던 나는 콘베리와 사무실에서 만나기로 약속을 잡았다. 역사가들이 어떤 역사적 사건을 해석할 때 추측 단계에서 증거 단계로 나아가는 과정에 대한 조언을 듣기 위해서였다. 그녀는 사무실 바닥에 커다란 역사 지도와 지형도들을 펼쳐 놓은 채 '초기 미국인들의 지질학 이해' 라는 주제의 프로젝트를 수행하고 있었다. 나는 콘베리에게 내 연구의 전반적인 상황과 지금까지 발견한 몇 가지 증거에 대해 들려주었다. 그러자 그녀는 그런 자료들에 대해서는 자기보다 더 잘 아는 동료들이 많으니 그들을 추천해 주겠다고 했다. 그래서 나는 지금 내게 필요한 건 지식보다는 연구자로서의 판단력이라고 말했다.

"그렇다면 자료를 세심하게 읽는 게 역사가들의 주요 임무라는 말을 해주고 싶네요." 그녀가 입을 열었다. "역사를 보는 직관을 갈고 닦아서 어떤 특이한 것을 접했을 때 '이 서류나 서신, 일기 내용은 어딘가 다른 것 같아.' 라고 자신 있게 말할 수 있는 능력을 기르는 것도 그 중 하나죠."

그녀는 자신이 그런 직관의 도움을 얻었던 사례를 들려주었다.[3] 루이스와 클라크의 탐험(미국 최초로 태평양까지 횡단하는 루트를 개발한 탐험-옮긴이)을 기록한 일기를 읽다가 콘베리는 당시 탐험에 참가한 유일한 여성이었던 전설적인 인디언 가이드, 사카자웨아가 병에 걸렸다는 흥미로운 구절을 발견했다. 그 구절의 특이점을 잡아낸 그녀의 역사적 직관력은 사카자웨아의 병이 감기 때문이었다는 메리웨더 루이스의 글에서 특히 고조되었다. 18세기 서신 연구로 임신을 완곡하게 감기라고 표현한다는 사실을 알고 있던 그녀는 사카자웨아가 유산을 했을 거라고 추측했다. 그리고 그 사실을 뒷받침하는 증거들을 찾아낸 다음 다른 동료와 함께 이 새로운 해석을 제시하는 논문을 썼다. 그 이론은 이전에는 풀지 못한 여러 사실을 설명하는 데 도움이 되었다. 윌리엄 클라크가 사카자웨아가 죽었다면 그것은 그녀의 남편 탓이었을 거라고 쓴 이유도 그렇게 밝혀졌다.

"어떤 역사적 사건에 대한 대안 해석을 모색하다 보면 그전에는 도무지 연결되지 않던 조각들이 서로 딱 들어맞아 보일 때가 있어요." 콘베리가 말을 이었다. "그래도 역사학자는 일차 자료에서 벗어나면 안 되죠. 그게 증거를 구성하는 핵심이니까."

"내 경우에는 말이죠. 벨의 공책에 그려진 도안이 머리에서 떠나질 않아요. 다른 동기에 대한 직감들은 이래저래 설명해서 떨쳐낼 수 있겠는데 그 도안에 대해서는 어떤 설명으로도 답이 안 나온단 말이죠." 나는 가방에서 벨과 그레이의 도안을 꺼냈다. "내가 아는 건 이거에요. 벨이 그린 액체 송화기 도안이 곧장 전화 발명으로 이어졌다는 거죠. 그런데 아무리 생각해봐도 이 도안이 엘리샤 그레이의 것과 이렇게 유사한 이유는 한 가지밖에 없어요. 벨이 이 그림을 외워서 그렸다는 거죠. 만약 그게 사실이라면 벨은 그레이의 비밀 서류를 1876년 2월 말 워싱턴에 갔을 때 본 게 분명할 텐데 말이에요." 내가 말했다. "하지만 문제는 그걸

어떻게 증명하느냐는 거죠."

콘베리는 한동안 그 질문에 대해 생각하더니 미소를 지으며 나를 쳐다보았다.

"두 가지 질문인 것 같네요." 그녀가 말했다. "하나는 학생들이 내게 많이 하는 질문이에요. '내가 어떻게 감히 이미 공인된 역사적 사건에 도전할 수 있나요?' 라는 질문이죠. 그럼 난 이렇게 말해줘요. 그게 우리의 일이라고요. 자료를 분석하고 거기서 나온 정보를 바탕으로 내린 자신의 판단을 믿는 게 역사학자로서 해야 할 일이라고 말이죠. 당신 질문에도 자신의 권위에 대한 회의가 묻어 있는 것 같은데 그럴 때는 자신을 믿고 최대한 정직하고 철저하게 조사를 하는 것 말고는 방법이 없어요."

"두 번째는 좀 더 실질적인 부분인데 거기에 대해서는 내가 큰 도움이 안 될지도 모르겠어요. 하지만 당신이 제시한 핵심 질문은 특허와 관련이 많은 것 같군요. 벨이 경쟁자의 자료에 접근할 수 있었다면 그건 아마 특허 변호사나 특허청 사람을 통해서였을 거예요. 나라면 특허청 서류와 특허 절차에 관해 남아 있는 자료부터 찾아보겠어요."

나는 자신감을 심어주고 연구에 대해 조언을 아끼지 않은 콘베리에게 고마움을 느꼈다. 확실히 특허 서류는 조사해 볼 필요가 있는 단서였고 찾아볼 서류들도 많았다. 나는 벨과 그레이가 1876년 2월 14일에 낸 특허 서류를 비교하는 것부터 시작했다. 둘 사이의 차이는 분명했다.

엘리샤 그레이가 1876년 2월 14일에 제출한 발명 특허권 보호 신청서에는 '전신을 이용해 음성을 보내고 받는 도구'라는 제목이 달려 있었다.[4] 그레이의 이름과 주소가 적힌 공통 조항 부분을 넘기자 특허권 보호 신청서에는 다음과 같은 사실이 분명하게 나타났다.

내 발명의 목적은 전신 회로를 통해 인간의 목소리를 진송하여 수신 라인 끝에서 재생해냄으로써 먼 거리에 떨어져 있는 사람들 간의 대화가 전달되게 하는 데 있다.

그러면 이제 같은 날 알렉산더 그레이엄 벨이 낸 유명한 전화 특허, 미국 특허 번호 174,465번을 살펴보자.[5] 벨의 특허에는 '전신 기술의 개선'이라는 제목이 달려 있다. 이 특허의 취지는 간단했다. 한 번에 많은 전문을 보낼 수 있는 전신 시스템에 대한 벨의 성과를 설명한 것이었다. 특허 신청서에는 다음과 같이 적혀 있었다.

나의 발명은 간헐 전류와 구별되는 진동 또는 파동 전류를 이용하는 것과 전선에 전기적 파동을 만들어내는 방법 및 도구를 이용하는 것으로 이루어져 있다.

벨은 이 파동 전류의 이점을 자세히 설명한 후 다음과 같이 설명을 이어 나간다.

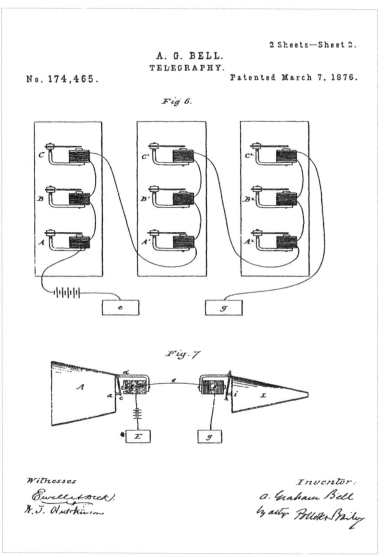

•• 가장 많은 돈을 벌어들인 특허로 소위 벨의 전화 특허라고 불리는 미국 특허 번호 174,465번에 실린 발명 도안.

따라서 이 장치로 둘 이상의 전신 신호 또는 전문을 같은 회로에서 서로 충돌하지 않게 동시에 전송할 수 있다.

그러나 이러한 발명의 주요 목적 뒤에는 다음과 같은 말도 덧붙어 있다.

이 장치는 다른 여러 가지 용도로도 이용될 수 있다. 소리의 크기와 주파수가 다른 음악, 그 밖의 소음과 소리도 전신기를 이용해 전송할 수 있다.

놀랍게도 이 신청서 내용에서 전화에 대한 묘사와 가장 가까운 대목은 바로 '전신기를 이용한 소음 전송'을 논한 구절이었다. 음성을 전송한다는 구체적인 언급은 없었다. 그도 그럴 것이 특허 신청을 내던 당시 벨은 아직 그런 기능을 가진 기계를 만들어내지 못했기 때문이다.

한편 특허 변호사들은 흔히들 신청서에 실린 '주장'을 가장 중요한 핵심으로 본다. 특허 서류의 맨 끝에 실린 벨과 그레이의 주장을 비교해 보자. 우선 그레이의 신청서에 실린 주장은 하나다.

내 발명은 전기 회로를 통해 전신으로 음성이나 대화를 보내는 기술이다.

반면 벨의 신청서에 실린 주장은 다섯 가지다. 처음 네 가지 주장은

'지속성 전기 회로에서의 파동' 사용에 관한 것으로 벨은 이 발명으로 다중 전신기의 독점권을 따내고 싶어 했다. 가장 유명한 다섯 번째 주장은 첨언 같아 보인다. 특허 서류의 마지막 문장에서 벨은 처음이자 마지막으로 전신을 이용한 음성 전송에 관해 언급한다. 벨은 이 다섯 번째 주장에서 자신의 발명이 다음과 같은 장치라고 주장했다.

여기 설명된 바와 같이 전기에 음성이나 그 밖의 소리를 전달하는 공기 진동과 비슷한 형태로 파동을 일으킴으로써 전신으로 음성이나 소리를 보내는 방법과 장치.

내가 이미 아는 내용에 비추어 볼 때 벨의 특허 신청 내용은 내 역사적 직관에 경종을 울렸다. 아무리 허버드가 벨에게 다중 전신기에 집중하라고 다그쳤다 해도 뭔가 이상했다. 한 사람의 서류는 음성을 전송하는 도구에 관한 설명이고 다른 사람의 서류는 많은 전문을 보낼 수 있는 다중 전신기의 원리인 파동 전류 이용법에 관한 설명이라는 것은 전문가가 아니어도 한눈에 알아볼 수 있다. 나는 왜 벨이 주장 란의 마지막에 가서야 전화와 비슷한 것에 대해 처음으로 언급했는지가 궁금했다. 왜 벨은 특허 신청서 본문에서는 음성 전송의 가능성에 대해 자세히 설명하지 않았을까? 혹시 벨이 그레이의 보호 신청서 내용을 알고 난 후에야 이 주장을 마지막에 끼워 넣은 것은 아닐까? 만약 그렇다면 아직까지 내가 생각지 못했던 물밑 거래가 훨씬 더 많이 있었는지도 모를 일이다.

미국 특허청의 공식 서류만 봐서는 벨의 무리한 다섯 번째 주장이 어디에서 나왔는지 알 수 없었다. 그러나 벨과 그레이의 서류가 특허청에 제출된 시간에 대해서는 많은 정보를 찾을 수 있었다. 이 문제는 처음부터 많은 논쟁을 불러 일으켰다. 벨의 변호사들이 미심쩍은 법 기술을 동원해 엘리샤 그레이를 상대로 승리를 거두게 된 중요한 요건도 바로 이 시간문제였다. 법정에서는 누구의 신청이 먼저 미국 특허청에 도착했는지의 문제가 중점적으로 다뤄졌고 1886년에는 이 문제로 벨의 특허를 취소해야 하는지 결정하려고 의회 차원의 조사까지 이뤄졌다.[6] 이 서류들을 다룬 특허청의 태도에 이상한 점이 있다고 의심한 사람은 내가 처음이 아니었던 것이다.

　그런데도 역사는 지금까지도 그레이의 특허권 보호 신청 서류가 벨의 특허 신청 서류보다 몇 시간 늦게 도착했다고 주장하고 있으며 이 이야기는 수십 권에 달하는 벨의 전기에 여러 가지 다양한 버전으로 실려 있다. 예컨대 샬럿 그레이(Charlotte Gray)는 2006년에 쓴 『머뭇거리는 천재(Reluctant Genius: Alexander Graham Bell and the Passion for Invention)』에서 다음과 같이 말했다.

　　가디너 허버드는 알렉의 전기 이론과 그와 왓슨이 만든 장치의 도안이 실린 신청서를 워싱턴에 있는 미국 특허청에 제출했다. 알렉은 처음에는 자신과 의논 한 마디 없이 일을 처리했다며 허버드에게 화를 냈다. 그러나 허버드의 행동은 벨의 특허권 획득에 결정적인 역할을 했다. 허버드가 미국 특허청에 서류를 낸 지 두 시간 후에 엘리샤 그레이가 특허권 보호 신청을 냈기 때문이다.

이와 비슷한 다양한 버전의 이야기가 널리 알려졌지만 이 이야기는 사실이 아니다. 허버드가 그날 직접 특허 서류를 냈다는 증거도 없을 뿐만 아니라 1876년 2월 14일 몇 시에 두 서류가 들어갔는지를 입증하는 확실한 증거도 없기 때문이다. 그래서 미국 특허청에서도 서류가 도착한 시간이 아니라 날짜만 공식적으로 언급한다.

나중에서야 마침내 이 문제에 대해 입을 연 그레이는 자신이 1876년 2월 14일 아침에 서류를 제출했다고 진술했다.[7]

나는 보호 신청서를 신중하게 준비해 신청하기 하루 전날 완성했다. 내 기억에 따르면 신청서는 2월 14일 아침에 접수되었다. 서두를 필요가 없었다. 벨이 그때 비슷한 연구를 하고 있었다는 것은 짐작도 하지 못했다.[8]

그러나 이 논쟁을 집중적으로 연구한 일리노이 주의 엔지니어 에드워드 에벤슨(A. Edward Evenson)은 벨의 신청서보다 그레이의 발명 특허권 보호 신청서가 특허청에 먼저 도착했다는 증거가 있다고 주장한다.[9] 그는 1886년 내무부 조사 결과에 따르면 당시 특허청의 접수 절차는 일정하게 정해져 있었다고 설명한다. 우선 사람들이 직접 가져온 서류는 접수 계원이 있는 사무실의 큰 바구니에 들어갔고 매일 오전과 오후에는 특허 심사관 앞으로 온 특허 신청서가 무더기로 배달되었다. 이 서류들은 특허청의 공식 업무 일지로 쓰던 납입 기록부에 접수비가 지급되었다는 내용과 함께 접수 사실이 기록되었다. 심사관들은 우편으로 들어온 신청 서류를 먼저 처리한 다음 바구니에 든 서류들을 하나하나 꺼내 납입 기록부에 기록했다. 그날 그레이의 발명 특허권 보호 신청서가 후반부(39번)에 기록된 것은 그레이의 서류가 바구니 아래에 있었다는 것, 즉 그날 아침 일찍 도착했을 가능성이 크다는 뜻이었다.

에벤슨은 특허청 내부 메모에서 나온 정보와 벨과 그레이 사이에서 진행된 소송에서 드러난 사실들을 종합해 『1876년 전화 특허 음모(The Telephone Patent Conspiracy of 1876)』라는 흥미로운 책을 펴냈다. 여기서 그는 이 문제를 둘러싸고 혼란이 일어난 이유는 벨의 특허 서류를 접수하러 간 사람이 곧바로 납입 기록부에 접수 기록을 해줄 것과 신청서를 특허 심사관에게 직접 전달해 달라고 말했기 때문이라고 추측한다. 이 사실은 벨의 변호사들과 당시 특허 감사관 대리였던 엘리스 스피어(Ellis Spear) 사이에 오간 서신을 통해서도 알 수 있다.[10] 따라서 두 사람의 서류가 실제로는 같은 날 접수되었더라도 이 예외적인 내부 전달 때문에 세나 윌버(Zenas Wilber)라는 특허 심사관은 벨의 서류는 2월 14일에 직접 건네 받았지만 그레이의 보호 신청 서류는 다음 날까지 받지 못했던 것이다. 이처럼 여러 가지 입수된 사실들은 알려진 이야기와는 달리 그레이의 서류가 벨의 서류보다 몇 시간 앞서 특허청에 도착했다는 것을 강력하게 시사하고 있었다.

그러나 이 문제에서 가장 주의해야 할 점은 보통은 누구의 서류가 먼저 접수되었는지는 중요하지 않다는 것이다. 당시 미국 특허 시스템은 특허 서류를 먼저 접수한 사람이 아니라 먼저 발명한 사람에게 특허를 내주도록 법적으로 규정하고 있었다.[11] 그에 따라 특허 심사관이었던 월버도 벨과 그레이의 서류를 읽은 후 두 서류의 주장에 공통점이 있다는 이유로 벨의 신청을 3개월간 보류하고 그레이가 정식으로 특허를 신청할 때까지 기다리기로 했던 것이다. 특허청에서는 그레이의 특허 신청이 들어올 때까지 기다렸다가 두 주장 사이의 우선권 다툼 여부를 정식으로 결정하기로 했다. 그리고 이 절차에 따라 월버는 1876년 2월 19일 벨과 그레이 그리고 그들의 변호사들에게 임시 보류 및 우선권 다툼 가능성을 알리는 공문을 보냈다.[12]

시간문제가 전화의 미래를 결정하는 중요한 요소로 등장한 것은 바로 이 시점에서였다. 벨의 변호사 안토니 폴록과 마셀러스 베일리(Marcellus Bailey)가 월버의 편지에 즉각 답장을 보내 벨의 특허가 그레이의 보호 신청서(정식 특허 신청도 아닌)보다 먼저 접수되었다면 그런 보류 결정이나 우선권 다툼 결정을 인정할 수 없다고 주장했던 것이다.[13] 무모하고 대단히 미심쩍은 주장이었다. 특허청에서 신청 서류가 도착한 시간을 공식적으로 기록하지 않는다는 것은 폴록과 베일리도 잘 알고 있었다. 그보다 3주 전인 2월 3일에 이와 동일한 사건에서 특허 감사관 대리 엘리스 스피어가 미국 특허법을 그런 식으로 해석하는 데 반대하는 결정을 내리기도 했다.

에섹스 건으로 알려진 이 사건에서도 스피어는 유사한 발명에 대한 보호권 신청이 같은 날 접수되었을 때 특허 신청을 보류하는 결정을 지지했다.[14] 제레미 에섹스(Jeremiah Essex)가 발명한 개선된 물레 기계를 둘러싸고 일어난 에섹스 건을 담당했던 특허 심사관도 윌버처럼 우선권 다툼에 관한 정식 청문회가 열리기를 기대하며 신청 보류 결정을 내렸다. 스피어는 이 사건과 관련해 다음과 같이 적었다.

> 특허청에는 어느 한 쪽 서류가 먼저 접수되었음을 보여주는 기록은 없다.[15]

따라서 스피어는 다음과 같이 결정했다.

> 이 경우에 특별한 문제가 있다는 주장은 참작의 여지가 없다. 일방적인 주장을 참작하는 것은 대단히 적절치 못하기 때문이다. 법을 엄격히 적용하여 신청인에게 그 내용을 공지하고 절차에 따르도록 지시하지 못할 이유가 없다.

최근에 나온 이 분명한 결정에도 폴록과 베일리는 그들만의 일방적인 입장을 내세웠다. 1876년 2월 24일 폴록과 베일리는 스피어에게 보낸 편지에 다음과 같이 썼다.

> 저희 신청을 3개월 동안 보류하기 전에 저희의 신청이 문제의 보호 신청서보다 먼저 접수되었는지 아닌지부터 조사해 주시기를

간곡히 요청합니다.[16]

다른 사실들을 모두 제쳐 놓더라도 벨의 변호사들이 보낸 편지는 한마디로 수상했다. 벨의 특허 서류가 먼저 도착했다는 확신이 없었다면 폴록과 베일리가 스피어에게 이런 탄원을 넣지는 못했을 것이기 때문이다. 실제로 그들이 어느 서류가 먼저 도착했는지를 알아낼 방법은 없었다. 그러나 지금까지의 전개 과정에서 알 수 있듯이 벨의 특허 신청서를 가져간 사람은 접수 계원에게 즉시 서류를 세나 윌버에게 전달해 달라고 요구하여 통상적인 절차를 건너뛰었다. 그렇다면 이 사실로 그날 허버드가 서둘러 서류를 접수한 이유가 설명될 수 있을까? 확실히 그럴듯해 보이기는 하다.

특허 감사관 대리 스피어는 폴록과 베일리의 편지를 받고 윌버와 접촉했다. 윌버는 다음과 같은 메모를 보냈다.

특허청에서는 통상적으로 날짜에 따라 접수 시점을 결정하고 있으며 여기에서 언급된 특허 신청서와 발명 특허권 보호 신청서는 1876년 2월 14일 같은 날 접수되었으므로 관례에 따라 특허 신청을 보류시키기로 했습니다. 마찬가지로 위에서 말씀드린 관례에 따라 같은 날 접수된 서류들의 시간 차이에는 주의를 기울이지 않았습니다.[17]

폴록과 베일리는 윌버의 설명과 최근 있었던 에섹스 건에서 스피어가 내린 결정에도 불구하고 자신들의 입장을 굽히지 않았다. 그들은 벨의 특허 신청이 그레이의 보호 신청보다 납입 기록부에 먼저 기재되어 있으며 월버도 벨의 서류를 그레이의 것보다 먼저 받았다고 인정했으므로 스피어가 그레이의 보호 신청을 받아들여서는 안 된다고 주장했다.

사실상 미국 특허청은 그 이전이나 이후의 모든 특허 문제에서 같은 날 서로 경합하는 주장이 둘 이상 들어오면 어느 발명가가 아이디어를 먼저 냈는지 결정하고자 우선권 다툼 절차를 밟았다. 그러나 1876년 2월 25일 특허 감사관 대리 엘리스 스피어는 미국 특허청의 역사를 새롭게 썼다. 벨의 변호사들 주장에 따라 담당 특허 심사관이 내린 처음의 판단을 뒤집고 그날 벨의 신청서가 그레이의 보호 신청서보다 먼저 도착했으므로 벨의 특허 주장만 심사하라는 지시를 내렸던 것이다.

당시 폴록과 베일리가 특허권과 관련하여 큰 영향력을 가진 변호사들이기는 했지만 스피어가 왜 그들의 미심쩍은 주장에 흔들렸는지는 여전히 미스터리다. 스피어가 내세운 근거도 모호했다. 그는 판정문에 구체적으로 이렇게 적고 있다.

보통은 접수 날짜를 접수 시점으로 고려한다.

그러나 스피어는 그레이의 경우에는 행동이 이루어진 정확한 시간을 고려하는 것도 자신의 권한이므로 그에 따라 그레이의 보호 신청을 인정하지 않는다고 결정했다. 스피어의 논리는 불분명하지만 엘리샤 그레이에게 닥친 상황은 분명했다. 스피어의 결정으로 법에 의지할 기회를 완전히 빼앗긴 것이다.

뻔뻔하기까지 한 이 엄청난 이야기는 벨 팀이 특허권을 주장하려고 취한 다른 움직임들과도 꼭 들어맞았다. 나는 전화 특허에 뭔가 대단히 의심스러운 점이 있다는 생각을 함께하는 에벤슨이나 다른 사람들의 연구 결과를 보며 안도감을 느끼면서도 오늘날 전화의 기원을 둘러싼 이 논쟁들을 기억하는 사람이 거의 없다는 사실에 놀라지 않을 수 없었다.

이 사건에 관한 정보와 불법 행위는 그로부터 10년 후에 나온 정부 보고서에서 쉽게 찾아볼 수 있다.[18] 1885년 12월 22일자의 이 보고서는 벨의 특허에 관한 예외적인 면을 조사한 의회 활동의 산물이다. 당시 정부는 벨의 전화 특허권을 둘러싼 논쟁이 너무 많아 특허권을 무효화시킬 생각을 하고 있었다. 특허청은 당시 내무부 산하에 있었기 때문에 내무부 차관보 조지 젠크스(George A. Jenks)가 이 문제를 조사했다. 그러나 이 조사는 벨의 전화 독점권이 와해될 경우 조사를 주장한 의회 의원들이 이득을 볼 수 있다는 사실 때문에 정치적인 오명을 안고 지지부진하게 막을 내렸다. 그럼에도 조사서의 내용은 대단히 흥미롭다. 여기에는 법원에서 무시되었던 많은 논점들을 조목조목 밝히고 벨이 특허를 획득한 전 과정이 철저하게 기록되었다.

젠크스의 보고서는 이 사건에서 스피어가 내린 결정을 예외적이며 특허청의 관례에 반하는 것이었다고 공격한다. 젠크스는 스피어가 1876년 2월 3일 같은 문제를 다룬 에섹스 건에서 내린 자신의 결정과도 모순을 보이고 있다고 언급한다. 그리고 특허를 둘러싼 여러 가지 부정행위들을 언급하며 다음과 같은 명쾌한 평가로 끝을 맺는다.

숲을 지나던 나무꾼이 토네이도가 지나간 길에서 나무 꼭대기들이 모두 한 방향을 가리키는 것을 본다면 그 나무꾼은 폭풍이 지나간 방향을 직접 목격이라도 한 듯 정확히 알 수 있을 것이다. 벨의 특허 신청서와 그레이의 발명 특허권 보호 신청서 사이에서 벌어진 이 일방적인 시합에서도 나무 꼭대기는 모두 한 방향을 가리키고 있다.[19]

기계들의 증언

특허청 논란과는 별도로 나는 전화 역사에서 벨이 어떤 위치를 차지하는지 알고 싶었다. 비록 그레이의 발명 특허권 보호 신청서를 본 후에야 송화기를 만들 방법을 알아냈다 하더라도 벨이 전화라는 아이디어를 적극적으로 추구한 최초의 인물로 평가받는 것이 당연할 것 같았다.

그러나 그것은 잘못된 생각이었음이 곧 밝혀졌다.

아이디어나 발명의 역사를 좇다 보면 여러 인물이 등장하며 앞뒤를 알 수 없는 복잡한 이야기로 빠지는 경우가 허다하다. 그러나 놀랍게도 전화 특허 문제와는 달리 전화의 기원을 자세히 연구한 사람들은 전화 개발의 길을 닦은 주요 사건들에 대해 일치된 의견을 나타냈다. 그 사건들 대부분은 그레이와 벨의 시대보다 훨씬 전에 일어난 것들이다.

1세기가 넘게 많은 사람들이 전화 발달 양상을 연구했다. 우선 벨과 동시대 인물로 뛰어난 전기 연구자였던 조지 프레스콧(George Prescott)이 1878년에 출판한『말하는 전신기, 이야기하는 죽음기, 그 밖의 새로운 발명품(The Speaking Telegraph, Talking Phonograph and Other Novelties)』에서 이 주제를 다루었고 영국 전기 기술자 윌리엄 에이트켄(William Aitken)은 1939년『누가 전화를 발명했나?(Who Invented the Telephone?)』라는 제목의 책에서 전화의 역사를 고찰했다.[1] 보다 최근에 들어서는 1995년에 루이스 코우(Lewis Coe)가『전화와 그 발명가들(The Telephone and Its Several Inventors)』이란 책에서 다시 이 주제를 다루었다.[2]

　　많은 전문가들은 찰스 페이지(Charles G. Page)에게 전화 발명의 공이 돌아가야 한다고 주장한다.[3] 페이지는 세일럼(매사추세츠 주에 속한 도시로 후에 벨이 샌더스 가족과 함께 살았던 곳)의 저명한 물리학자 겸 내과 의사였다. 벨이 태어나기 10년 전인 1837년 페이지는 전자석으로 흘러들어 가는 전류가 빠른 속도로 방해를 받으면 소리가 방출된다는 중요한 사실을 발견했다. 이 효과를 전기 음악이라고 이름 붙인 그는 전류를 방해하는 속도의 변화에 따라 소리를 변화시킬 수 있다는 사실을 알아냈다. 대부분의 역사학자들은 페이지가 직접적으로 전기를 사용해 음악적인 음을 만들어낸 최초의 인물이라는 데 동의한다. 그는 전류로 소리를 만들 수 있으며 전신선을 통해 그 소리를 전달할 수 있을지도 모른다는 가능성의 문을 열었다. 그리고 이러한 생각을 바탕으로 다양한 연구자들이 전화 발명의 길에 발을 들여놓았다.

벨은 자신의 연구가 페이지의 발견에 큰 영향을 받았다고 여러 번 언급한 바 있다. 또 헬름홀츠가 자신의 음향 이론을 시험하려고 만든 전기 장치, 특히 소리굽쇠 측심기의 중요성에 대해서도 자주 언급했다. 페이지와 헬름홀츠 외에도 벨은 미국 예술 과학 아카데미에서 한 첫 전화 연설에서 자신의 연구에 영향을 미친 연구자들 십여 명의 이름을 언급했다.[4] 벨 자신도 언급하고 있지만 그가 연구를 시작했을 즈음에는

마리안, 비스턴, 개시오트, 라 리브, 마테우치, 기유맹, 베르트하임, 바르트만, 재니어, 줄, 라보르데, 레가트, 라이스, 포겐도르프, 뒤몽셀, 델레첸 그리고 그 밖의 다른 연구자들이 페이지의 전화 음악과 관련된 음향 효과를 연구한 후였다.[5]

많은 이름이 등장하는 탓에 약간 혼란스러운 감이 있지만 이를 통해 우리는 당시의 주목할 만한 정황을 알 수 있다. 즉 벨과 같은 시대를 살던 세계 각국의 많은 사람들이 음향과 전기의 결합이라는 새롭게 떠오르는 흥미로운 분야를 적극적으로 연구하고 있었다는 사실이다.

몇 년 후 벨은 전화 특허권 소송에서 자신은 위에 열거된 인물들의 연구를 전화 발명에 도움을 받을 만큼 자세히는 알지 못했다고 부인했다. 그리고 용의주도하게도 그 분야의 책들도 자세히 읽지 않았다고 주장했다.[6] 물론 소송을 둘러싸고 서로 팽팽하게 밀고 당겼을 법정 내부의 분위기를 고려하면 벨의 이런 발언을 이해할 수 없는 것도 아니다. 그러나 벨이 1876년 5월 22일 자신의 첫 전화 연설에서 위에 나온 연구자들의

이름을 언급했다는 것은 적어도 그가 자신에 앞서 이루어진 초기 전화 연구에 대해 어느 정도는 알고 있었음을 의미한다.

아카데미 연설이 학문적인 실험에 초점을 맞추는 가운데 벨은 전화라는 개념이 발전을 이룬 중요한 사건 하나를 언급하지 않고 지나쳤다. 1854년 벨기에 태생의 엔지니어 샤를 부르셀(Charles Bourseul)이 프랑스 잡지 「일러스트라시옹(L' Illustration)」에 기고한 '음성의 전기적 전송'이라는 기사다.[7] 대부분의 역사학자들은 이 기사가 전화를 묘사한 최초의 출판물이라고 생각한다. 브루셀은 이렇게 적고 있다.

> 나는 음성이 전기에 의해 전송될 수 있을지 자문해 보았다. 다시 말해 비엔나에서 한 말을 파리에서 들을 수는 없을까 하는 의문이었다.[8]

브루셀은 장거리 통신의 개념만이 아니라 인간의 목소리를 전송할 수 있는 개조된 전신 장치를 설명하며 목소리를 전송하는 시스템이 실제로 실행될 수 있는 기본 원리도 제시했다.

> 목소리의 진동을 고스란히 전달할 수 있을 정도로 유연한 금속 판에 입을 대고 말을 할 때 이 금속판이 진동에 반응해 배터리 전류를 이었다 끊었다 한다면 우리는 멀리 떨어진 곳에서 동시에 똑같이 진동하는 다른 금속판을 설치함으로써 음성을 전송할 수 있을 것이다.

전기 회로를 이었다 끊었다 함으로써 음성이 전송될 수 있다는 잘못된 생각을 제외하면 브루셀은 전선의 한쪽 끝에서 발생한 음파가 전류를 통해 전달되어 다른 쪽에서 재생될 수 있다는 전화의 기본 원리를 놀라울 정도로 정확하게 설명했다. 브루셀은 자신이 설명한 시스템을 직접 만들려는 시도는 하지 않았지만 그의 기사는 과학계와 공학계에서 널리 읽히며 수많은 연구자들에게 영감을 주었다. 기사가 나올 당시 알렉산더 그레이엄 벨은 일곱 살이었다.

"어이, 누가 또 쓸데없는 짓을 하고 있군."

케임브리지 카페에서 노트북을 붙들고 일에 열중하고 있을 때 동료 데이브 판탈로니(Dave Pantalony)가 특유의 인사를 건네며 내게 다가왔다. 나는 일행이 생겼다는 반가움에 합석을 권했다.

판탈로니는 활동적이고 재미있는 친구로 토론토 대학에서 역사학 박사 학위를 받은 후 디브너 연구소에서 박사후 연구원으로 일하고 있었다. 역사적으로 중요한 기계에 관심이 많은 그는 다트머스 대학 미국 과학 기구 컬렉션 큐레이터로 일하기도 했다. 그가 내 연구에 대해 묻자 나는 전화의 역사를 파헤치는 일을 하고 있다며 대강의 내용을 들려주었다.

"언제 한번 초기 전화 장치 조사하러 같이 가자." 그가 의욕적으로 말했다. 판탈로니는 대단히 진취적인 친구였다.

"좋지."

디브너에서 만난 사람들은 두 갈래로 나뉜다.[9] 과학사에 집중하는 이들과 기술사를 연구하는 사람들이다. 그 차이를 이해하기는 어렵지만 각그룹에 따라 협회와 회의, 기관지가 따로 있다. 판탈로니는 도구, 기구, 기술 연구를 강력히 지지하는 쪽이다. 이론 전개를 연구하는 철학자들이 주를 이루는 그 분야에서 판탈로니는 고고학적인 접근법과 유사한 방식을 사용하고 있다. 그리고 동료들이 문서에만 초점을 맞추기보다는 과학기구와 장치들에 더 많은 관심을 기울여야 한다고 생각한다.

그는 박사 과정 연구에서 기술력과 꼼꼼함으로 19세기 최고의 기구 제작자로 손꼽히던 루돌프 쾨니히(Rudolph Koenig)를 집중 조명함으로써 자신의 이러한 관점을 확대시켰다.[10] 그는 쾨니히가 파리에 저명한 공작소를 차려 놓고 독일의 헤르만 폰 헬름홀츠, 미국의 조셉 헨리 등 과학계 거물들을 위해 기구를 만들면서 많은 과학 분야에 뚜렷한 발자취를 남긴 과정을 기록했다.

"아이디어의 역사는 흐르는 모래와 같아." 판탈로니가 말했다. "하지만 기계는 아주 구체적으로 그들의 이야기를 들려주지. 기계의 설계와 재료, 구성에 우리가 알고 싶은 이야기가 얼마나 많이 담겨 있는지 알면 아마 놀랄거야."

그날 오후 우리는 많은 이야기를 나눴다. 그동안 복사기 앞이나 사무실 커피 자판기 앞에서 잠깐씩 나눈 대화를 합친 것보다 훨씬 많은 대화였다. 판탈로니와 함께 초기 전화 견본을 보러 가지는 못했지만 연구가 진행되는 동안 나는 그에게 몇 차례 자문을 구했다. 그리고 무엇보다도 실체를 강조하는 그의 접근법을 받아들이려 노력했다.

판탈로니와의 만남을 계기로 나는 초기 전화 견본들을 포함해 원격 통신 장치들이 소장된 런던 과학박물관에 가보기로 했다. 이 여행은 처음 벨의 과거 흔적을 따라 보스턴 시내를 산책하던 것과는 아주 다른 느낌이었다. 그만큼 전화의 역사에 대해 최대한 많은 사실을 밝혀내는 일에 푹 빠져 있었던 것이다.

박물관에서 나를 안내한 사람은 빈틈없고 박식한 통신 수집물 담당 큐레이터 존 리펜(John Liffen)이었다. 우리는 사우스 켄싱턴에 있는 그의 사무실에서 만나 런던 외곽에 있는 거대한 창고로 향했다. 잊지 못할 방문이었다. 그의 발걸음이나 속사포처럼 쏟아내는 기술사와 관련된 여러 가지 화제들은 너무 빨라서 따라가기가 어려웠다. 리펜은 특히 전화와 전신기의 역사에 관해서는 걸어다니는 백과사전이었다.

한때는 우편 시설로 쓰이던, 아무런 안내판이 없는 거대한 벽돌 건물에 도착하자 리펜은 입구에서 자신의 배지를 보여주고 수위와 잠시 이야기를 나눴다. 그리고 내가 따라붙기를 기다렸다가 재빨리 계단을 따라 초기 통신 장비들이 보관된 방으로 올라갔다. 두꺼운 방화문을 열고 안으로 들어가자 방 안을 가득 메운 높고 튼튼한 금속 선반들 위로 내가 생전 처음 보는 물건들이 어마어마한 규모로 수집되어 있었다.

우리는 선반들 사이 통로를 지나 안으로 들어갔다. 낡은 초기 공장의 건축 모형이나 초기 진공실, 정전기 발전기처럼 보이는 과학 기구들이 진열된 통로도 있었고 어느 통로에는 나무, 금속, 플라스틱으로 만든 섬뜩해 보이는 인공 팔다리들이 모여 있었다. 마치 발명품들의 거대한 묘지 같았다. 잘 알려지지 않은 이야기들을 담고 있는 기구들 하나하나가 모두 인간의 독창성과 창의성을 가늠케 하는 시금석이었다. 오랫동안 옛날 도구와 과학 기구들을 심심찮게 모아온 나는 그 모든 것에 넋을 놓고 말았다. 언제나 이곳을 들락날락하는 리펜도 나와 비슷한 기분인 것 같았다.

"여기 한번 들어오면 절대 나가고 싶지 않죠." 그가 말했다.

우리는 마침내 통신 장치만 모여 있는 동굴 같은 장소에 도착했다. 우리의 발걸음은 느려졌고 리펜은 전화를 보러 온 본래 목적을 잊고 그곳의 모든 것들을 탐험하고 싶은 유혹과 싸우는 듯한 표정을 지었다. 그는 초기 전신기, 그중에서도 특히 영국의 윌리엄 쿡(William Cooke)과 찰스 휘트스톤(Charles Weatstone) 팀이 만든 초기 자침 전신기 전문가였다.[11] 과학박물관의 놀라운 기계 수집물은 다른 곳과는 비교가 안 될 만한 수준이었다. 리펜은 앞으로 걸어나가다가도 자신도 어쩔 수 없다는 듯 잠깐씩 걸음을 멈췄다.

허리 높이 정도의 선반에 신기하고 아름다운 자침 전신기 여섯 대가 놓여 있었다. 손으로 무늬를 새겨 넣은 반지르르한 나무 상자에 들어 있는 전신기들은 한때 어느 집 벽난로 선반을 장식했을 법한 빅토리아 시대의 묘한 시계처럼 보였다. 세계 최초의 상업적 전기 통신 장치로 이렇게 급진적이고 전위적인 기계가 1830년대 말에 나왔다고는 아무래도 상상하기 어려웠다. 모스 부호보다 앞서 나온 이 자침 전신기는 전신 신호에 의해 나침반 바늘이 움직여 다이얼 위에 새겨진 알파벳을 가리킴으로써 내용을 전달하는 색다른 방식이었다. 각각의 기계에는 다섯 개의 나침반 바늘이 달려 있고 그 주위로는 다이아몬드 모양의 눈금 안에 알파벳 스무 개가 정렬되어 있었다. 거기에 없는 알파벳 여섯 개는 안타깝게도 전문을 보낼 때 빠질 수밖에 없었다며 리펜은 웃었다.

자침 전신기는 당시 영국에서 새롭게 발달하고 있던 철도 산업의 숙련된 기술자들에 의해 처음으로 통신에 이용되기 시작해 1838년까지 런던과 주변 도시들 사이에서 전보를 보내는 데 사용되었다. "모스 부호의 등장으로 이 기계들은 종말을 맞았죠." 리펜이 말했다. "하지만 이 기계들이 거둔 업적은 대단해요. 그 후에 등장한 통신 장치들의 길을 닦았다고 할 수 있으니까요."

리펜은 구석에서 잠시 걸음을 멈추더니 낡은 케이블을 하나 끌어내렸다. 1858년 유럽과 북미 간 전신 통신의 가능성을 열었던 최초의 대서양 횡단 전신 케이블에서 잘려 나온 부분이었다.[12] 지름이 약 1인치가량 되는 이 허름한 케이블이 미국에서 유럽까지 배로 2주 정도 걸리는 거리를 단 몇 분으로 좁힌, 인류 통신 역사의 엄청난 발전을 보여주는 물리적인 증거물이었다. 우리는 연대순으로 정리된 통신의 역사를 따라 앞으로 나아갔다. 다음 통로에는 전화 관련 기계들이 가득했다.

나는 진열된 내용물을 훑어보며 안으로 들어서다가 문득 기구에 열광하는 데이브 판탈로니의 말을 떠올렸다. 여기에는 전화의 역사에 관해 또 얼마나 많은 정보가 들어 있을까? 양옆으로 바닥에서 천장까지 진열된 물건들은 모두 전화 아니면 전화와 관련된 기구들이었다. 커다란 전화 교환대들과 1950년대에 나온 진분홍색 전화기가 내 눈길을 끌었다. 심지어는 1878년에 벨이 빅토리아 여왕에게 자신의 발명품을 시연할 때 사용한 오스본 전화기까지 있었다. (당시 여왕은 와이트 섬의 오스본 하우

스에 머물고 있었다.)[13]

　"아마 여기에 제일 관심이 많겠죠?" 리펜은 그렇게 말하며 어깨 높이의 선반에서 작은 나무 상자를 끄집어 내렸다. 벨이 열여섯 살이던 1863년에 필립 라이스(Philipp Reis)라는 한 독일인 교사가 만든 장치였다. "이게 가장 오래전에 만들어진 전화기죠." 리펜이 그 장치를 건네며 말했다.

　나는 그 이상한 장치를 조심스럽게 받아들고 살펴보았다. 그렇다. 이것이 바로 이 수집물에서 내가 가장 보고 싶었던 것이다.

　필립 라이스의 이야기는 아주 흥미롭다.[14] 다른 발명가들도 벨에 앞서 전화를 만들었지만 라이스의 전화기처럼 기록이 분명하게 남아있는 경우는 없었다. 그는 마흔 살에 세상을 떠나기 전까지 독일 프리드리히스도프 시 가르니에 인스티튜트에서 물리학을 가르쳤다. 그는 독일의 엘리트 과학기술계와는 평생 인연이 없었다. 몇 가지 전하는 이야기에 따르면 라이스는 브루셀의 기사를 읽은 후 음성 전신 장치를 연구하기 시작했다고 한다. 그는 그 기사를 아마 1854년의 프랑스어 원본(라이스는 프랑스어에 능통했다)이나 같은 해 번역되어 인기를 끌었던 독일어판으로 읽었을 것이다. 영감을 준 것은 브루셀이었지만 라이스가 주로 참고한 것은 찰스 페이지의 연구였다. 수화기 도안은 특히 페이지의 영향을 많이 받았다. 라이스는 1858년에 이미 전신선으로 소리를 보내는 데 몇 차례 초보적인 성공을 거두고 그 기계에 그리스어로 '멀다' 라는 뜻의

'tele'와 '소리'라는 뜻의 'phon'을 합쳐서 'das Telephon'이라는 이름을 붙였다. 그렇게 새로운 원격 통신 장치에 대한 용어가 탄생했다.

그 후 몇 년 동안 여러 차례 개선하여 1861년에는 음악과 약간의 음성도 전송할 수 있는 믿을 만한 전화 견본을 완성했다.[15] 그리고 이 장치를 여러 곳에서 시연했지만 특허 신청은 하지 않았다.

오늘날 라이스에 대해서는 많은 이야기가 알려졌는데 그 대부분이 1883년 브리스틀 대학의 저명한 영국인 물리학 교수 실바누스 톰슨(Silvanus Thomson)이 라이스의 연구를 기념하려고 쓴 두꺼운 논문 덕분이다. 라이스가 죽은 지 약 9년 후의 일이다. 논문 제목은 단순 명료하게 '필립 라이스: 전화 발명가(Philip Reis: Inventor of the Telephone)'였다. 톰슨 교수는 라이스의 전화 장치와 글을 과학자의 눈으로 예리하게 분석한 다음 그것이 진정한 전화 발명가의 작품이라고 결론지었다. 그는 라이스가 살아 있을 때 그의 기계가 작동하는 것을 보고 들은 목격자들까지 추적했다.

가르니에 인스티튜트 음악 교사이던 하인리히 페터(Heinrich F. Peter)도 그 중 한 사람이었다. 라이스의 연구에 특히 관심이 많던 페터는 라이스가 처음으로 전화를 공개 시연한 1861년에는 정기적으로 그를 찾아갔다. 1861년 10월 26일에 열린 전화 시연회에서는 다른 동료가 여러 학자들 앞에서 노래하는 동안 잉글리시 호른을 연주하기도 했다. 그의 회상에 따르면 라이스의 동료들이 아돌프 스피스(Adolf Spiess)의 『체조(Book of Gymnastics)』라는 책에서 몇 문장을 읽자 수신기에서 그 문장을 들은 라이스가 관중에게 자신이 들은 문장을 들려주었다고 한다. 그러나 관중은 라이스가 그 문장들을 외운 게 분명하다고 항의했다.

> 나는 전화가 있는 방으로 올라가 일부러 말도 안 되는 문장을 전
> 화기에 대고 말했다. "태양은 구리(kupfer)로 만들어졌다."라고 말
> 하자 라이스는 "태양은 설탕(zucker)으로 만들어졌다."라고 말했
> 다. "말은 오이를 먹지 않는다."라는 문장은 "말은 오이를"까지만
> 알아들었다.[16]

페터의 회상이 흥미로운 이유는 그가 세세한 내용까지 기억하고 있을
뿐만 아니라 라이스가 만든 기계의 한계까지도 증언하고 있기 때문이다.
예를 들어 페이지의 연구를 바탕으로 만든 수화기는 기능이 아주 약해서
듣는 사람이 수화기가 든 나무 상자에 귀를 바짝 붙여야만 했다. 그래도
말을 모두 알아듣기는 어려웠다. 그러나 라이스는 포기하지 않았다. 톰
슨에 따르면 하이델베르크 대학의 저명한 물리학 교수 게오르크 퀸케
(Georg Quincke)는 기능이 많이 개선된 라이스의 전화를 목격했다고 한
다. 퀸케는 이렇게 증언했다.

> 1864년 기센에서 열린 독일 자연주의자 협회 모임에 참석하고
> 있을 때였다. 당시 프랑크푸르트 인근 프리드리히스도프 시 가르니
> 에 인스티튜트 교사인 필립 라이스가 모임에 나타나 자신이 발명한
> 전화에 대해 설명했다. (중략) 기구의 수화기에서 노랫소리와 이야
> 기 소리가 분명하게 들려왔다. "아! 사랑스러운 아우구스티누스,

모든 것이 사라졌다."라는 독일 시 구절을 들었던 것을 확실히 기억한다.[17]

그 시연을 본 협회 회원들은 놀라서 환호했다.

리펜이 방금 내게 건넨 전화기가 라이스가 퀸케와 다른 회원들 앞에서 선보인 1863년에 개선된 바로 그 모델이었다. 송화기는 정교하게 만들어 윤을 낸 사각 나무 상자로 두 개를 포개면 2리터짜리 우유팩 정도의 크기였다. 나무 상자 한쪽에는 금속관이 비스듬히 튀어나와 있었다. 상자 위쪽에는 얇고 둥근 금속 막이 들어가 있고 그 위로는 꼭짓점 부분에 전기와 연결되는 지점이 있는 V자 모양의 금속 꺽쇠가 설치되어 있었다.

리펜과 나는 그 설계에 관해 이야기를 나눴다. 사람이 관에 대고 말을 하면 상자 안의 공기 압력 내에 파동이 일어나 금속막을 통해 위에 설치된 꺽쇠의 전기 연결 지점을 진동시키는 설계였다. 브루셀의 상상을 그대로 실현시킨 기계였다. 그러나 그것이 소리를 전달할 수 있었던 이유는 브루셀의 생각과는 현저하게 달랐다. 금속막과 꺽쇠가 이어졌다 끊어졌다 한 것이 아니라 서로 느슨하게 연결되어 목소리 음파가 배터리의 전류에 의해 변조됨으로써 회로의 저항력을 변화시켰던 것이다.

"대부분의 사람들은 라이스가 이 장치를 완벽하게 이해하지 못했다고 생각하죠." 리펜이 말했다. "그런데 놀랍게도 이게 작동이 된 겁니다. 십 년이 넘는 시간 후에 나온 벨의 모델에 맞먹을 정도로 말이죠."

라이스는 1863년에 개선된 전화 모델을 여러 곳에서 시연했다.[18] 그

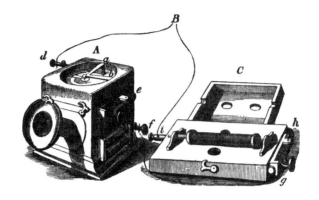

•• 1863년 독일의 필립 라이스가 만든 전화 송화기(왼쪽)와 수화기(오른쪽).

리고 최소한 일곱 대를 다른 나라의 연구자들에게 팔았다. 그 중 한 대는 더블린의 유명한 기구 제작자 스티븐 예이츠(Stephen Yeates)에게 팔렸는데 예이츠는 라이스의 기계를 제대로 작동시켰을 뿐만 아니라 수화기를 완벽하게 재설계함으로써 크게 개선하기까지 했다.[19] 예이츠에 의해 개선된 전화 모델은 과학박물관의 초기 전화 수집물의 일부로 라이스의 전화 바로 옆에 놓여 있었다.

판탈로니의 말이 맞았다. 내 앞에 놓인 기계는 전화 역사를 이해하는 데 구체적인 출발점을 제시해 주었다. 내 손에는 벨이 아직 십대였을 때 음악과 음성을 전송했다는 전화 견본이 들려 있었다. 이 전화는 단순히 전송에 성공했을 뿐만 아니라 다른 연구자들의 손을 통해 개선될 정도로 널리 알려지기까지 했다. 그렇다면 전화의 역사에 이토록 크게 이바지한 라이스가 잊혀진 까닭은 무엇일까? 아니, 무엇보다도 벨은 라이스의 연구에 대해 얼마나 알고 있었을까? 벨은 이 흔치 않은 분야에 오랫동안 큰 관심이 있었으며 라이스의 연구에 대해 잘 알고 있었을 법한 알렉산더 존 엘리스나 찰스 휘트스톤 경을 비롯한 영국의 다른 많은 연구자들과 연락하며 지내기도 했으니 그에 대해 전혀 몰랐을 리가 없다.

조금만 조사해도 벨이 라이스와 그의 전화에 대해 적지 않게 알고 있었다는 사실을 찾아낼 수 있었다. 벨은 미국 예술 과학 아카데미에서 행한 첫 전화 연설에서 라이스가 자신의 전화 연구에 관해 쓴 기사를 인용했다.[20] 프로이센의 엔지니어 빌헬름 폰 레가트(Wilhelm von Legat)의 기사도 인용했다.[21] 레가트가 라이스의 전화로 행한 실험과 그 설계를 자세히 설명해 놓은 기사였다. 실바누스 톰슨에 의하면 이 두 기사는 라이스의 연구에 관해 당시에 나왔던 50개 이상의 기사들 가운데 일부일 뿐이었다. 따라서 벨이 직접 언급한 이 두 기사 외에 다른 기사들도 읽었을 가능성이 크다. 1867년에 에든버러 인스티튜트의 로버트 퍼거슨(Robert Ferguson)이 펴낸 『전기(Electricity)』라는 책을 통해 라이스의 장치에 대해 알게 되었을 가능성도 있다.[22] 퍼거슨은 책에서 라이스에 관해 단순히 언급만 하고 넘어간 것이 아니라 라이스의 전화 그림과 함께 장치의 작동법에 대해서도 두 페이지에 걸쳐 상세하게 설명했다.

벨이 다른 사람들과 라이스의 연구에 대해 이야기를 나누었다는 증거도 있다. 벨의 동료이며 MIT 교수였던 찰스 크로스(Charles Cross)는 그가 벨에게 라이스의 전화에 관해 두 차례에 걸쳐 이야기한 적이 있다고 증언했다.[23] 그 중 한 번은 벨이 전화 특허를 받기 약 2년 전인 1874년 봄이었다.

더 흥미로운 증거도 있다. 벨이 라이스의 전화에 대해 읽거나 듣기만 한 것이 아니라 열다섯 살이던 1862년에 직접 보았을 수도 있다는 사실이다. 라이스의 연구를 자세히 소개한 1886년 한 기사에는 과학 기구를 다루던 유명한 에든버러의 공작소에서 그의 초기 전화 모델 하나를 그해 12월에 사들여 실험했다는 내용이 실려 있었다.[24] 그 당시 벨은 할아버지가 계신 런던 집에 가 있었지만 가족들은 아직 에든버러에 살고 있었다. 벨 가족이 주고받은 편지에 이와 관련한 구체적인 내용은 없지만 음향에 관심이 많던 가족들과 벨이 자신들의 도시에서 라이스의 신기한 기계가 시연되었음을 알려 주는 기사에 큰 관심을 뒀을 것이라는 점은 쉽게 짐작할 수 있다.

한편 벨이 라이스의 전화를 직접 볼 기회가 있었다는 분명한 기록도 있다.[25] 전화 특허를 신청하기 일 년 전인 1875년 3월 벨이 워싱턴 DC의 스미스소니언박물관에 있는 조셉 헨리(Joseph Henry)의 실험실을 방문했을 때였다. 벨의 전기물들을 보면 당시 세계적으로 저명한 전기 연구자로 전신기 발명에 중요한 역할을 담당했던 헨리는 벨이 다중 전신기에 관한 그의 초기 연구 결과를 보여주려고 그를 찾아갔을 때 벨에게 라이스의 전화를 보고 가라고 말했다고 한다. 법정에서 벨은 헨리의 연구실을 방문했을 때 라이스의 전화기를 봤다는 사실은 인정했지만 큰 의미는 없었다고 강조하며 이렇게 말했다.

1876년 3월 이전에 스미스소니언박물관에서 헨리 교수가 소장하고 있던 라이스의 전화를 본 적은 있다. 또 라이스의 전화에 관한 출판물을 몇 번 읽은 적도 있지만 지금은 그 내용이 무엇이었는지 기억나지 않는다.[26]

이 모든 일들의 전후 관계를 살펴보면 작동은 까다롭지만 음악과 음성을 전송한 것으로 세간에 널리 알려졌던 라이스의 전화기에 대해 벨이 자세히 알고 있었다는 사실은 거의 확실하다. 1863년 라이스는 런던의 유명한 기구 제작자 윌리엄 라드(William Ladd)에게 자신의 전화 작동법을 알려 주는 편지에 이렇게 적었다.

양피지를 움직이게 할 정도로 큰 소리라면 어떤 소리도 재생될 겁니다.[27]

라이스의 연구가 벨의 사고에 어느 정도 영향을 미쳤는지는 확실하지 않다. 벨이 헬름홀츠의 소리굽쇠 측심기를 비롯한 많은 장치들로 실험을 했듯 라이스의 전화기로도 직접 실험을 했다는 증거는 없다. 그러나 적어도 벨이 라이스의 연구에 대해 알고 있었다면 그는 자신이 최초로 음성을 전송하는 전화를 발명했다는 주장을 접었어야 했다. 그러나 그는 그렇게 하지 않았다. 벨은 법정에서 이렇게 주장했다.

라이스나 다른 연구자들의 실험과 음향이나 전기 기술에 뛰어났던 이들의 지식을 바탕으로 한 것도, 1876년 3월 7일 이전의 출판물들에 실린 정보를 바탕으로 한 것도 사실이다. 그러나 그 누구도 1876년 3월 7일 내가 특허 신청서에다 방법을 제시하기 전까지는 음성을 전송하는 전기 기구를 만들어내지 못했다.[28]

놀랍게도 특허 재판에서는 이런 벨의 이기적인 주장이 힘을 잃었다. 소송 초기에 라이스가 전화를 먼저 발명했다는 문제가 제기되면서 법정에서 그의 전화가 실제로 시연되었지만 음성 전송에 실패했기 때문이다.[29]

나는 법정에서 시연이 실패로 돌아간 이유를 어떻게 봐야 할지 고민했다. 혹시 톰슨과 그가 수집한 수많은 주장들이 라이스를 과대평가했던 건 아닐까 하는 생각도 들었다. 라이스의 전화기 성능은 어느 정도였을까? 그의 장치가 작동이 까다로웠던 건 사실이다. 그러나 많은 전문가들의 압도적인 평가가 정확하다면 라이스는 전류가 이어졌다 끊어졌다 한다는 브루셀의 잘못된 개념에 의존하고 있었음에도 1860년대에 실제로 음성을 전송할 수 있는 전화기를 만들었다. 사실 전신기 통신에서는 양 끝 사이에 설치된 전기 회로가 전문을 보내려고 일정한 패턴으로 연결과 끊어짐을 반복하기 때문에 흔히 자동 개폐식 회로라고 부른다. 그러나 전화는 (적어도 디지털화가 이루어지기 1세기 전인 벨 시대의 전화는) 사람의 목소리 음파가 송화기를 통해 지속형 전기 회로 내의 저항력을 변화시킬 수 있도록 전류가 지속적으로 연결되어 있어야 했다.

실바누스 톰슨은 자신의 책에서 라이스가 전화를 만들 때 오늘날 우리가 가변 저항이라고 부르는 원칙을 이해하고 있었다고 주장한다.[30] 그리고 라이스의 글에 이 원칙을 효과적으로 설명하는 용어가 사용되지는 않았지만 그의 전화기로 그 사실을 확인할 수 있다고 말한다.

나는 톰슨의 평가에 확신이 서지 않았다. 오히려 특허 신청서를 통해 파동 전류를 상세히 설명한 벨이 이 원칙을 처음으로 이해한 사람이라는 평가를 받아야 하지 않나 하는 생각이 들었다. 그러나 데이브 판탈로니라면 세상의 어떤 이론도 라이스의 장치를 직접 시험해서 그 성능을 판단하는 것보다 중요하지 않다고 주장할 것 같았다. 결국 라이스가 작동 원리를 완벽하게 이해하지 못한 채로 전화를 만들었다 해도 실제로 음성을 전송하는 전화를 만들어낸 그의 업적이 줄어들 수는 없는 일 아닌가? 과학적인 원리를 완벽히 이해하기 전에 획기적인 발명—특히 제약 부문에서는—이 나오는 건 흔한 일이다.

비록 미국 법정에서의 시연은 실패했지만 1930년대에 영국 우체국에서 라이스의 전화 모델을 시험한 결과 알아들을 만한 음성을 전송할 수 있는 것으로 결론을 내렸다는 내용을 에이트켄의 책에서 읽은 기억이 불현듯 떠올랐다.[31] 과학박물관 창고에 있는 직원 라운지에서 커피를 마시며 나는 리펜에게 그 문제에 관해 물어보았다. 리펜은 내 질문에 좀 불편해하는 듯하더니 곧 그 내막을 들려주었다.

2003년 9월 그는 박물관 문서 보관소에서 파일 캐비닛을 뒤지다가 라이스 전화의 실험 결과가 기록된 서류를 발견했다. 한 번도 공개된 적이 없는 서류였다. 그 기록에 따르면 1947년 런던 과학박물관에서는 벨의 탄생 백주년을 기념해 스탠다드 텔레폰 케이블(STC) 사와 함께 박물관에 소장되어 있던 라이스 전화기로 여러 차례 테스트를 진행했다.[32] STC 사의 엔지니어들은 라이스의 수화기가 너무 약해서 제대로 평가를 할 수 없다고 판단하고 라이스의 송화기에 지금의 확성기 타입의 수화기를 연결해 다시 실험을 했다. 그 결과 엔지니어들은 라이스의 까다로운 낡은 송화기가 완벽하게 직동한다는 사실을 발견했다. 그 다음에는 수화기를 넓히는 것만으로도 정확한 말소리를 수신할 수 있었다. 벨의 탄생 백주년을 기념하려는 처음의 의도와 달리 이 실험 결과로 음성을 전송할 수 있는 전화기를 최초로 발명한 사람이 벨이 아니라는 사실이 밝혀진 것이다.

그러나 당시 벨전화회사의 후신인 AT&T와 사업 협상을 하고 있던 STC 사 간부들은 연구 결과가 거래에 좋지 않은 영향을 미칠 것을 우려해 보고서를 발표하지 않았고 이 일을 발설하지 말라고 박물관을 설득했다.[33] 리펜의 전임자는 그들의 결정에 불만이 있었지만 중요한 후원자를 잃을 수 있다는 생각에 결국은 그 결과를 숨기는 데 협조했다. 결국 박물관은 이 연구의 역사적·교육적 가치에도 실험 사실이나 보고서의 존재를 발설하지 않았다. 다시 한 번 역사의 음모에 의해 한 발명가의 업적이 정당한 평가를 받을 기회를 박탈당한 것이다.

"박물관 사정이 좋지 않았거든요." 리펜이 소심하게 덧붙였다.

액체 송화기

　나는 디브너 연구소 연구원으로 있는 동안 도서관 소장 자료를 마음껏 빌려볼 수 있었다. 그러나 귀중품 보관실에 있는 책들은 희귀본이거나 낡아서 자칫하다가는 훼손되기 쉬웠기 때문에 열람실에서만 볼 수 있었다. 1883년 런던에서 출판된 실바누스 톰슨의 『필립 라이스: 전화 발명가』도 그런 책들 가운데 하나였다. 나는 오랫동안 그 책을 들여다보며 라이스의 업적을 널리 알리는 데 톰슨이 한 역할을 생각해 보았다. 이 낡고 귀한 책이 라이스의 시대와 현재를 연결해 주는 아주 가늘고 약한 실마리처럼 보였다. 이제 그의 책은 몇 권 남아있지 않았다. 톰슨이 없었다면 오늘날 라이스에 관해서 얼마나 전해졌을까? 아니, 전해지기는 했을까?

톰슨이 쓴 상세하고 꼼꼼한 전기를 통해 학교 교사였던 라이스의 상황이 생전이나 생후에 대중의 관심과 환호를 받기 대단히 어려웠음을 쉽게 알 수 있었다. 라이스는 겸손하고 가난했으며 정치적인 영향력이나 전문적인 과학 지식을 갖춘 사람들과 연줄도 없었다. 그리고 마흔 살이 되기도 전에 세상을 떠났다.

그렇다면 엘리샤 그레이는 어떨까? 내 직감이 옳다면 그레이는 액체 송화기를 통해 가변 저항에 대해 정확하게 이해하고 이를 전화 설계에 처음으로 적용한 인물이다. 이는 전화의 역사에서 대단히 중요한 발전이었다. 이런 기여도를 고려할 때 나는 어째서 그레이가 역사에서 무시당했는지 이해할 수가 없었다.

그는 미국에서 손꼽히는 전기 기술자였다. 많은 존경을 받았고 당대 영향력 있는 인물들과 연줄도 닿아 있었다. 그는 전신 분야의 발전 양상을 눈여겨보며 개선된 도난 경보기에서 오늘날 팩스로 알려진 전송기(TelAutograph)에 이르기까지 많은 것들을 발명했다. 1874년에 이르러서는 모든 시간을 독립적인 연구와 발명에 쏟아 부으며 변호사의 도움을 받아 자신의 연구를 보호할 만큼 경제적으로도 풍족했다.[1] 그리고 획기적인 전화를 발명한 후로도 한참을 더 살았다. 자신의 발명 유산을 관리하기에는 충분한 시간이었다.

그럼에도 오늘날 사람들이 그레이에 대해 잘 알지 못하는 이유가 무엇인지 의아했다. 그에 관한 정보가 부족한 것도 한 가지 이유다. 물론 그레이의 생애와 시대를 알려 주는 자료가 전혀 없는 것은 아니다. 디브너 도서관의 귀중품 보관실에서 발견한 것으로 1878년에 그레이를 위해 열린 연회를 기념하여 발간된 43페이지짜리 소책자가 있다.[2] 그 연회는 그레이의 고향인 시카고 외곽의 하이랜드 파크에서 그의 친구와 지지자들이 열어 준 화려한 행사였다. 오케스트라 연주가 이어지고 수백 명의 하객이 참석한 가운데 우아한 만찬이 끝나고 그를 칭송하는 연설이 이어졌다. 여기서 가장 눈에 띄는 것은 연회의 공식 목적이었다. 그 목적은 바로 그레이의 전화 발명을 축하하는 것이었다. 적어도 당시에는 어느 정도 인정을 받았던 것이다.

시카고의 한 신문은 다음과 같은 논설을 실었다.

> 지난 금요일 저녁 하이랜드 파크의 시민들은 전화를 발명한 엘리샤 그레이 박사를 위해 연회를 열었다. (중략) 그레이 박사는 그의 명예와 경제적 이윤을 앗아가려는 시도 탓에 위대한 업적을 자주 빼앗겼으나 다행히 이번에는 그런 일이 성공하지 못할 것이다.[3]

그날 저녁 사람들이 서로 잔을 부딪치며 한 말들도 이와 비슷했다. 그레이의 친구이자 연회를 조직한 하이랜드 파크의 저명한 변호사 빙엄(S. R. Bingham)은 그곳에 모인 손님들에게 이렇게 말했다.

> 언론과 대중이 속았다면―남의 명예를 빼앗으려는 이들 때문이든 아니면 자신의 권리 하나 제대로 주장하지 못하는 우리의 겸손한 친구 때문이든―이제는 우리가 나서서 언론과 대중에게 진실을 알려야 할 때입니다.[4]

그 자리에서 빙엄은 자신이 1874년 여름에 이미 그레이의 음악 전화(음악은 전송할 수 있었지만 아직 음성은 전달하지 못한 전화)에 관해 알고 있었다고 전했다. 그리고 그해 12월에 하이랜드 파크의 장로 교회에서 열린 그레이의 음악 전화 전시회에 참석했다고 한다. 그와 그곳 교인들은 다른 방에서 전기로 전송된 음악을 들은 첫 관객들이었다.[5] 벨의 전화 연구가 이제 겨우 첫 걸음을 떼었을 무렵이다.

이 연회에 관한 책자에는 그레이의 전화 발명을 축하하려고 각지에서 보내온 축하 전보 내용도 실려 있다. 빙엄 같은 고향 친구들만 그레이의 발명을 인정한 것이 아니었던 셈이다. 웨스턴 유니언 사의 수석 전기 기술자 조지 프레스콧이 보낸 전보에는 "엘리샤 그레이, 전화 발명가이자 시대의 문제를 해결한 자"라고 적혀 있었다.[6]

디브너 도서관의 고요한 열람실에서 벗어나 도서관 연구 소장 데이비드 맥기(David McGee)와 가끔 이야기를 나누는 것도 내게는 큰 즐거움이었다. 과학기술사를 연구하는 역사학자 맥기는 폭넓은 지식을 갖춘 명랑하고 겸손한 사람이었다. 캐나다 출신의 그는 자칭 벨 숭배자이기도 했다. 벨은 말년 대부분을 캐나다에서 보내며 많은 존경을 받았는데 맥기는 내 연구가 벨이 아닌 다른 발명가들의 업적을 강조하는 것이라면 자신의 고향에서는 좋아하지 않을 거라며 농담을 던지기도 했다.

맥기는 벨에 관한 광범위한 지식을 바탕으로 내가 심혈을 기울여 발견한 벨에 관한 의구심을 제외하고는 모든 것에 반대 주장을 펼쳤다. 한 번은 내가 전개하기 시작한 이론을 반박하려고 1875년에서 1877년 사이 벨과 그레이가 했던 주요 행동들을 상세한 리스트로 만들어 오기도 했다. 대단히 명쾌하고 요긴한 자료로 만드는 데 몇 시간은 족히 걸렸을 것 같았다. 그러나 맥기는 그 자료를 '벨의 범죄 일정표'라고 부르며 대단치 않은 것처럼 포장했다.

물론 장난처럼 한 말이었지만 그의 농담은 진심처럼 들렸다. 나는 점점 더 전화 특허에 범죄가 연루되었다는 확신이 들었다. 그것도 아주 노골적이고 엄청난 결과를 불러온 범죄. 그러나 피해자인 엘리샤 그레이의 행동은 전혀 이해할 수가 없었다. 그는 왜 자신의 것과 거의 똑같은 발명을 했다고 주장하는 벨에게 항의하지 않았을까?

맥기와 같은 벨 숭배자들은 그레이가 전신기 개선에만 너무 초점을 맞춘 나머지 전화의 상업적 잠재력을 일찍 알아차리지 못했다고 강조한다. 확실히 1875년과 1876년에 그레이의 관심은 가디너 허버드처럼 다중 전신기를 상용화하는 데 집중되어 있었다. 어쩌면 그 때문에 벨의 전기 작가 로버트 브루스가 다음과 같은 주장을 펼친 것인지도 모른다.

전화 아이디어를 떠올린 그레이는 당시에 하고 있던 연구에서 벨보다 더 빨리 손을 뗐다. 이 사실은 1875년 9월에 이미 분명하게 나타났던 가능성을 더욱 확고히 해준다. 즉 벨의 새로운 목표가 자세한 내용은 아니어도 그레이의 귀에 들어가 그의 마음을 공명 반응하는 진동판처럼 울리게 했던 것이다.[7]

벨과 그레이가 상대방의 연구에 신경을 쓰고 있었다는 증거는 많다.[8] 그러나 브루스가 아무리 시적인 표현을 썼다 해도 나는 벨 때문에 그레이가 전화 연구를 시작했다는 말에는 동의할 수 없었다. 오히려 내가 수집한 증거에 따르면 그 반대가 진실에 더 가까웠다.

그레이가 직접 말한 바에 따르면 그는 1874년에 조카가 욕실에서 전기 장비를 가지고 노는 것을 보고 전화 발명으로 이어지는 연구를 시작했다.[9] 당시 미국에는 근육통에서 천식에 이르는 모든 병을 치료한다는 전기 충격기를 쓰는 데 필요한 진동 단속기를 갖춘 집들이 많았다.[10] 이 진동 단속기는 커다란 배터리에 연결되어 있었다. 나중에야 치료 효과가 없다는 사실이 밝혀졌지만 1870년대까지만 해도 큰 인기를 누렸다. 그레이의 조카는 이 장치를 이용해 어린 아이들(그레이의 말로는 이들이 조카의 형제들이었는지 사촌이었는지 아니면 친구였는지 분명히 알 수 없다)에게 전기 충격 놀이를 보여주고 있었다. 이를 위해 조카는 전기 충격기의 유도 코일에서 나온 전선을 아연 욕조에 연결한 다음 한 손으로는 다른 전선을 쥐고 한 손은 욕조에 문질러 회로를 완성했다.

이 장면을 본 그레이는 이내 마음을 빼앗기고 말았다. 조카가 욕조에 손을 대자 진동을 일으킨 유도 코일에서 소리가 났던 것이다. 한때 페이지가 처음 주창했던 이 이론을 따라 실험을 전개하던 그레이는 단속기의 주파수를 조정하면 기계에서 나오는 음(페이지는 이를 전기 음악이라고 불렀다)을 바꿀 수 있다는 사실을 발견했다. 그는 더 나아가 금속 욕조를 더

세게 더 빨리 문지르면 더 큰 소리를 만들어낼 수 있다는 것도 알아냈다. 그레이는 이 결과를 바탕으로 몇 달 동안 본격적인 실험에 들어갔다. 그는 곧 음을 낼 수 있는 놀라우리만치 현대적인 전화 수화기를 만들었다. 그리고 자신이 발견한 사실을 이용해 전신선으로 소리를 전송했다. 1874년 봄 그레이는 이 장치를 웨스턴 유니언 사의 임원들과 조셉 헨리, 스미스소니언박물관의 과학자들에게 선보였다.[11]

그해 여름 신문에는 그레이의 음악 전화에 관한 내용을 다룬 기사가 여럿 실렸다.[12] 전신기 개선을 전문으로 하는 발명가이자 기업가인 그레이는 당연히 이 장치의 특허 출원 가능성을 저울질하기 시작했다. 그리고 곧 수백 킬로미터의 전신선을 통해 전달된 신호가 만드는 음을 자신이 만든 수화기가 포착해낼 수 있음을 입증하는 실험에 착수했다. 그레이 역시 벨처럼 이 현상을 많은 전문을 동시에 보낼 수 있는 전신기에 적용할 수 있다는 걸 깨달은 것이다. 1875년 그레이는 그와 접전을 벌이던 벨에게 충격을 안겨주며 벨보다 조금 앞서 이 고조파 다중 전신기에 대한 특허를 따냈다.[13]

·· 1874년 엘리샤 그레이는 욕실 실험을 통해 음악 전화를 발명했다.

그레이의 연구는 음성 전송 장치의 개발로 자연스럽게 이어졌다. 라이스와 그 밖의 전화 연구자들에 관한 책을 통해 이미 확인한 것처럼 사람의 목소리를 전송하는 전화는 과학 서적들에서 오랫동인 논히던 주제였다.

그레이는 1875년 밀워키에서 남자 아이 둘이 실로 연결된 깡통 전화를 갖고 노는 모습에 착안해 연구를 시작하게 되었다고 말했다.[14] 한 소년이 깡통에 대고 말을 하면 그 목소리 음파가 실을 타고 다른 쪽에서 듣는 소년에게 전달되었다. 그는 깡통 전화의 원리를 깨닫자마자 전기를 이용해 소리 진동을 전달할 수 있겠다는 생각이 떠올랐다고 한다. 그리고 1876년 2월에 낸 발명 특허권 보호 신청서에서 전기로 음성을 보내는 방법을 처음으로 제시했다. 라이스와 다른 연구자들의 연구를 뛰어넘는 획기적인 방법이었다.

그레이의 액체 송화기 아이디어는 몇 년 전 웨스턴 일렉트릭 사에서 생산하던 물 저항기에서 나왔다.[15] 물 저항기는 액체 용액 안의 백금 조각을 올렸다 내렸다 함으로써 전기 회로 내의 저항을 가감시킬 수 있는 장치다.

나는 벨의 잘 알려진 업적은 강조하고 그레이의 기여도는 축소하는 브루스 같은 많은 역사학자들의 견해를 접하면서 그레이의 전화 발명 주장을 완벽하게 파악하려면 그에 대해 더 많은 것을 알아야겠다고 생각했다. 그러나 미국 의회 도서관에 상세하게 분류된 벨의 자료들과는 달리 그레이의 연구와 관련된 자료들은 수적으로도 적을 뿐만 아니라 그나마 한군데 모여 있지 않고 여기저기 흩어져 있었다. 벨의 수많은 전기물과 비교하면 그레이의 삶과 업적을 다룬 출판물은 거의 없는 것이나 마찬가지였다.

그러나 그레이의 일대기에 관한 정보를 모으고 전화와 관련된 이차 자료들의 각주와 참고 문헌을 조사한 결과 오벌린 대학에 그레이의 자료가 상당수 소장되어 있다는 사실을 알게 되었다. 처음에는 그레이가 그 학교 출신이기 때문일 거라고 생각했지만 거기에는 또 다른 이유가 있었다. 1995년에 출판된 『전화와 그 발명가들』의 저자 루이스 코우는 흥미로운 사실을 이야기한다.

> 1937년 그레이의 가장 든든한 지지자로 오벌린 대학의 물리학 과 학장 로이드 테일러(Lloyd W. Taylor) 교수가 등장했다.[16] 테일러 박사는 전화에 관한 법적 권한은 벨에게 있더라도 진짜 전화 발명가는 그레이라고 확신하고 있었다.

코우에 따르면 신중한 연구자였던 테일러는 직접 그레이의 문서 원본들을 찾아 오벌린 대학으로 가져왔다고 한다. 코우는 책 부록에 테일러 박사가 그레이에 관해 썼던 기사까지 실었다.[17] 「미국 물리학 교사 (American Physics Teacher)」 1937년 12월 호에 실린 '알려지지 않은 전화 이야기'라는 제목의 기사였다. 나는 그 기사를 읽자마자 역사학자들이 가능성 있는 단서를 발견했을 때의 흥분을 그대로 느낄 수 있었다.

테일러는 내가 엘리샤 그레이에 관해 갖고 있던 의문점들에 대해 권위 있는 대답을 제시해 주었다. 가장 먼저 그레이의 액체 송화기가 갖는 중요성에 관한 내 직감이 그의 말을 통해 확인되었다. 테일러는 다음과 같이 적었다.

> 1876년에 제출된 그레이의 발명 특허권 보호 신청서는 전화에 적용되는 다양한 저항력의 원칙을 처음으로 보여준 것으로 그 역사적 중요성은 아무리 강조해도 지나치지 않다.[18]

테일러는 벨과 그레이가 전화를 발명한 시기에 대해서도 자세하게 평가했다. 그의 학자적 성실성이 엿보이는 부분이다. 무엇보다도 그는 벨이 1876년 3월 10일 왓슨과 통화할 때 사용한 송화기가 그의 특허 설명서의 설명이나 그림과는 전혀 다른 장치였음을 분명히 밝혔다. 그리고 더 나아가 벨이 처음 사용한 종류의 액체 송화기에 대해 다음과 같이 말했다.

> 그것은 그레이가 비밀 서류인 발명 특허권 보호 신청서에서 이미 설명했던 장치로 벨도 나중에 그 내용을 알고 있었다고 인정했다.[19]

벨이 그레이의 발명 특허권 보호 신청서에 대해 알고 있었음을 인정했다? 대단히 흥미로운 주장이었다. 그러나 테일러가 1948년 7월에 등반 사고로 사망하기 전까지 그레이에 관한 책을 집필하고 있었다는 사실은 더 흥미로웠다.[20] 나는 테일러의 출판되지 못한 원고와 자료들이 분명 오벌린 대학의 문서 보관소에서 먼지를 뒤집어쓴 채 파묻혀 있을 거라고 생각했다. 실바누스 톰슨의 책을 통해 라이스의 연구를 알 수 있었던 것처럼 테일러의 연구 자료에서 그레이에 관한 중요한 정보를 찾을 수 있을 것 같았다. 나는 테일러 박사의 미출판 원고와 자료들을 직접 살펴보려고 바로 오벌린 대학으로 출발했다.

오하이오 주 클리블랜드에서 남서쪽으로 30분쯤 떨어진 곳에 있는 조용한 오벌린 시. 이곳에 자리 잡은 오벌린 대학은 교육 당국과 철저하게 독립적으로 운영되는 유서 깊은 대학이다. 오벌린 대학의 문서 보관소는 캠퍼스 중앙에 자리한 낮은 요새 모양의 도서관 꼭대기에 있었다.[21] 그곳에 들어가려면 도서관 조회 데스크 뒤에 있는 열쇠로 조작되는 엘리베이터를 타야만 했다. 문서 보관소에 들어간 나는 잔뜩 흥분해 있었다. 그러나 전화 발명 이야기의 진실을 여는 열쇠를 간직한 곳 치고는 지나치게 외진 느낌이 들었다.

문서 보관소를 관리하는 큐레이터는 롤런드 바우만(Roland Baumann)이라는 친절하고 조용한 말씨를 쓰는 역사학자로 나를 따뜻하게 맞아 주었다. 20년 가까이 그곳 큐레이터로 일한 바우만은 "서가 안에 들어가면 자료들이 대답을 들려주더군요."라고 말했다.

문서 보관소의 분위기는 조용하고 고립된 듯했지만 바우만은 이곳에 들어오는 연구 의뢰가 일 년에 대략 1,700건에서 1,800건에 이른다고 말했다. 그 가운데 많은 부분이 여성(1833년 학교 설립 이후부터)과 흑인 (1835년부터)을 받아들인 미국 최초의 대학이라는 오벌린의 특별한 역사와 관련이 있었다.[22] 오벌린 대학은 남북 전쟁이 일어나기 전에 흑인 여성이 다닐 수 있었던 유일한 고등 교육 기관이었고 남북 전쟁이 끝난 후에도 가장 많은 흑인을 교육한 대학으로 한동안 남아 있었다.

나는 바우만에게 내가 보러 온 자료에 대해 이야기했다. 바우만은 특정 자료에 대해서는 잘 몰랐지만 그레이에 관한 중요한 자료가 대부분 테일러 박사의 논문과 함께 보관되어 있다는 사실은 알고 있었다. 그는 그레이의 자료가 오벌린 대학 문서 보관소에 오게 된 이유도 바로 그 때문이라고 말했다. "역사학자에게 자료의 출처는 대단히 중요하죠. 기록 보관인에게는 더 그렇고요." 바우만이 말했다. 그는 근처 선반에서 공책을 한 권 내려 거기 적힌 문서 보관소의 자료 수납 정보를 보여주며 이를 통해 각 자료들이 언제 어떤 상황에서 들어왔는지 알 수 있다고 자랑스럽게 말했다.

"우린 이 자료들이 우리 손에 들어오기까지의 경위를 기록해 두어야 해요. 역사학자들은 늘 결정적 증거를 찾고 있는데 어떤 서류나 편지의 진위를 판별하려면 그 출처를 알아야 하니까요. 그래서 대학 측에 우리에게 가장 중요한 건 증거라고 강조하지만 정말로 이해하고 있는지는 모르죠."

바우만의 조수 켄 그로시(Ken Grossi)가 자료 세 상자와 테일러 교수의 방대한 자료가 들어 있는 CD 두 개를 먼저 가져왔다. 먼 길을 달려와 드디어 테일러의 원고를 보게 된 것이다. 원하는 자료를 찾는 동안 나는 테일러 교수에 관해서도 많은 것을 알게 되었다.

물리학과 학장이었던 로이드 테일러는 1924년부터 1948년 세상을 떠날 때까지 오벌린 대학에서 이십 년 넘게 학생들을 가르쳤다. 그는 여러 해 동안 엘리샤 그레이에게 진지하게 심취해 있었다. 나는 그의 자료들을 읽다가 테일러가 그레이와 자신을 동일시한 건 아닌가 하는 생각이 들었다. 두 사람 다 겸손하고 융통성 없는 중서부 출신이었다. 그레이는 오벌린 대학의 물리학과 교수로 오랫동안 재직하며 가끔 강의도 했다. 신앙심이 깊은데다 술은 한 방울도 입에 대지 않았다. 그 점은 테일러도 마찬가지였다. 테일러의 아내는 금주법이 시행되던 시대에 오하이오 주의 금주 운동을 이끌었던 유명한 인물이다. 테일러가 그레이에게 관심을 두게 된 계기가 무엇이든 그의 정확한 역사 연구와 과학자로서의 학식은 그의 분석에 신뢰와 권위를 더해 주었다.

테일러는 벨이 그레이의 액체 송화기 도안을 도용했다고 확신하고 있었다. 벨이 1876년에 낸 특허 신청서에는 액체 송화기의 가능성을 언급한 내용이 없었기 때문이다. 테일러가 세어 본 바에 따르면 벨이 특허 신청서에서 액체 송화기와 관련해 비슷하게라도 언급한 대목은 전체 190여 줄에서 고작 8줄뿐이었다. 더 나아가 테일러는 다음과 같이 말한다.

이때까지 벨이 액체 송화기를 만들 생각을 했거나 만들었다는 걸 보여주는 대목은 어디에도 없다.[23]

테일러는 액체 송화기가 아닌 다른 문제를 둘러싼 논쟁도 분석했다.

그리고 그레이와 벨의 수화기 도안을 자세히 조사한 다음 아래와 같은 결론을 내렸다.

> 그레이는 벨이 첫 번째 수화기를 만들기 이미 여러 달 전에 몇 가지 타입의 전화 수화기를 만들어 공개적으로 시연하기까지 했다.[24]

많은 역사학자들이 벨이 수화기를 포함해 전화를 먼저 발명했다고 주장하지만 테일러의 분석은 이런 주장을 효과적으로 반박했다.[25] 테일러는 직접 그레이의 몇몇 장치를 실험한 결과를 포함한 일차 증거들을 제시하며 그레이가 액체 송화기뿐만 아니라 수화기 또한 먼저 발명했을 가능성이 훨씬 크다는 설득력 있는 주장을 내놓았다. 벨이 다중 전신기에 이용할 용도로 하나의 주파수에만 반응하는 수신기를 만드는 데 관심은 두고 있었지만, 실제로 현대적인 전자기 전화 수화기라고 할 만한 것을 처음으로 만들기 시작한 것은 1875년 늦은 봄 또는 여름이었다는 것이다.

그러나 그레이는 벨보다 일 년 앞선 1874년과 1875년 초에 이미 자신의 음악 전화를 위한 정교한 수화기를 만들어 공개적으로 시연까지 하고 있었다. 테일러는 이렇게 설명한다.

> 그레이는 자신이 만든 장치의 원리와 중요성을 이해할 능력이 있는 수백 명에게 네 종류의 전화 수화기를 만들어 선보였다. 이것

들은 모두 얇은 금속 막을 이용한 것으로 1875년에 벨이 처음 만든 수화기보다 현대적인 전화 수화기에 훨씬 더 가까웠다.[26]

이때까지만 해도 그레이는 벨과 마찬가지로 아직 정확한 음성을 전송하는 법을 모르고 있었다. 그러나 테일러는 그레이가 만든 네 가지 수화기 가운데 세 종류가 말소리를 완벽하게 수신할 수 있었다는 사실을 분석을 통해 보여주었다. 테일러는 그레이가 수화기와 송화기 둘 다 벨보다 먼저 발명한 것이 분명하다고 결론을 내리며 다음과 같이 말한다.

그레이가 전화 발전에 이바지한 이 두 가지 공적을 인정받지 못한 데는 그가 술수에 능하지 못했다는 점도 일부 작용했을 것이다. 그러나 그가 수화기와 송화기를 모두 먼저 발명했다는 점에는 논쟁의 여지가 없다.[27]

12

전신 특허 심사관

거의 완성 단계였으나 끝내 출판되지 못한 테일러의 원고도 큰 도움이 되었지만 그가 수집해 놓은 일차 자료는 거의 대박에 가까웠다. 1930년대에 본격적으로 연구에 돌입한 테일러는 그레이의 자손들과 연락하여 이전에는 접할 수 없었던 새로운 자료들을 얻었다.[1] 그는 몇 년 동안이나 그레이에 대한 연구에 매달렸던 것으로 보인다. 그레이를 알았거나 혹은 관계가 있었던 사람들과 편지를 주고받고 그레이의 명성을 되살리려고 백과사전이나 기타 출판물에 지칠 줄 모르고 원고를 기고했다. 그런 노력의 대가로 브리태니커 백과사전 편집자는 전화 역사 란에 추가할 그레이에 관한 글을 테일러에게 맡기기도 했다.[2]

테일러는 그레이가 한때 일했던 집 다락방에 오랫동안 방치되어 있던 문서들도 찾아왔다.[3] 테일러의 편지에는 새로 발견된 자료가 있다는 이야기를 듣고 그레이의 친척들을 찾아가 그 자료들을 오벌린 대학의 문서 보관소로 가져갈 수 있게 해달라고 애원했다는 이야기가 적혀 있다.

이 귀중한 자료들 가운데는 알렉산더 그레이엄 벨이 그레이에게 보낸 편지도 있다.[4] 1877년 3월 2일 자 편지의 봉투에는 벨의 친필로 주소가 적혀 있다. 그러나 처음 두 사람의 서신 교환이 시작된 것은 그보다 며칠 전 그레이가 벨에게 편지를 보내면서부터였다. 이 편지에서 그레이는 벨의 전화를 인정하며 공개 포럼에서 자신의 전화와 벨의 전화를 함께 시연할 수 있게 해달라고 요청했다. 그러나 그레이의 이런 예의 바른 요청에 벨은 다분히 신경질적인 내용을 담은 전보를 보냈다. 전화 발명가로서의 자신의 우선권에 의문을 제기한 「시카고 트리뷴(Chicago Tribune)」의 글을 철회하지 않으면 그의 요청을 받아들일 수 없다는 내용이었다.[5]

그러나 벨은 그 후에 보낸 편지—이 편지도 오벌린 대학 문서 보관소에 보관되어 있다—에서 그 전보에 대해 사과했다. 그리고 그때 화를 낸 이유를 설명하면서 자신에게 전화 발명 우선권이 인정된 이유는 특허 서류가 이미 몇 달 전에 완성되어 있었지만 영국 특허 문제로 제출이 지체되었기 때문이라는 과장 섞인 주장을 펼쳤다. 또 자신은 그레이가 음성을 전송하는 전화를 연구하고 있다는 사실을 전혀 몰랐다는 점도 분명히 밝혔다. 그러나 이 점을 설명하려고 벨은 엄청난 사실 한 가지를 털어놓았다.

당신이 말한 발명 특허권 보호 신청서의 내용이 무엇인지 나는 모릅니다. 다만 물에 담긴 전선의 진동과 관련된 내용 때문에 내 특허 신청서와 마찰을 일으켰다는 것만 알 뿐이죠.[6]

1877년 3월은 아직 그레이의 보호 신청 서류가 공개되지 않았을 때였다. 그런데 벨은 이 편지에서 자신이 그레이의 발명 내용을 알고 있었다는 사실을 무심코 인정해 버렸던 것이다. 법을 어기지 않은 다음에야 어떻게 그런 사실을 알 수 있었을까? 그뿐만 아니라 벨은 그레이의 액체 송화기 설계의 가장 중요한 내용까지 알고 있었다. 음파를 전환해 전기 저항에 변화를 일으키고자 액체에 침을 담근다는 부분이었다. 벨의 이러한 시인은 실험 노트에 그려진 도안과 함께 그가 그레이의 발명 특허권 보호 신청 서류의 내용을 잘 알고 있었다는 사실을 보여주는 확실한 증거였다.

그러면 벨은 어떻게 그 내용을 알게 되었을까?

나는 테일러의 자료 상자에서 발견한 서류에서 놀라운 해답을 찾아냈다. 줄이 그어진 두꺼운 종이 10여 장을 묶은 이 서류에는 파란색 잉크로 내용이 적혀 있고 공증을 받은 여러 사람의 서명이 들어가 있었다. 어떤 경위인지는 모르지만 그레이의 손에 들어갔다가 다시 테일러에게 넘어온 것 같았다. 그야말로 결정적 증거였다. 나는 출처를 까다롭게 따지는 바우만에게 감사했다. 이 서류는 1886년 4월 8일 워싱턴에서 전신 특허 심사관 세나 월버가 작성하고 서명한 진술서였다. 벨의 전화 특허와 그레이의 발명 특허권 보호 신청서를 다룬 바로 그 심사관이다.

서류에는 깔끔한 필체로 이렇게 적혀 있다.

세나 피스크 월버는 다음과 같이 서면으로 서약합니다.

나, 세나 피스크 월버는 1875년부터 1877년 5월 1일까지 미국 특허청의 전기 발명품 관련 특허 신청을 다루는 부서에서 심사관으로 일하다가 1877년 5월경에 발명 우선권 다툼 문제를 다루는 심사관으로 승진했으며 그때 알렉산더 그레이엄 벨의 특허 신청서를 심사했다. 내게 들어온 그의 특허 서류를 직접 심사한 다음 1876년 3월 7일자로 그의 다중 전신기에 미국 특허증, 번호 174,465를 수여했다.[7]

월버는 이 진술서에서 언급하는 문제에서 자신이 한 일에 대해 진술서를 쓴 적은 있지만 벨에게 전화 특허를 발급해 준 상황에 대해 온전한 진실을 말한 적은 없었다고 인정했다.

나는 정의를 회복하고 부정을 바로잡으려고 온전한 진실만을 말하기로 했다. (중략) 이 일로 친구들과 대중 앞에서 곤란한 처지에 놓이거나 심지어는 친구들을 잃을 수도 있음을 잘 알고 있다. 그럼에도 나는 어떤 대가나, 호의에 대한 기대나, 결과에 대한 두려움 없이 위에서 진술한 대로 진실을 말하기로 했다. 이 진술서는 내 인생관의 변화와 함께 무고한 사람에게 저지른 커다란 잘못을 바로잡으려는 나의 바람에서 비롯되었다.

오하이오 주의 외딴 문서 보관소에서 나는 내 앞에 놓인 서류를 보며 놀라움을 금치 못했다. 진술서는 계속 이어졌다.

나는 특허 심사관이던 내 행동 때문에 엘리샤 그레이가 전화 발명권을 획득할 정당한 기회를 빼앗겼다고 확신한다. 그럼 지금부터 그런 일이 벌어지게 된 경위를 이야기하겠다.[8]

윌버는 자신이 알코올 중독자였으며 벨의 특허를 맡았던 법률 회사의 동업자인 마셀러스 베일리에게 빚을 지고 있었다고 털어놓았다. 그와 베일리의 인연은 남북 전쟁 때부터 시작되어 13년 동안 이어졌다. 남북 전쟁 당시 그들은 북부군 연대에서 같은 여단 지휘관 참모로 복무하다가 전쟁이 끝난 후 워싱턴으로 돌아왔다.[9] 그 후 윌버는 미국 특허청에서 일을 시작했고 베일리는 컬럼비안 대학 법학부(지금의 조지 워싱턴 대학 법과 대학원)에 들어가 1866년에 첫 회로 졸업한 다음 특허 전문 변호사로 성공했다.[10]

윌버는 베일리와 가까웠을 뿐만 아니라 몇 차례 돈까지 빌린 사이였다. 물론 특허청에서는 특허 심사관과 특허 변호사들 사이의 그런 거래를 명백히 금지했다.

윌버는 처음에는 벨의 특허 서류와 그레이의 발명 특허권 보호 신청서 내용이 충돌하는 것을 보고 규정대로 벨의 신청을 보류시켰다고 한다. 그런데 1876년 2월 19일에 보류를 알리는 편지를 보낸 후 베일리가 그를 찾아와 상황이 어떠냐고 물었다. 그에게 신세를 지고 있던 윌버는 특허청의 규정을 어기고 베일리에게 그레이의 보호 신청에 관해 알려 주었고 베일리는 그 정보를 바탕으로 벨의 특허 신청 보류에 항의하는 편지를 보냈던 것이다. 윌버는 베일리에게 신세를 진 사실 때문에 어느 서류가 특허청에 먼저 접수되었는지 확인하라는 특허 감사관 대리 엘리스 스피어의 요청에도 철저한 조사 없이 벨의 특허 서류를 먼저 도착한 것으로 처리했다.

그런 다음 윌버는 역사적으로 큰 파문을 몰고 온 일에 대해 진술한다. 1876년 2월 26일 벨이 워싱턴에 와 있을 때 베일리가 그레이의 발명 특허권 보호 신청서를 벨에게 보여주라고 자기에게 압력을 가했다는 것이다. 그는 다음과 같이 적고 있다.

> 벨 교수가 직접 사무실로 찾아왔다. 나는 그에게 그레이의 발명 특허권 보호 신청서에 그려진 도안을 보여주며 그레이가 말하는 전송과 수신 방법에 대해 설명해 주었다. 벨 교수는 한 시간 동안 그레이의 도안을 보고 그레이가 제시한 방법에 대해 설명을 들었다.[11]

윌버는 그가 말하는 일들이 어디에서 일어났는지를 보여주는 사무실 배치도까지 진술서에 그려 넣었다. 그는 벨이 그날 오후 두 시에 다시 돌아와 사무실 밖 복도에서 백 달러짜리 지폐를 건넸다고 주장했다.

> 벨 교수는 이 진술서의 내용을 부인할 것이다. 나와 마셀러스 베일리의 관계와 그의 영향력에 대해서도 부인할 것이다. 그러나 나

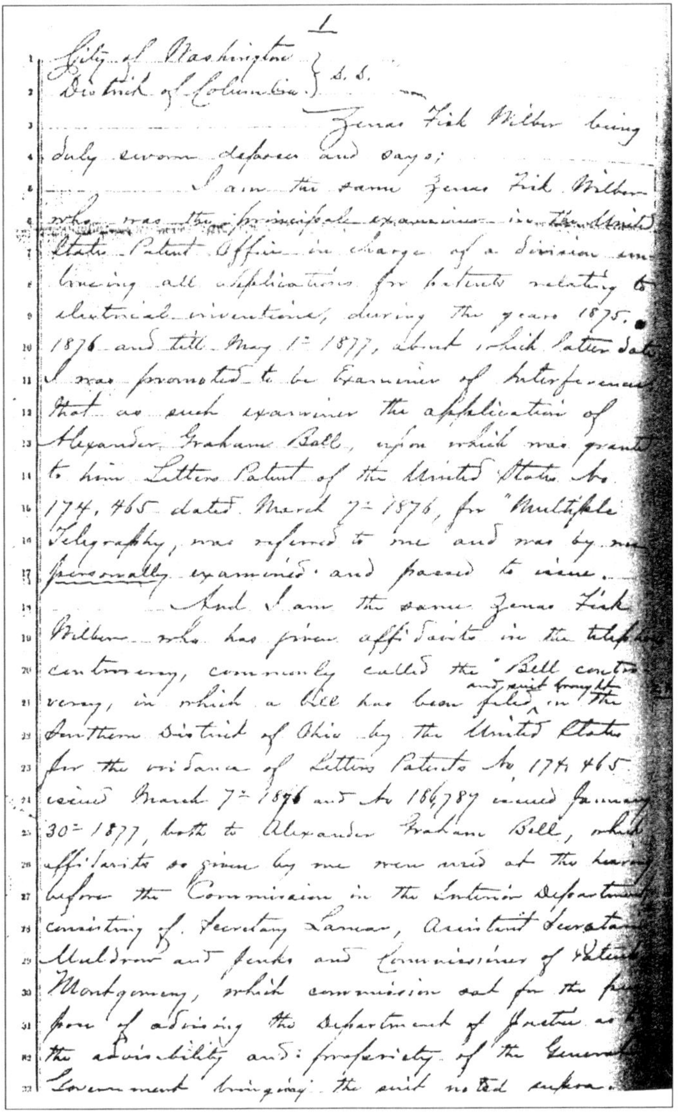

1

City of Washington }
District of Columbia } S.S.

Zenas Fisk Wilber being duly sworn deposes and says;

I am the same Zenas Fisk Wilber who was the principal examiner in the United States Patent Office in charge of a Division embracing all applications for patents relating to electrical inventions, during the years 1875. 1876 and till May 1st 1877, about which latter date I was promoted to be Examiner of Interferences that as such examiner the application of Alexander Graham Bell, upon which was granted to him Letters Patent of the United States No. 174,465 dated March 7th 1876, for "Multiple Telegraphy, was referred to me and was by me personally examined and passed to issue.

And I am the same Zenas Fisk Wilber who has given affidavits in the telephone controversy, commonly called the "Bell controversy, in which a bill has been filed and suit brought in the Southern District of Ohio by the United States for the voidance of Letters Patents No. 174,465 issued March 7th 1876 and No. 186,787 issued January 30th 1877, both to Alexander Graham Bell, which affidavits so given by me were used at the hearing before the Commission in the Interior Department consisting of Secretary Lamar, Assistant Secretary Muldrow and Jenks and Commissioner of Patents Montgomery, which commission sat for the purpose of advising the Department of Justice as to the advisability and propriety of the General Government bringing the suit noted supra.

•• 1886년 4월 8일 세나 피스크 윌버 전 특허 심사관이 선서를 하고 작성한 최종 진술서의 첫 번째 장.

는 여기에 적은 내용이 모두 진실이며 맑은 정신과 내가 저지른 잘못을 만회하려는 올바른 양심에 따라 진술하는 것임을 맹세한다.

그러나 나는 곧 윌버의 진술서가 법적·역사적 자료로는 문제가 많다는 것을 알게 되었다.[12] 이 진술서는 의회가 벨의 전화 특허와 관련된 부정행위를 조사하는 과정에서 등장했다. 문제는 이 진술서가 벨의 특허에 이의를 제기하는 대부분의 소송들이 법정 심리를 마치고 한참 지난 시점에서 나왔다는 점이다. 그러나 더 일찍 나왔다 해도 윌버가 이 진술서와 반대되는 증언을 그전에 이미 여러 차례 했다는 사실을 바꾸지는 못했을 것이다. 실제로 윌버는 1885년 7월 30일과 최종 진술서에 서명한 1886년 4월 8일 사이에 최소한 다섯 번 이상 진술서를 작성했는데 그 중 몇 개에는 서로 상반된 내용이 담겨 있다.[13] 따라서 이런 문제와 그가 알코올 중독자라는 사실 때문에 이 진술서가 법정에 제출되었다 해도 증거로 인정받지는 못했을 것이다.

그러나 로이드 테일러는 특유의 세심함을 발휘하여 남아 있는 윌버의 다른 진술서들을 모두 분석하고 그 중 몇 개를 부록에 실었다.[14] 그는 윌버의 진술서들이 언뜻 보이는 것처럼 상반된 것이 아님을 확인해 주었다. 테일러의 설명에 따르면 윌버는 최종 진술서 이전에 나온 대부분의 진술서에서 마지막에 폭로한 내용을 단지 건너뛰었을 뿐이다. 예컨대 한 진술서를 제외한 모든 진술서에는 벨과 그의 변호사들이 부당한 행위를 저질렀다는 내용이 미약하게나마 들어 있다. 그리고 1885년 10월 10일자 진술서에는 벨의 변호사들이 서류 접수 절차를 조작하여 벨의 신청서가 그레이의 신청서보다 먼저 특허청에 도착한 것처럼 꾸몄다는 내용도 들어 있다.

그러나 1885년 10월 21일자의 진술서에는 자신의 범죄 혐의를 부인하기 위해서였는지 현저하게 다른 내용을 진술했다.[15] 그의 신뢰성을 의심하게 하는 부분이다. 그러나 몇 개월 후에 작성한 1886년 4월 8일자 최종 진술서에서 윌버는 10월 21일자의 진술서가 나온 정황을 설명했다. 10월 21일에 벨전화회사의 변호사가 찾아와 그에게 진술서를 요구했다는 것이다. 그는 이렇게 주장했다.

> 그때 내 정신 상태는 정상이 아니었다. 그러니까 진술서에 무슨 내용이 들어 있는지도 제대로 모른 채 거의 속아서 서명한 것이나 다름없었다. 당시 나는 술을 마시고 있어서 정신적으로 우울하고 불안했기 때문에 그렇게 중요한 일을 처리할 수 있는 상태가 아니었다.[16]

확실히 알코올 중독자에 부패한 정부 관료였던 윌버를 결정적인 증언을 할 만한 정직한 목격자로 볼 수는 없다. 그의 불완전하고 상반되는 증언을 따라가다 보면 신뢰성에 더 많은 의심이 생기기도 했다. 그럼에도 최종 진술서에 나타난 그의 진정성을 무시하기는 어려웠다. 벨의 도용을 도울 수 있는 위치에 있었던 특허청 내부 인사 세나 윌버가 그런 범죄 이야기를 폭로해서 얻을 수 있는 건 아무것도 없었다. 무엇보다 중요한 사실은 1886년 4월에 나온 윌버의 최종 진술서가 쉽게 외면할 수 없는 상황 증거와 꼭 맞아떨어진다는 점이다. 윌버의 진술서는 벨이 워싱턴에서 돌아온 지 며칠 만에 그의 노트에 그레이의 액체 송화기 도안이 나타난 경위를 처음으로 설명해 주는 문서였다.

테일러는 윌버의 이 최종 진술서를 1933년 일리노이 주 하이랜드 파크에 있는 엘리샤 그레이의 낡은 실험실 다락에서 직접 발견했다고 적고 있다. 처음 발견했을 당시 진술서에는 쪽지가 끼워져 있었는데 거기에는 엘리샤 그레이의 필체로 보이는 글이 연필로 적혀 있었다.

> 윌버가 죽은 후 그의 어릴 적 친구가 보낸 1889년 8월 24일 자
> 편지에서 나온 것.[17]

집요한 테일러는 이 메모에 적힌 편지도 찾아냈다. 그레이의 하이랜드 집 다락방에 따로 보관되어 있던 이 편지는 그레이 집안과 친구로 지내던 프레더릭 쿠싱(Frederick W. Cushing)이 처음 발견한 것으로 윌버가 죽은 후 매리언 반 혼(Marion Van Horn)이라는 소령이 보낸 것이다. 최종 진술서도 이 편지에 동봉되어 있었다. 윌버의 최종 진술서 마지막 부분에는 이와 관련한 상황도 설명되어 있다.

> 나는 대학과 군대 동기이자 오랜 친구인 매리언 반 혼 소령에게
> 솔직히 털어놓고 대화를 나눈 후 이 같은 결정을 내렸다. 잘못된 일

을 어느 정도 만회할 수 있기를 기대하며 이 진술서를 그에게 맡긴다. 나는 언제든 어느 법정, 어느 재판정에서도 이 내용을 다시 증언할 준비가 되어 있다.[18]

그레이의 회사 주소로 보낸 이 편지에서 반 혼은 진술서 원본은 그레이가 갖고 있어야 한다고 생각해서 함께 동봉한다고 적었다. 그리고 이렇게 끝을 맺었다.

끝으로 윌버는 술에 취했을 때나 취하지 않았을 때나 그의 [최종] 진술서 내용이 진짜라고 주장했음을 알려드립니다.[19]

신청서 여백의 진실

1886년 5월 22일 「워싱턴 포스트(Washington Post)」에 윌버의 진술서가 실리자 벨 측은 즉시 강하게 부인했다.[1] 그리고 사흘 후인 5월 25일 「워싱턴 포스트」지는 벨의 반박 기사를 실었다.[2]

> 내가 아는 한 내 특허 신청과 관련된 모든 접수 절차와 처리 및 특허 수여에 사기나 속임수는 없었으며 모든 면에서 정직했다. 그리고 이와 연관된 다른 이들의 행동에도 거짓이 없었다고 믿는다.

벨은 윌버가 제기한 구체적인 혐의도 대부분 부인했다. 그는 자신은 윌버에게 백 달러짜리 지폐는커녕 동전 한 푼도 건넨 적이 없다고 말했다.

> 월버 씨는 내게 그레이의 발명 특허권 보호 신청서는 물론 발명
> 도안이나 다른 어떤 내용도 보여주지 않았다.

사건이 있은 지 십여 년 후에 나온 월버의 진술서는 벨의 전화 발명 주장에 이의를 제기하는 소송들에서 아무런 역할도 하지 못했다. 그러나 월버의 최종 진술서 내용은 벨이 이 사건을 구체적으로 언급하는 과정에서 한 말들과 일치하는 부분이 많았다.

벨은 몇 차례나 그레이의 보호 신청 내용을 알지 못했다고 부인했다. 그 중 한 번은 벨이 말년에 접어들었을 때였다. 당시 사위 길버트 그로스브너(Gilbert Grosvenor)가 장인의 허가를 받아 전기를 쓰고 있었다. 그는 1905년에 이 일에 착수해 십 년 동안 전기 작업에 매달렸지만 「내셔널 지오그래픽(National Geographic)」의 편집자로 일하며 다른 일들도 병행한 탓에 끝내 완성하지는 못했다. 그러나 미국 의회 도서관에는 1910년경부터 작성된 것으로 추정되는 놀라운 자료들이 보관되어 있다. 벨과 그의 아내 메이블이 사위가 보낸 단편적인 초기 원고를 검토한 다음 답신으로 작성한 글이었다. 벨은 그레이의 보호 신청서를 둘러싼 논쟁을 다룬 부분에 대해 다음과 같은 의견을 적었다.

> 내 특허에 우선권 다툼 판결이 내려진 것은 오해 때문이었네. 하
> 지만 우선권 다툼은 내가 워싱턴에 도착하기 전에 철회되었고 보호

신청서는 내가 볼 수 없는 비밀 서류였기 때문에 나는 무슨 이유로 우선권 다툼 판결이 내려졌다가 철회되었는지는 알 수 없었다네. 다만 나와 경합하는 상대가 그레이일지도 모른다는 생각은 들었지. 당시 우리는 나란히 사람의 음성 전송과 관련이 있는 음악 전신기 개발을 하고 있었으니까 말이야. 나는 그레이가 내 장치를 자기 것과 함께 전시하게 해달라며 보낸 편지에서 그가 직접 언급하기 전까지 그의 서류 내용을 모르고 있었네.[3)]

그러나 앞에서 살펴본 것처럼 1877년에 벨과 그레이 사이에 오간 편지에서 벨은 그레이의 주장이 물에 담긴 전선의 진동과 관련된 것임을 알고 있다고 말한 바 있다. 벨은 분명히 그레이의 보호 신청 내용에 대해 어느 정도는 알고 있었던 것이다. 벨의 노트에 나타난 그레이의 도안도 여전히 문제였다. 벨이 워싱턴에서 윌버, 폴록, 베일리와 만난 후 보스턴에 돌아오자마자 그려 넣은 그 도안은 하늘에 걸린 구름처럼 그의 주장에 짙은 그림자를 드리웠다.

이 사건을 자세히 들여다보면 볼수록 더 많은 모순들이 보인다. 가장 큰 모순은 1879년의 '다우드 소송'이라 불리는 초창기 전화 특허 소송에서 찾을 수 있다.[4)] 다우드 소송은 벨전화회사와 전신업계의 거인인 웨스턴 유니언 사 사이의 역사적인 합의를 이끌어 냈던 소송이다. 벨은 여기서 완전히 다른 증언을 내놓았다. 윌버가 최종 진술서에서 말한 것과 대단히 비슷한 내용이었다. 벨은 선서한 다음 증언석에 앉아 자신이 윌버와 그레이의 보호 신청 내용에 대해 이야기를 한 적이 있음을 시인했다. 1876년 2월에 특허청을 방문했을 때 윌버가 그와 그레이의 주장이 중복되는 부분을 설명하려고 그의 특허 신청서 한 단락을 지목했다는 것이다. 벨은 이렇게 주장했다.

나는 심사관에게 우선권 다툼이 생긴 이유를 물어보았다. 윌버는 보호 신청서는 비밀 서류니 보여줄 수 없다고 말했다. 따라서 나는 그레이의 보호 신청서 내용을 전혀 보지 못했다. 그러나 심사관은 1876년 2월 14일에 제출한 내 특허 신청서의 한 단락을 가리키며 그 부분 때문에 우선권 다툼이 일어났음을 넌지시 알려 주었다. 그 덕분에 나는 그레이와 내 신청 서류가 서로 충돌을 일으킨 이유가 무엇인지 알 수 있었다.[5]

벨은 윌버가 가리켰다는 그 단락까지 인용했다.

그 단락은 발명품을 상세하게 설명한 본문의 한 부분으로 다음과 같은 내용이었다. "파동은 지속적인 전류에서 유도 작용을 일으키는 몸체의 진동이나 움직임 또는 그런 몸체와 근접한 곳에서 도선 자체의 진동에 의해 발생된다. (중략) 외부 저항은 변할 수 있다. 가령 전기 회로에 수은이나 다른 용액을 일부 사용할 때 도선을 더 깊이 담그면 전류의 흐름에 발생하는 저항이 약해진다."

벨이 윌버가 가리켰다고 언급한 이 단락에는 확실히 그레이의 액체 송화기가 작동하는 원칙인 가변 저항 개념이 들어 있다. 또한 전선을 용액에 담근다는 부분도 그레이의 액체 송화기에서 사용된 방식이다. 따라서 이 두 가지 모두가 그레이보다 앞서 제시된 것으로 보일 수도 있다. 그러나 전화 특허를 둘러싼 이야기의 수많은 측면들이 그러하듯 그레이와 독립적으로 연구를 해오던 벨이 우연히 그레이의 전화와 똑같은 장치를 발명했다고 하기에는 무리가 많았다. 특히나 벨의 실험 노트에는 신청서를 접수하기 전에는 그런 개념에 따라 실험을 했다는 기록이 전혀 나와 있지 않은 상황에서 말이다.

또한 벨의 증언을 곧이곧대로 받아들여 윌버가 그의 특허 신청서 한 구절을 가리키기만 했다고 치더라도 위에 인용된 구절에 엄청난 사실이 담겨 있다는 점에는 변함이 없다. 즉 벨은 위의 증언을 통해 자신이 전화로 명확한 음성을 전송하는 데 성공하기 전에 이미 그레이의 발명에 대한 구체적인 비밀 정보를 알고 있었음을 인정했던 것이다.

윌버가 힌트를 주었다는 벨의 주장도 다우드 소송에서 나타난 정보들에 비추어 보면 의문투성이기는 마찬가지다. 벨의 특허 신청서 원본을 보면 윌버가 지목했다는 가변 저항 개념을 다룬 문제의 단락은 다른 내용을 적은 다음에 덧붙인 듯 서류의 여백에 적혀 있다.[6]

진실은 허구보다 더 이상하다는 말이 있으므로 이 사실이 믿기지 않는 독자들을 위해 사진을 싣는다. 미국 의회 도서관에 소장된 이 특허 신청서는 벨이 직접 작성해서 보관하고 있던 사본이다. 이와는 달리 특허청에 제출된 신청서는 정식으로 제출되기 전에 폴록 베일리 사무실의 사본 전문가가 만든 것이다. 벨이 보관하고 있던 이 신청서 사본에는 왼쪽

neighborhood of another wire... an undulatory
current of electricity is induced in the latter.

When a cylinder upon which are arranged
bar-magnets... is made to rotate in front of the
pole of an electro-magnet an undulatory
current of electricity is induced in the ~~bottom~~
coils of the electro-magnet

Undulations ~~may~~ are ~~produce~~, caused in a continuous
voltaic current by the vibration or motion of bodies
capable of inductive action; — or by the vibration
of the conducting wire itself in the neighborhood
of such bodies. (x)

In Illustration of the method of
creating electrical ~~currents~~ Undulations. I will
show and describe one form of apparatus for
producing the effect. I prefer to employ for
this purpose an electro-magnet A. Fig 5.
having a coil upon only one of its legs (b). a
steel spring armature C is firmly clamped
by one extremity to the uncovered leg of the
magnet, and its free end is allowed to project
above the pole of the covered leg. The armature C
can be set in vibration in a variety of ways — one of
which is by wind— and in vibrating it produces a
musical note of a certain definite pitch.

When the instrument A is placed in a voltaic
circuit g b c f g the armature C becomes
magnetic and the polarity of its free end is
opposed to that of the magnet underneath.
So long as the armature C remains at rest
no effect is produced upon the voltaic current.

•• 빌이 보관하고 있던 1876년의 특허 신청서. 왼쪽 여백에 가변 저항의 개념을 설명한 추가 주장이 적혀 있다.

178 지상 최대의 과학 사기극

여백에 벨의 친필로 보이는 글이 적혀 있고 바로 그 부분에 가변 저항에 대한 내용이 담겨 있다. 전화 발명을 가능케하고 전화 발명 후 십 년 동안 계속된 수많은 소송에서 끝내 벨의 특허권을 지키게 한 그 중요한 주장이 여백에 추가로 적혀 있는 것이다. 윌버가 벨의 특허 신청과 그레이의 보호 신청이 충돌하는 이유를 설명하려고 지목했다는 단락도 바로 여기였다.

역사적인 직감인지 기자의 감각인지 나는 벨의 증언에 중복되는 우연이 너무 많아 믿기가 어렵다는 생각이 들었다. 가변 저항의 중요성을 생각하면 벨이 그렇게 중요한 구절을 빠트렸다가 나중에서야 여백에 적어 넣었다는 것이 과연 믿을만한 것인지도 의심스러웠다. 영국의 엔지니어 존 킹스베리(John Kingsbury)는 1915년에 이미 다음과 같이 지적한 바 있었다.

발명가가……자신의 발명품을 만드는 데 가장 크게 기여한 요소를 마지막 순간까지 빠트리고 있었다니 이상하지 않은가?[7]

이십 년 후 윌리엄 에이트켄도 벨이 신청서 본문에 가변 저항을 빠트린 일을 주인공 없이 희곡을 쓰는 것에 비유하며 같은 의견을 제시했다.[8]

그러면 벨은 언제 특허 신청서에 이 중요한 내용을 적어 넣었을까? 이 질문에 답하려면 가장 중요한 미스터리를 풀어야 한다. 즉 벨은 가변 저항에 대해 얼마나 알고 있었으며 그레이의 보호 신청서를 통해 가변 저항에 대해 알게 된 것은 얼마나 되느냐는 문제다.

나는 이 질문을 따라 또 다시 끝을 알 수 없는 미로 속으로 끌려 들어 갔다.

1876년 1월 12일 저녁 벨은 케임브리지의 허버드 가에 있었다.[9] 벨의 약혼녀 메이블은 아파서 누워 있었다. 메이블의 어머니와 자매들은 사교 행사로 외출 중이었고 아버지는 사업차 워싱턴에 가 있었다. 벨은 그날 밤 가디너 허버드에게 보낸 편지에도 썼듯이 도둑이 들어오지 못하게 집을 지키고 있었다.[10] 메이블이 2층에서 쉬는 동안 벨은 밤늦게까지 마호가니로 장식된 허버드의 서재에서 특허 신청서를 마무리했다. 이전 해 10월부터 특허 서류를 준비하던 벨은 몇 주 전부터 이 일에 집중적으로 매달렸다. 이 시기에 오간 편지에도 특허 신청 서류 작업에 관해 자주 언급하고 있다.

벨에 따르면 1월 12일 밤은 후에 전화 특허라고 알려진 특허 신청서를 손질할 수 있는 마지막 기회였기 때문에 매우 중요한 시간이었다. 신청서는 다음 날 워싱턴에 있는 허버드와 폴록에게 보내기로 되어 있었다.

전화 특허를 둘러싼 부정행위 논란과 소송들 때문에 벨은 그날 밤 일에 대해 여러 차례에 걸쳐 증언해야 했다. 워싱턴에 있는 폴록 베일리 법률 회사에 신청서를 보내기 전날 밤에 신청서에 중요한 요소 즉, 가변 저항에 관한 개념이 빠져 있음을 깨달았다는 증언도 이때 나왔는데 벨은 그 때문에 가변 저항에 관한 부분을 신청서 여백에 추가한 것이라고 주장했다. 1879년 조서에서 벨은 다음과 같이 설명한다.

> 워싱턴으로 이 발명 신청서를 보내기 직전에야 나는 전기 파동
> 을 일으키는 가변 저항 모드에 관한 주장이 빠져 있음을 발견했
> 다.[11]

다음 날 벨은 특허 신청서를 가디너 허버드에게 보냈고 허버드는 이
신청서를 워싱턴의 변호사들에게 건넸다.[12] 폴록 베일리 법률 회사의 사
본 전문가는 이 신청서의 사본을 만들었고 벨은 1월 20일 이 사본에 서
명한 다음 공증을 받았다. 그렇게 그들은 특허청에 정식으로 서류를 접
수할 준비를 마치고 영국 특허를 먼저 받으려고 신청서 사본을 갖고 영
국에 가 있는 조지 브라운에게서 소식이 오기만을 기다렸다.

벨은 1월 19일에 메이블에게 보낸 편지에서 허버드와 폴록, 베일리가
그의 신청서를 받았으며 자신에게는 아직 브라운이 영국으로 가지고 갈
서류들을 마무리하는 일이 남아 있다고 적었다.

> 사본을 만들 게 많아서 사본 전문가를 고용하기는 했지만 아직
> 내가 해야 할 일이 많소. 네 가지 발명 명세서를 각각 세 부씩 만들
> 어야 하거든. 미국 특허청에 낼 것과 조지 브라운에게 줄 것, 마지
> 막 하나는 내가 보관할 거라오.[13]

벨이 말한 발명 명세서 네 가지는 모두 브라운이 가져갈 특허 서류였

다. 다중 전신기에 관한 미국 특허 신청에 들어갈 두 개와 파동 전류(전화 특허)에 관한 새로운 특허 신청서, 마지막으로 전신기와 다른 전기 장치들에서 스파크를 억제하게끔 고안된 스파크 방지 장치에 관한 특허 신청(그러나 이 특허 신청은 정식으로 접수되지는 않았다) 서류였다.

여기서 특히 유의할 점은 편지를 보낸 날(1월 19일)까지도 벨은 각 서류를 세 부씩 만드는 일을 하고 있었다는 점이다.

닷새 후인 1876년 1월 25일 벨과 허버드, 폴록은 뉴욕에서 브라운을 만났다.[14] 브라운은 벨이 직접 작성한 특허 신청서들을 가지고 다음 날 영국으로 가기로 되어 있었다. 이 만남에서 벨과 브라운은 서로 간에 맺은 합의를 공식적인 문서로 작성했다. 이 문서에는 브라운에게서 소식이 있을 때까지 벨이 미국 특허 신청을 내지 않는다는 조항도 들어 있었다.

그전부터 조짐을 보이던 미스터리는 여기서 깊어진다. 벨이 1월 19일에 만들어 조지 브라운에게 전달한 신청서 사본이 1885년에 다시 등장한 것이다.[15] 벨의 전화 특허가 부정하게 획득되었다는 혐의로 미국 정부가 특허 무효를 고려하던 무렵이었다. 브라운이 갖고 있던 이 신청서 사본은 1878년 다우드 특허 소송 때 이미 벨의 법률팀이 되찾아 간 것이었지만 증거로 제출되기는커녕 소송 관련 서류로 등재된 적도 없었다. 그 심상찮은 이유는 이랬다. 브라운이 갖고 있던 사본의 여백에는 가변 저항에 관한 설명도 가변 저항에 관한 추가 주장도 용액에 담근 전선 이야기도 적혀 있지 않았던 것이다. 법정에서 벨의 손을 들어주는 데 가장 중요한 역할을 한 이 주장들이 브라운이 갖고 있던 사본에는 빠져 있었다니! 그 결과 브라운이 갖고 있던 신청서는 음성 전송 가능성이 아주 모호하게 언급되어 있을 뿐인 단순한 다중 전신기 특허 신청서로만 보였다.

이 증거와 맞닥뜨린 벨과 그의 법률팀은 그 신청서 사본이 초기에 작성된 것이라고 주장했다.[16] 즉 초기에 작성했던 신청서를 캐나다에서 벨이 몇 개월 앞서 브라운에게 주었다는 것이다. 그러나 1878년 다우드 소송을 준비하던 벨의 법률팀에 그 사본을 보낼 당시 브라운이 함께 동봉한 메모는 그런 주장을 물거품으로 만들었다. 메모에는 다음과 같이 적혀 있었다.

> 나는 1876년 1월 26일 수요일 뉴욕에서 러시아를 거쳐 리버풀로 향하는 항해에 올랐다. 서류는 출발하기 전에 벨 교수에게 받았다. 그때부터 다시 벨 교수에게 돌려주는 지금까지 이 서류들은 한 번도 내 수중을 벗어난 적이 없다.
>
> - 1878년 11월 12일
> 토론토에서 조지 브라운[17]

무슨 이유에서인지 브라운은 영국에서 벨의 특허를 신청하지 못했다.[18] 그 이유는 한 번도 완벽하게 설명된 적이 없다. 어쨌든 브라운이 갖고 있던 벨의 특허 신청서 사본에 가변 저항에 관한 부분이 빠져 있다는 점을 통해 도출할 수 있는 결론은 하나다. 1월 25일에 벨이 브라운에게 신청서 사본을 건넸을 때부터 가변 저항의 원칙은 들어 있지 않았다는 것이다. 이런 논쟁을 다룰 때면 언제나 벨에게 유리하게 해석하는 로버트 브루스조차 브라운의 특허 신청서 사본에 이 부분이 빠져 있다는 사실을 이상하게 생각할 정도였다. 그는 이렇게 적고 있다.

> 이유가 무엇이든 조지 브라운의 신청서 사본에 가변 저항의 원
> 칙이 언급되어 있지 않다는 것은 미국 특허 신청서 초안에도 1876년
> 1월 초까지는 그 개념이 완전히 빠져 있었음을 의미한다.[19]

브라운과 만난 날이 1월 25일임을 고려하면 1월 초가 아니라 1월 25일까지 신청서에 가변 저항의 개념이 빠져 있었다고 말하는 편이 더 정확하다. 벨이 브라운에게 초기의 완성되지 않은 신청서를 잘못 준 것이 아니었다면(벨이 1월 한 달 동안 열심히 특허 신청서를 준비한 사실로 미루어 보아 그럴 가능성은 없어 보이지만) 당시 가변 저항에 대한 개념은 벨의 특허 신청서에는 없던 내용이었다. 따라서 1월 25일까지도 추가로 기입된 부분이 없었는데 1월 12일 밤 마지막 순간에 갑자기 영감이 떠올라 가변 저항에 대해 적어 넣었다는 벨의 이야기는 당연히 의심스럽다. 다시 말하면 가변 저항에 관한 부분은 벨이 1월 20일 공증인에게 가져간 특허 신청서에도 없었다는 말이 된다.[20] 그 이후로 이 신청서는 2월 14일 특허청에 제출되기 전까지 쭉 폴록 베일리 법률 회사에 보관되어 있었다.

가변 저항을 둘러싼 논란의 진실을 찾는 과정에서 나는 우연히 버튼 베이커(Burton Baker)라는 은퇴한 특허 변호사가 남긴 흥미로운 조사 자

료를 발견했다. 베이커는 미시건 주의 월풀 사에서 특허 변호사로 일하던 1958년에 처음 엘리샤 그레이의 이야기에 관심을 뒀다. 당시 월풀 사 사장은 엘리샤 그레이의 손자 엘리샤 그레이 2세였다. 베이커는 직업 전선에서 물러나자마자 본격적으로 전화 특허를 둘러싼 미스터리를 조사하기 시작했다. 그는 특히 벨의 특허 신청서에 나타난 가변 저항 구절이 어디에서 비롯되었는지에 초점을 맞췄다.

베이커는 이야기를 좇다 최소한 여섯 종류의 벨의 특허 신청서 사본을 발견했다.[21] 워싱턴 국립문서보관소의 신청서 사본과 미국 의회 도서관에 소장된 벨이 보관했던 사본 그리고 매사추세츠 주 월섬의 국립문서보관소 뉴잉글랜드 지역 사무소에서 보관하고 있던 비교적 덜 알려진 사본들도 포함되어 있었다. 그는 각 사본의 필체부터 종이의 종류까지 현존하는 모든 사본들의 차이점을 일목요연하게 분류했다. 그리고 이 모든 발견 사실들을 모아 『그레이 사건: 잊혀진 전화 이야기(The Gray Matter: The Forgotten Story of the Telephone)』라는 흥미로운 책으로 엮어 자비로 출판했다.

나는 미시건 주 베이커의 집에 전화를 걸어 전화 역사에 관한 기록들을 그와 비교했다. 베이커는 벨의 특허 신청서를 자세히 조사한 결과 벨이 자신의 신청서가 접수된 후에 그레이의 보호 신청서 내용을 보고 나서 가변 저항 부분을 추가로 적어 넣은 게 확실하다는 결론에 도달했다고 말했다. 베이커는 그의 책에서 이렇게 말한다.

　　내 결론은 이렇다. 벨이 그레이의 보호 신청서 내용을 알고 난

후에 자신이 보관하고 있던 10페이지짜리 신청서 사본에 액체 송
화기에 관한 실명을 덧붙였다는 것이다.[22]

베이커에 따르면 그런 다음 이 추가 정보는 사본 전문가의 손에 넘어
가 새로운 사본으로 탄생했다고 한다. 베이커의 설명대로라면 벨이 워싱
턴에 도착한 2월 16일 이후부터 윌버가 특허 서류를 인쇄하러 보낸 3월
3일 이전에 새로운 사본을 다시 만드는 과정이 모두 이루어져야 했기 때
문에 시간상의 문제가 생긴다. 그러나 만약 베이커의 말이 옳다면 기술
적으로나 법적으로 전화 특허를 지키는 데 핵심 역할을 한 벨의 가변 저
항에 대한 주장은 사기가 된다.

베이커의 이론이 단지 정보에 근거한 추측에 지나지 않을 수도 있다.
그러나 분명한 것은 벨의 특허 신청서에 가변 저항 개념이 등장한 근본
적인 미스터리에서 이상한 점은 시간문제만이 아니라는 사실이다. 벨의
주장에는 온갖 모순과 우연과 변칙이 난무한다. 벨의 말이 진실이라 해
도 그가 음성을 전송하려고 가변 저항을 이용할 가능성을 이전에도 고려
했다는 증거는 어디에도 없다.

벨의 법률팀은 법정에서 이 문제를 다룰 때 1875년 벨이 가디너 허버
드에게 보낸 편지를 증거로 내세웠다. 그 편지에서 벨은 가변 저항의 개
념을 언급했다.

전선의 저항은……전선 장력의 영향을 받는다는 글을 어디선가
읽은 적이 있습니다. 만약 그렇다면 진동하는 전선을 통과한 연속

성 전류는 변화하는 저항을 만나게 되고, 따라서 전류 내에 파동이
발생하겠죠.[23)]

　이 편지는 벨이 전기 회로의 저항 변화가 자신의 연구에 도움이 될 수
있다는 점을 이해하고 있었다는 사실을 보여준다. 그는 실제로 이 개념
을 시험하려고 이웃에 사는 돈 페놀로사(Don M. Fenollosa)의 피아노를
이용해 실험하기도 했다. 그러나 피아노 현들이 금속 프레임에 서로 부
착되어 있어서 효과가 없었는지 결국 실험은 실패로 끝났다. 벨은 전화
특허를 신청하기 전에 이 개념을 다른 장치에 적용한 적도 없다고 했다.
주목할 것은 5월 4일 자 편지에서 벨이 이야기하는 이 개념이 중요하기
는 하지만 그레이의 액체 송화기 설계 원리와는 크게 다르다는 것이다.
게다가 벨은 약 8개월 후 특허 신청서 여백에 가변 저항 개념이 느닷없
이 등장하기 전까지는 이 개념을 활용하는 어떤 실험도 한 적이 없다.
　벨이 이 시점에서 가변 저항의 개념을 염두에 두고 있었다 해도 마지
막 순간에 특허 신청서에 그 개념을 추가한 이유가 무엇인지에 대해서는
여전히 의문이 남는다. 법정에서 그 문제에 대해 질문을 받았을 때 벨은
처음으로 자진해서 추가 설명을 내놓았다. 그는 자신이 전화 특허를 준
비하던 1876년 1월에 스파크 방지 장치라는 발명품의 특허도 준비하고
있었다고 했다.[24)] 전신기와 같이 접속이 간헐적으로 이루어지는 전기 장
치의 연결 부위에서 스파크가 튀는 것을 방지하는 장치였다.
　벨은 폴록 베일리 법률 회사에 전화 특허 신청서를 보내기 바로 전에
스파크 방지 장치에 사용한 바 있는 물에 전기 도선을 담그는 방식이 떠

올랐다고 한다. 그리고 거기서 소리를 전송하려고 액체를 이용해 회로의 저항을 변화시키는 아이디어를 얻었다고 했다. 그러나 이상하게도 벨이 마지막 순간에 덧붙인 구절에 등장한 액체는 스파크 방지 장치에서 이용했다는 물이 아니라 수은이었다. 특허 신청서에 실린 내용은 다음과 같다.

가령 전기 회로에 수은이나 다른 용액을 일부 사용할 때 도선을 더 깊이 담그면 전류의 흐름에 발생하는 저항이 약해진다.[25]

그러나 벨이 그의 증언대로 물을 이용한 스파크 방지 장치를 떠올렸다면 왜 물이 아닌 수은을 제시한 것일까?

저항이 약한 수은이 그가 생각하는 장치에 특히 부적합하다는 것은 벨도 알았을 것이다. 그렇다면 혹시 벨이나 특허 신청서에 이 내용을 급히 끼워 넣은 누군가가 그레이의 도안을 표절한 것이 너무 드러나지 않게 하려고 수은을 예로 든 것은 아닐까?

벨의 설명을 들어보자. 그는 다음과 같이 증언했다.

스파크 방지 장치의 원리를 회로의 저항을 바꾸어 전기 파동을 일으키는 방식에 적용하자는 생각은 이미 말했듯이 미국 특허청에 낼 특허 신청서를 마지막으로 검토하다가 떠오른 것이다. 서류를 워싱턴에 보내기 전 거의 마지막 순간이었다. (중략) 물에 담긴 도선의 진동으로 외부 저항에 영향을 미치는 이 방식을 설명하는 부분에 이르렀을 때 전류의 작용으로 분해되는 물은 이 연결법에 맞는 물질이 아니라는 생각이 들었다. 따라서 나는 전류로 분해되지 않는 액체를 예로 들기로 했고 그중에서 가장 적합한 예로 수은을 언급한 것이다.[26]

물론 특허청에서 정상적인 절차에 따라 벨에게 실제 발명품 모델을 제출하라고 요구했더라면 벨의 이런 모호한 설명이 법정에서 중요한 문제로 떠오르지는 않았을 것이다. 한편 벨은 위와 같은 말로 자신이 소리를 전기로 전송할 수 있게 하는 파동 전류를 발명했다고 교묘히 강조하고 있지만 윌버가 벨의 신청서 파일에 남겨둔 메모는 이런 벨의 주장을 근거 없는 것으로 만들었다. 윌버는 담당 특허 심사관의 재량을 발휘해 벨은 도안이나 모델이 필요하지 않다는 메모를 벨의 신청서 파일에 남겨두었던 것이다.[27] 왜 윌버가 모델 제출 요건을 벨에게 적용하지 않았는지는 결코 알 수 없겠지만 그가 그랬다는 단순한 사실만으로도 처음부터 나를 괴롭히던 의문점은 해소되었다.

넘쳐나는 증언들에도 벨이 언제 특허 서류에 가변 저항에 관한 부분을 적어 넣었는지는 여전히 불분명했다. 그러나 그것은 아마도 2월 14일 신청서를 제출하기 전 폴록이나 베일리 혹은 허버드가 그레이의 보호 신청이 곧 들어갈 거라는 소식을 어디선가 들은 후였을 것이다. 폴록과 베일리가 속해 있는 촘촘하고 긴밀하게 연결된 업계 상황을 고려하면 그런 비밀 정보를 얻는 건 그다지 어렵지 않았을 것이다. 상대적으로 수가 적은 특허 변호사들은 특허청 심사관들과 정기적으로 교류하고 있었고 폴록 베일리 법률 회사를 포함한 최고 수준의 법률 사무소들은 국회 의사당 근처의 멋진 특허청 빌딩에서 불과 몇 걸음 떨어지지 않은 곳에 모여 있었다. 발명가, 제도사, 사본 전문가들도 모두 긴밀한 네트워크를 이루고 교류하며 최신 발명품에 대한 정보를 교환했다.

관련 정황들로 미루어 보면 신청서에 가변 저항 내용을 적어 넣은 사람이 벨이 아니라는 추측도 할 수 있다. 아니, 벨은 그런 일을 승인하지 않았거나 어쩌면 전혀 몰랐을 수도 있다. 그날 허버드가 갑자기 신청서를 접수한 사실을 몰랐던 것처럼 말이다. 허버드나 폴록, 베일리 또는 사무소의 누군가가 그레이가 곧 보호 신청을 넣을 것이라는 말을 듣고 그에 맞서 벨의 주장을 보호할 수 있는 내용을 급히 적어 넣었을 수도 있다는 말이다. 그리고 이런 시나리오에서라면 벨이 접수된 신청서와 똑같이 만들려고 자신이 보관하고 있던 신청서 사본의 여백에 가변 저항 내용을 나중에 기재했을 가능성도 있다.

벨이 워싱턴에서 월버를 만난 후에 가변 저항 부분이 추가되었다는 추측도 가능하다. 월버가 그런 일이 있었다는 말을 하지는 않았지만 특허 사무국의 경비가 느슨했다는 말을 한 적은 있다. 그렇다면 폴록 베일리 법률 회사의 연줄을 고려해 볼 때 누군가가 벨의 특허 서류를 갖고 나와 몇 시간 뒤에 바꿔치기했을 가능성도 다분하다.

그러나 어떤 식으로 그런 일이 이루어졌든 관련 사실들은 벨의 특허 서류에 가변 저항의 개념이 더해진 시점이 다른 내용이 모두 완성된 후였음을 강력하게 시사한다. 더 나아가 벨이 신청서에 적어 넣은 내용은 그레이의 보호 신청서 내용과 놀랄 만큼 흡사하다. 쉽게 설명할 수 없는 부분이다.

마지막으로 생각해 보아야 할 모순점이 한 가지 더 있다. 벨의 말대로 윌버가 그레이와 충돌되는 내용이 어떤 것인지 힌트를 주려고, 벨의 신청서에서 '저항을 바꾸려고 수은이나 다른 용액을 사용'한다고 언급한 단락을 가리키기만 했다면, 벨은 왜 1877년 그레이에게 보낸 편지에서 그레이의 보호 신청이 물에서 진동하는 전선과 관련된 것이라는 말을 들었다고 적었을까?

놀랍게도 벨은 증인으로 참석한 법정에서 이 질문도 받았다. 상대편 변호사가 벨에게 물었다.

> 엘리샤 그레이의 보호 신청이 물에 넣은 전선의 진동과 관련이 있다는 사실을 어떻게 알게 되었습니까? 그리고 그 편지를 보낸 1877년 3월 2일까지 그 부분에 대해 얼마나 알고 있었습니까?[28]

이 질문에 벨은 그답지 않게 설명할 말을 찾지 못했던 것 같다.

> 어째서 그의 보호 신청 내용이 물에 넣은 전선의 진동과 관계있다는 생각을 하게 되었는지는 모르겠습니다. 아마 특허 신청서에 그 단락을 쓸 때 처음 제가 생각하던 액체가 수은이 아니라 물이었기 때문이었는지도 모르겠습니다. 그리고 이전에 스파크 방지 장치를 만들면서 물로 실험한 사실도 있었고요.[29]

벨의 이야기를 자세히 관찰한 이들 가운데 특히 로이드 테일러가 이 빈약한 설명에 주목했다. 그는 이렇게 꼬집었다.

> 액체 송화기를 먼저 고안했다는 벨의 주장은 특허 소송 이후 4년 만에 나온 이 빈약한 설명에 간신히 의존하고 있다.[30]

의도된 침묵, 통념의 유포

    지금껏 발견한 정보들만으로도 유일한 전화 발명가라는 벨의 명성은 심각한 의심을 받을 만했다. 그럼에도 1세기가 지난 지금까지도 벨은 전화 발명가로 기억되고 있으며, 백발에 인자한 미소를 띤 풍채 당당한 '전화의 아버지'라는 이미지는 오늘날 과학 교재, 아동용 도서, 학술 연구서를 가리지 않고 곳곳에 살아 있다. 나는 미국 특허청에서 일어난 부정행위를 비롯해 벨이 영국으로 보낸 특허 신청서에는 이상하게도 가변 저항에 관한 내용이 없다는 사실에 이르기까지, 당시 법정에서 나온 이 모든 범죄 증거들 앞에서 벨이 단독으로 전화를 발명했다는 통념이 어떻게 상처 하나 없이 살아남게 되었는지 이해할 수가 없었다. 그보다 더 신기한 것은 실바누스 톰슨, 로이드 테일러, 버튼 베이커, 에드워드 에벤슨 등 여러 연구자들이 진실을 규명하고자 1세기 넘게 끊임없이 노력해왔음에도 대중의 기억 속에 자리 잡은 벨의 위치는 조금도 흔들리지 않고 굳건하다는 사실이었다.

이것은 어쩌면 역사의 승자들은 기억까지도 유리하게 봉제할 수 있다는 말로 설명할 수 있을 것이다. 1800년대부터 독점적으로 엄청난 이윤을 쌓기 시작한 벨전화회사도 확실히 역사의 승자였다. 이런 승자 독식 현상을 보여주는 사례는 조지 프레스콧의 경우에서 극명하게 드러난다.

프레스콧은 1878년에 『말하는 전신기, 이야기하는 축음기, 그 밖의 새로운 발명품』이라는 책을 펴냈다. 존경받는 전기 연구자이자 저술가인 프레스콧은 벨, 그레이와 동시대를 산 인물로 1878년 당시에는 웨스턴 유니언 사에서 수석 엔지니어로 일하고 있었다. 따라서 그는 벨보다는 그레이의 연구에 대해 더 자세히 알 수 있는 위치에 있었다. 그 무렵 그레이는 독립적인 발명가로 일하고 있었지만 웨스턴 유니언 사와 자회사인 웨스턴 일렉트릭 사는 그의 여러 발명 특허를 사용할 수 있는 면허를 아직 갖고 있었다. 프레스콧은 회사에 소속되어 있기는 했지만 공정하고 독립적이라는 평가를 받는 다작 작가이기도 했다. 또 당시 전화의 등장을 둘러싸고 벌어지는 상황을 기록한 이들 중에서도 가장 아는 것이 많았다.

벨이 전화 특허를 받은 지 이 년 후에 나온 이 책의 초판에서 프레스콧은 그레이를 전화 발명가로 인정했다. 그는 당시 벨의 전화를 포함한 최신 전화 모델들의 특징을 모두 검토한 후 이렇게 적었다.

지금까지 묘사한 모든 음성 전달 전화에는 그레이의 원 발명품에서 공통적으로 구현된 특성들이 모두 담겨 있으며 세부적인 사항들은 약간 다를지언정 원리는 본질적으로 동일하다.[1]

그러나 프레스콧의 초판은 이제 거의 남아 있지 않다. 1879년 11월 웨스턴 유니언 사는 다우드 소송과 관련해 벨전화회사와 합의할 당시 계약 조건에 따라 벨을 전화 발명가로 인정해야 했기 때문이다.[2] 웨스턴 유니언의 직원이던 프레스콧도 그 요구에 따를 수밖에 없었을 것이다. 그의 입장이 어떠했든 1884년에 나온 개정판에는 완전히 새로운 전화의 역사가 기록되었다. 그에 따라 위에서 인용한 구절도 다음과 같이 바뀌었다.

지금까지 묘사한 모든 음성 전달 전화에는 벨의 원 발명품에 공통적으로 구현된 특성들이 모두 담겨 있으며 세부적인 사항들은 약간 다를지언정 원리는 본질적으로 동일하다.[3]

액체 송화기를 다룬 부분에서는 그 변화가 더욱 두드러진다. 초판에서 프레스콧은 액체 송화기 그림을 싣고 아래에 다음과 같은 설명을 덧붙였다.

벨 교수가 그림 52에 보이는 도구를 발명하여 미국 독립 백주년 기념 박람회에 전시했다는 것은 잘못된 추리인 것으로 보인다. 벨 교수는 이 장치를 발명하지도 전시하지도 않았다. 위의 그림은 엘리샤 그레이의 '말하는 전화' —지금까지 발명된 것으로는 가장 분명한 음성을 전송한 최초의 전화—의 송화기 일부분을 그린 것이다.[4]

초판에 실린 프레스콧의 분석은 한치의 모호함도 없이 분명했다. 그러나 이 부분은 개정판에서는 아예 삭제되고 말았다. 심지어 1884년부터는 그에 맞게 책 제목까지 바뀌어 『벨의 말하는 전화: 그 발명과 구조, 적용, 개선 및 역사(Bell's Electric Speaking Telephone: Its Invention, construction, Application, Modification and History)』라는 제목으로 출판되었다.[5] 이 개정판은 중요한 교재로 널리 읽히며 진실을 호도하는 데 크게 한몫했으며 가장 최근에는 1972년 「뉴욕 타임스(New York Times)」의 전 계열사에서 재출간되기도 했다. 전리품은 승자의 몫이라는 속담이 딱 들어맞는 부분이다.

물론 프레스콧의 사례는 로이드 테일러나 에드워드 에벤슨과 같이 전화 역사를 연구한 전문가들이 밝혀낸 극단적인 예다. 그리고 지금은 진실을 바로 잡으려는 노력 외에도 잘못된 역사적 통념이 굳건하게 남아 있는 이유를 설명하려고 더 많은 감시의 눈이 작동하고 있다.

그 해에 나는 디브너 연구소 소장 조지 스미스와 역사적 통념을 주제로 여러 번 이야기를 나눴다. 그는 특히 이 문제에 관심이 많았다. 한 번은 그가 내 사무실에 들러 한 공영 방송국에서 진행하는 '과학사에 나타난 통념과 진실'이라는 프로그램을 위해 준비한 토론 안을 보여준 적이 있다. 그의 원고에 등장한 여러 가지 사례 가운데 한 가지가 특히 내 눈을 사로잡았다.

뉴턴 전문가인 그는 뉴턴이 어머니 집 정원에서 사과가 떨어지는 것을 보고 중력 이론을 발견했다는 잘 알려진 이야기를 통념의 한 예로 들었다. 뉴턴이 중력을 발견한 지 150년이 지난 1839년에 처음 등장한 이야기 속에는 사과의 역할이 좀 더 진화된 형태로 등장한다. 사과가 단지 뉴턴의 상상력을 자극했을 뿐만 아니라 실제로 떨어지는 사과를 머리에 맞고 중력 이론을 발견했다는 것이다.[6]

스미스는 뉴턴이 사과에 머리를 맞은 것은 고사하고 사과에서 영감을 얻었음을 보여주는 증거는 어떤 역사 기록에도 없다고 강조했다. 통념에 따르면 이 사과 사건은 뉴턴이 중력 이론을 출판하기 20여 년 전에 있었던 것이라고 한다. 그러나 스미스처럼 뉴턴의 논문과 편지를 연구하는 역사학자들은 뉴턴의 중력 이론은 단계적으로 형성되었으며 어떤 종류의 과일도 관련이 없다는 데 대부분 동의하고 있다. 스미스는 토론 안에 다음과 같이 적었다.

그럼에도 사과 이야기는 서구 문화의 한 부분이 되었다. 뉴턴이 중력 이론을 발표하기 20여 년 전에 이미 중력에 대해 알고 있었다는 이러한 통념은 최근 괜찮다는 평가를 받는 교재들에도 계속해서 등장하고 있다.[7]

스미스는 여기에는 과학 교재 저자들에게도 책임이 있다고 말했다.

"교재를 쓰는 저자들이 자신들이 전하는 과학 이야기에 잘못된 사실이 들어가지 않도록 많은 노력을 기울인다는 건 알고 있네. 하지만 실제 역사에 비추어 확인하는 일 없이 다른 교재에 나온 이야기를 단순히 재활용하는 경우가 많은 것도 사실이지."

나는 뉴턴의 사과 이야기가 끈질기게 반복되는 배경에 대해 스미스 소장이 들려준 이야기를 계기로 전화 이야기가 전해진 경위를 확인해 보기로 했다. 우선 구글과 아마존의 새로운 도서 검색 기능을 이용해 '왓슨, 이리 와주게'라는 구문이 나오는 책들을 찾아보았다. 이 방식을 이용하면 전화 발명에 관한 유명한 이야기가 출판물에 얼마나 자주 등장했는지 신속하게 알아볼 수 있을 것 같았다.

몇 초 지나지 않아 300건이 넘는 결과물이 쏟아져 나왔다. 컴퓨터 스크린은 전자공학 교재부터 기술 백과사전, 어린이 이야기책에 이르는 온갖 종류의 책에서 나온 발췌문들로 가득 채워졌다. 왓슨이라는 인물이 나오는 소설―아서 코난 도일의 책도 몇 권 있었다―의 몇몇 구절을 제외하면 검색 결과는 그야말로 벨의 대발명의 순간에 관한 이야기가 대중에게 어떤 식으로 보급되었는지를 보여주는 만화경과도 같았다. 나는 이 책들을 클릭하여 관련된 구절들을 재빨리 훑어나갔다.

우선 벨이 왓슨을 부른 이야기가 앞뒤 없이 짧게 줄여진 채로 전달되는 경우가 종종 있었다. 예를 들어 어빙 팽(Irving Fang)이 1997년에 출간한 『매스컴의 역사(A History of Mass Communication)』에는 이렇게 소개되어 있다.[8]

> 1876년 3월 10일 벨이 옆방에 있는 조수에게 말했다. "왓슨, 이리 와주게. 잠깐 볼 일이 있네." 그리고 전화가 탄생했다.

이런 구절들은 벨을 존경하는 저자가 독자들이 전화 발명에 대해 모든 것을 알고 있다는 가정에 따라 의미 없이 한 번 언급하고 넘어간 것에 지나지 않는다. 벨의 한 마디에 전화가 마치 마술처럼 뿅 하고 나타났다고 생각하게 만들 의도가 아니었다면 말이다.

그러나 다음으로 놀라운 사실은 이런 지나가는 언급을 넘어서 '왓슨, 이리 와주게'라는 말에 스며든 수많은 오류였다. 인생에서 가장 흥미로운 질문 몇 가지에 관한 노벨상 수상자들의 대답을 담은 『노벨의 대답(The Nobel Book of Answers)』이라는 책에서 1986년에 노벨 물리학상을 받은 게르트 비니히(Gerd Binning)는 '전화는 어떻게 작동하나?'라는 질문에 대단히 친절한 답을 들려주며 놀라운 장면 하나를 소개한다.[9]

> 잘 알려진 이야기에 따르면 오랫동안 기다리던 돌파구는 아주 우연한 기회에 찾아왔다. 벨의 조수 왓슨이 옆방 실험실에서 산을 엎질렀을 때였다. 그가 당황해서 소리쳤다. "벨 선생님, 빨리 와 보세요!" 곧 방문이 열리며 벨이 급히 들어왔다. 그러나 그가 조수의 말을 들은 것은 벽을 통해서가 아니라 두 방을 연결하고 있던 실험

장치를 통해서였다.

비니히가 전화를 한 사람이 왓슨이라고 한 것은 조지 스미스 소장이 지적했듯이 역사를 확인하지 않은 저자의 단순한 실수였다. 이보다 미묘하게 숨겨진 진실이나 논쟁을 드러내는 오류들이 등장하는 경우는 더 많다. 예를 들어 잘못된 날짜가 기록된 책들이 상당히 많았다. 1996년에 러틀리지 출판사에서 출간한 『기술사 백과사전(Encyclopedia the History of Technology)』의 저자 이안 맥닐(Ian McNeil)은 다음과 같이 기술하고 있다.

> 1876년 3월 7일 벨은 "왓슨, 이리 와 주게. 잠깐 볼 일이 있네." 라는 유명한 말을 조수에게 던졌다. 다른 방에 있던 조수는 벨의 이 말을 그들이 실험하고 있던 원시적인 감응 장치를 통해 들었다.[10]

내가 검토한 책들 가운데 최소한 여섯 권에서 잘못된 날짜(3월 10일이 아닌 3월 7일)가 반복적으로 나타났다. 초등학교 학생들이 큰 소리로 낭독할 수 있도록 촌극 형식으로 만든 『유명한 미국인(Famous Americans)』을 보자.[11] 벨에 관한 촌극의 2막 1장은 다음과 같다.

> 해설자: 다음 해〔1876년〕 3월 7일 벨과 왓슨은 서로 떨어진 방에 서 새로운 송화기로 실험을 하고 있었습니다. 갑자기 벨이 황산을 옷에 쏟았습니다.

벨: 왓슨, 이리 와 주게! 잠깐 볼 일이 있네!

왓슨(방으로 급히 들어오며): 벨 선생님! 들었어요! 전선을 통해 선생님 목소리를 들었다고요! "왓슨, 이리 와주게! 잠깐 볼 일이 있네!"라고 하셨어요.

벨: 과연 인간의 음성은 전선을 통해 전달할 수 있는 거였어! 내 전화가 해낸 거야!

이 오류가 중요한 이유는 1876년 3월 7일이 미국 특허청에서 벨의 전화 특허를 공식 승인한 날이기 때문이다. 따라서 이 책들은 이 오류를 통해 벨이 전화 특허를 받은 날 아직 명확한 음성을 전송하는 데 성공하지 못하고 있었다는 부조리한 사실을 말끔히 지워버린 것이다.

벨과 왓슨의 실험 장소를 잘못 기록한 오류도 자주 나타난다. 이런 오류는 내가 벨의 흔적을 따라 보스턴을 산책하며 알게 되었던 것처럼 도시 풍경이 변했기 때문만은 아니었다. 오류의 시작은 1910년 허버트 카슨(Herbert Casson)이 쓴 『전화의 역사(The HIstory of Telephone)』까지 거슬러 올라간다.[12] 이 책에서 카슨은 '왓슨, 이리 와주게' 라는 대화가 이루어지는 역사적 순간이 오기 전에 벨과 왓슨이 실험 장소를 코트 스트리트 109번지 윌리엄 공작소에서 다른 곳으로 옮겼다는 사실을 간과하고 있다. (어쩌면 전혀 몰랐을 수도 있다.) 두 사람이 윌리엄 공작소에서 실험을 할 때 벨은 다락에서 일하고 왓슨은 지하실에서 벨의 전신기 견본에 귀를 기울였다. 물론 우리는 벨과 왓슨의 이야기를 통해 그 장면이 일어난 곳이 엑서터 플레이스 5번지 하숙집에 서로 붙어 있는 방이라는 사실을 알고 있다. 그러나 카슨은 이 장면을 다음과 같이 묘사한다.

"왓슨, 이리 와주게. 잠깐 볼 일이 있네." 지하실에서 전선의 다른 한쪽 끝에 앉아 있던 왓슨은 수화기를 내려놓고 3층 계단을 단번에 뛰어 올라가 벨에게 기쁜 소식을 전했다. "들었어요!" 그가 숨을 헉헉거리며 소리쳤다. "선생님 말을 들었다고요."

1세기도 전에 나온 카슨의 오류가 많은 영향을 미친 탓인지 이와 같은 혼란은 요즘 나온 책들에서도 종종 발견된다. 예를 들어 2001년에 나온 『전화 전기 공학의 이해(Understanding Telephone Electronics)』의 네 번째 판에도 이 사건이 일어난 장소가 코트 스트리트 109번지로 되어 있다.[13] 최소한 다른 네 권의 교재에서도 마찬가지였다. 다른 책들에서는 장소는 생략되어 있지만 '위층 아래층' 요소는 그대로 남아 있다. 2001년에 어린 독자들을 대상으로 나온 『알렉산더 그레이엄 벨(Alexander Graham Bell)』에는 카슨의 이런 오류가 고스란히 담겨 있다.

도구와 전선, 황산에 둘러싸여 있던 알렉은 갑자기 황산을 엎지르고 말았다. 산이 타들어가기 시작하자 알렉이 소리쳤다. "왓슨, 이리 와주게! 잠깐 볼 일이 있네." 왓슨이 그의 말이 들리지 않는 곳에 있다는 사실을 깜빡 잊고 있었던 것이다. 그러나 놀랍게도 왓슨이 계단을 뛰어 올라와 방문을 벌컥 열고 들어왔다. "벨 선생님, 들었어요! 전부 다 들었다고요."[14]

나는 이런 문제가 모든 역사 이야기에 다 있는 것인지 궁금했다. 각각의 역사학자와 작가들이 전화 발명처럼 이미 입증되고 잘 알려진 사건의 장소, 날짜, 상황에 대해서도 의견이 서로 다르다면 역사적인 이야기가 갖는 신뢰성은 과연 어느 정도일지 회의가 들었다.

나는 이 이야기의 묘한 차이점들에 대해 생각하다가 훨씬 더 중요한 사실 한 가지를 놓칠 뻔했다. 1910년에 등장한 카슨의 이 이야기가 내가 벨을 조사하던 초기에 등장한 그 유명한 장면의 최초 버전이라는 점이었다.

믿기 어려웠지만 아무리 찾아봐도 1870년대에는 이 장면을 다룬 비슷한 이야기나 신문 기사가 하나도 없었다. 자료를 샅샅이 뒤져도 벨이 이 유명한 이야기를 공개석상에서 했다는 증거도 나오지 않았다. 믿기 어려운 사실에 어안이 벙벙해져 있던 나는 결국 내 분석에 두려워 마지 않던 휘그주의가 스며들어 있었음을 깨달았다. 데이비드 카한의 경고대로 나는 역사를 거꾸로 읽고 있었던 것이다. 오늘날에는 전화와 너무 밀접하게 연결되어 세계 최초의 전화 통화를 전하는 데 이바지하고 있는 이 장면이 당시에는 전혀 알려지지 않았다는 것이 믿기지 않았다.

이 장면은 벨의 가장 위대한 발명품이 성공하는 순간을 보여주는 것이었고 벨은 자신의 과학적 업적에 대해 이것저것 이야기하기를 좋아하는 사람이었다. 그런데 그런 벨이 최초로 전화 통화에 성공한 이야기를 사람들에게 하지 않았다는 것이 언뜻 이해가 가지 않았다. 나는 이 이야기가 퍼지게 된 계기를 신중하게 검토했다. 그 결과 벨이 세상을 떠나고 4년이 지난 1926년에 나온 왓슨의 자서전 『탐구하는 삶』에 이 이야기가 실리면서 권위를 얻지 못했다면 오늘날까지 전해지지 못했을 것이라는 결론이 나왔다.

생각하면 할수록 벨의 침묵은 당연했다. 왓슨의 이야기 속에서 벨은 바지에 산을 엎지르고 다급하게 소리를 쳤다고 한다. 기본적인 줄거리에서조차 벨이 액체 송화기로 실험하고 있었다는 사실이 드러나 있는 것이다. 그렇다면 벨은 엘리샤 그레이에게 자신의 부정행위를 알리지 않으려고 액체 송화기의 성공을 공개적으로 이야기하지 않은 것일까? 그래서 자신이 처음으로 명확한 음성을 전송하는 데 성공한 이야기를 한 번도 하지 않았던 것일까? 아직 확신할 수는 없었지만 확실히 그럴 듯한 추리였다.

놀랍게도 1879년의 다우드 소송—벨과 그레이가 법정에서 직접적으로 충돌한 유일한 소송이었다—당시 벨이 증인석에 앉았던 9일 내내 액체 송화기로 처음 음성을 전송한 이야기를 전혀 언급하지 않았다는 사실이 드러나면서 이 추리는 힘을 얻었다.[15]

다음 해인 1880년 벨은 법정에서 질문을 받고서야 이 이야기를 간단히 언급했다.[16] 그리고 왓슨은 1882년 8월에 한 증언에서 그보다 조금 더 자세한 이야기를 털어놓았다.[17] 그러나 카슨의 이야기와는 별도로 이 이야기가 널리 알려지게 된 것은 50여 년 후 왓슨이 자서전에 이 이야기를 실으면서부터였다. 그리고 그때부터 이 이야기는 역사책에 등장하기 시작했다. 1928년에 출판된 캐서린 맥켄지의 『알렉산더 그레이엄 벨: 공간을 좁힌 사람』이 그 시작이었다. 이 책은 벨의 첫 번째 전기로 마지막 8년 동안 벨의 조수로 가깝게 지낸 그녀의 경험에 기초하고 있다. 왓슨이 자서전에서 언급한 적도 있지만 벨의 사후에 나온 맥켄지의 이야기가 어느 정도 벨의 진술을 토대로 한 것인지는 알 수가 없다.

왓슨은 복도로 달려나와 실험실로 들어왔다. 벨의 옷에는 황산
이 쏟아져 있었지만 그는 왓슨이 갑자기 나타난 것이 기뻐 바지에
남은 얼룩은 잊어버린 채 전선이 연결된 옆방으로 달려갔다. 그리
고 거기서 선명하게 들려오는 왓슨의 목소리를 들었다.[18]

유난히 추웠던 어느 날 오후 나는 MIT 대학원에서 작문을 가르치는
동료와 케임브리지에서 점심을 먹으려고 밖으로 나가고 있었다. 종종
그랬듯이 나는 우편함을 확인하려고 디브너 연구소의 중앙 로비를 지나
행정 사무실에 들어갔다. 머릿속은 1876년의 일들과 벨의 이상한 침묵
에 관한 생각으로 가득 차 있었다. 사무실을 지나가는데 유리 진열장 속
에 전시된 눈에 익은 역사적 물건들 중에서 새삼스레 눈길을 끄는 것이
있었다.

대리석 무늬로 표지가 씌워진 예술 과학 아카데미의 책자로 1876년
5월 22일 알렉산더 그레이엄 벨이 아카데미에서 한 최초의 전화 연설문
이었다.[19] 지금까지 별생각 없이 몇 번이나 지나쳤던 그 연설문이 새삼
스레 중요한 단서가 되어 내게 다가왔다. 나는 지금껏 전화가 발명되기
까지의 세세한 내용에 초점을 맞추느라 그 후의 벨의 행동을 간과하고
있었다. 벨의 아카데미 연설만 해도 그에 관해 언급된 내용이나 연설 발

췌문은 많이 봤지만 실제로 연설 자체를 자세히 들여다본 적은 없었다. 나는 '왓슨 이리 와주게'라는 말이 나온 상황에 대해 입을 다물고 있던 벨이 첫 공식 연설에서 전화 발명이 이루어지던 순간에 대해 무슨 말을 했을지 궁금했다.

점심을 먹으러 가기 전 나는 사무실로 달려가 인터넷으로 MIT 도서관에 벨의 연설 원고 사본이 있는지 검색했다. MIT 캠퍼스 중앙에 있는 헤이든 도서관에 미국 예술 과학 아카데미의 의사록이 1780년 설립 당시의 것부터 보관되어 있었다.

나는 점심을 먹고 곧장 도서관으로 향했다.

내가 찾는 부분은 지하에 있었는데 도서관 지하는 천장 높이의 바퀴 달린 선반들로 빽빽이 들어차 있었다. 책을 꺼내려면 손잡이를 돌려 선반들을 분리한 후 지나갈 길을 만들어야 했다.

1876년 회의록은 몇십 년 동안 손을 타지 않는 듯 퀴퀴한 냄새를 풍겼다. 나는 가까운 열람석으로 가서 형광등 불빛 아래 앉았다.

학자들은 벨의 아카데미 연설이 전화 발명에 관한 첫 공식 연설이라고 평가한다.[20] 그러나 두꺼운 의사록에도 벨이 실제로 이 연설에서 전화로 음성 전송을 시연했다는 증거는 없었다. 그는 구체적인 내용이나 시연 없이 자신의 발명품으로 명확한 음성을 전송했다는 사실만 언급했다. 액체 송화기에 대해서도 언급만 하고 넘어갔을 뿐 처음 발명에 성공했을 당시의 정황 설명도 없었다. 대신 그는 음악 소리만 전송할 수 있는 훨씬 뒤떨어진 장치를 시연하는 데 초점을 맞췄다.[21]

나는 공인된 역사와 진실이 너무도 다른 것에 다시 한 번 놀랐다. 그리고 이 단서를 붙잡고 그날 저녁 사무실에 앉아 미국 의회 도서관 인터넷 자료를 이용해 이 문제를 좀 더 조사했다. 곧 벨이 아카데미 발표를 마친 후 부모님에게 보낸 편지를 찾아냈다. 내 의심은 맞아떨어졌다.

아카데미 연설은 성공적이었습니다. 비콘 스트리트에 있는 제 방에서 아테니움까지 전신선을 연결한 다음 초록색 응접실에 전신 기구를 놓고 윌리 허버드(메이블의 사촌, 당시 26세)에게 맡겼죠.[22]

벨은 윌리에게 곡을 연주하라는 전문을 보냈다고 했다. "그러자 풍성한 음악 소리가 들렸다." 그러나 그 장치를 통해 음성을 전송했다는 말은 없었다. 잠시 후 나는 1879년 다우드 소송에서 나온 벨의 증언에서 아카데미 연설에 관한 가장 정확한 이야기를 찾을 수 있었다. 아카데미 연설에서 보여준 전기 장치가 어떤 것이었냐는 상대편 변호사의 질문에 벨은 다음과 같이 대답했다.

전부는 아니지만 몇 가지 기억나는 부분은 있습니다. 12번 항에 언급한 양피지 전화기를 보여주었죠. 또 '철통(iron-box)' 수화기라는 것과 회로 차단 송화기, 동조 진동판 수화기도요. 13항에서 이야기한 액체 음성 전화 송화기도 보여줬던 것 같습니다. 확실하지는 않지만요. 하지만 공개는 했어도 시연을 하지는 않았습니다.[23]

그답지 않은 모호한 대답이었지만 벨은 마지막 부분에 대해서는 확신하고 있는 것 같았다. 액체 송화기로 왓슨에게 음성을 전송한 것이 그보다 두어 달 전이었는데도 시연을 하지 않았다는 그의 증언은 확실히 놀라웠다. 액체 송화기가 많은 사람들 앞에서 제대로 기능 하지 못할까 봐 시연을 하지 않았다고 생각할 수도 있지만 그럴 가능성은 적었다. 왜냐하면 벨이 만든 것은 음성을 전송할 수 있는 장치로 특허까지 받은 상태였기 때문이다. 훌륭한 동료들을 대상으로 아카데미에서 연설을 하는 것은 동료들의 찬사를 받을 절호의 기회였다. 그런데 왜 그는 자신의 발명품 가운데 가장 성공적이고 가장 중요한 것을 보여주지 않았을까?

벨의 실험 노트를 다시 검토하던 나는 벨이 1876년에 액체 송화기로 놀라운 성공을 거둔 후 이 액체 송화기를 개선하려는 노력을 재빨리 접었다는 사실을 발견했다. 대신 그는 다른 방법으로 음성 전송이 가능한 장치를 개발하는 데 노력을 집중했다.[24] 다중 전신기 실험 당시 왓슨이 수화기의 금속 진동판을 퉁겼을 때 일어난 현상과 관련된 방법이었다.

벨은 '전자석(magneto-electric)' 송화기 개발로 선회했다.[25] 이전 연구를 통해 전자석을 이용한 방법이 가능하다고 생각했던 것이다. 그러나 특허를 신청했을 당시 그는 전자석 송화기를 만드는 구체적인 내용을 제시한 적이 없었다. 물론 그런 장치로 분명한 음성을 전송한 적도 없었다.

액체 송화기처럼 벨의 전자석 송화기에도 진동막이 이용되었다. 그러나 작동 원리는 달랐다. 진동막을 이용해 회로 내 전기 저항을 바꾸는 것이 아니라 자석 앞에서 진동하는 막 때문에 자장 내 전류가 미세하게 파동하는 방식이었다. 벨은 전류의 파동을 이용해 공기 중의 음파를 진동시키는 대신 음파를 이용해 자석의 남은 전류에 미세한 변화를 일으키게

할 수 있다고 생각했다.

이 방식으로는 신호가 아주 약했지만 벨은 1876년 4월 말까지 이 방식에 온 정성을 기울였다. 5월에 이르자 벨의 실험 노트에는 더는 액체 송화기에 관한 언급이 등장하지 않았다. 그리고 벨은 다른 전송법을 찾아낸 다음에야 자신의 전화 발명을 공식적으로 발표했다.

1966년 스미스소니언박물관의 큐레이터 버나드 핀(Bernard Finn)은 박물관에 소장된 벨의 송화기들을 시험해 본 후 전자석 송화기 기능이 더 뛰어나기 때문에 벨이 액체 가변 저항 송화기에서 방향을 바꾼 것 같다고 결론 내렸다.[26] 그의 가정이 흥미롭기는 하지만 벨의 실험 노트에는 벨이 액체 송화기의 성능에 불만이 있었다거나 새로운 방식으로 성능의 개선을 이루었다는 증거는 나와 있지 않다. 오히려 벨은 초기 전자석 송화기로는 자음 소리를 듣기가 어렵다고 적었다.[27]

그러나 핀의 추측이 정확하다 해도 그것으로 벨이 가변 저항 송화기를 완전히 포기한 이유가 설명되지는 않는다. 벨은 전자석 송화기의 신호는 지나치게 약한 반면 가변 저항 송화기의 신호는 쉽게 증폭될 수 있다는 사실을 분명히 알고 있었고, 바로 이런 점 때문에 먼 거리에서도 음성을 전송할 수 있다는 사실도 알고 있었다. 물론 토머스 에디슨을 비롯한 여러 전기 연구자들은 곧 가변 저항 송화기에 액체 대신 탄소를 이용하는 방식을 채택했다.[28] 그러나 현대의 모든 전화 송화기를 가능케 한 중요한 기술적 전기를 처음 제공한 것은 바로 액체 가변 저항 송화기였다.

벨은 산업계 표준으로 인정받은 가변 저항 송화기의 초기 모델에서 곧 자취를 감추게 되는 전자석 송화기 연구로 방향을 전환함으로써 결과적으로 송화기 연구의 후퇴를 가져 왔다. 이에 관해 벨의 전기 작가 브루스는 다음과 같이 적고 있다.

> 미래 전화 사업은 쉽게 확장 가능한 에너지원에서 힘을 끌어 쓰는 가변 저항 송화기에 의존하게 된다. 벨도 그 점을 분명히 알고 있었다. 그럼에도 그는 〔1876년〕 4월 말까지 음파의 약한 힘에 의존해 전류를 일으키는 전자석 송화기 연구에 한눈을 팔았다.[29]

그러나 몇 달 후 마침내 벨은 자신의 특허 신청서에 적었던 내용에 가까운 전화로 음성을 전송하는 데 성공했고 이를 아카데미 강의에서 발표했다. 그리고 며칠 뒤인 1876년 5월 25일 많은 청중이 모인 MIT 회의에서 실제로 음성 전송을 시연했다.

나는 MIT 문서 보관소 직원의 도움으로 벨이 참석한 이 회의의 의사록을 찾아냈다.[30] 여기서 벨은 아카데미에서의 연설과 달리 음성 전송 기능을 직접 시연했다. 「보스턴 트랜스크립트(Boston Transcript)」지는 간략한 기사를 통해 벨의 전화 장치로 모음 소리는 전달되었지만 자음은 알아듣기 어려웠다고 전했다.[31] 주목할 점은 이 중요한 행사에서 벨이 전자석 송화기만 선보였을 뿐 액체 가변 저항 송화기는 선보이지 않았다는 사실이다.

상황에 따른 간접적인 증거이기는 하지만 이것이 가리키는 결론은 한 가지였다. 1876년 3월 10일 벨은 전화 발명에 중요한 기술적 전기를 맞이했고 곧바로 그 사실을 깨달은 그는 그날 밤 아버지에게 드디어 커다란 문제의 해결책을 찾은 것 같다는 편지를 보냈다.[32] 그뿐만 아니라 그는 자신의 발명품을 보호하는 특허까지 미리 쥐고 있었다. 그러나 공식석상에서는 결코 이 첫 번째 성공을 둘러싼 상황을 언급하지 않았다. 마침내 음성 전화를 공개했을 때도 첫 번째보다 못한 두 번째 송화기만을 시연했다. 왜 그랬을까? 벨의 이런 행동들은 그가 액체 송화기를 이용해 전화 발명에 성공했다는 사실을 숨기려 했음을 강력하게 시사한다. 그리고 만약 그것이 사실이라면 이런 범죄 정보를 엘리샤 그레이에게 감추려 한 벨의 행동은 당연했다.

벨은 3월에 액체 송화기로 음성을 전송하는 데 성공했음에도 자신만의 것으로 주장할 수 있는 다른 전송법을 찾을 때까지 공개를 미뤘던 것으로 보인다. 아마 전자석 송화기를 통해 부정행위의 증거를 없애줄 수 있는 독립적인 연구 과정을 보여주고 싶었을 것이다. 그러나 이런 벨의 계획은 1876년 6월 25일 피를 말리는 혹독한 시련에 부딪혔다. 그날 벨은 국제적인 전신 전문가들과 고위 인사들로 구성된 청중 앞에서 자신의 전화를 설명하고 시연해야 했다. 청중 가운데는 그레이도 있었다.

15

백주년 박람회

1876년 6월 21일 수요일 알렉산더 그레이엄 벨은 필라델피아 그랜드 빌라 호텔에서 가스등을 켜놓고 늦은 시각까지 약혼녀 메이블 허버드에게 장문의 편지를 썼다.[1] 그가 필라델피아에 온 이유는 미국 독립 백주년을 기리는 국제 박람회에 자신이 만든 전화를 전시하기 위해서였다. 이 편지에 벨은 박람회장에 도착한 지 얼마 지나지 않아 박람회 심사 위원단—세계적으로 존경받는 전기 연구자인 영국의 윌리엄 톰슨(William Thomson: 후에 켈빈 경으로 더 잘 알려진)도 심사 위원으로 참석해 있었다—이 그 주 일요일 자신의 발명품 시연을 기대하고 있다는 이야기를 들었다고 적었다.

•• 1876년 5월 10일 율리시스 그랜트 대통령과 브라질의 돈 페드로 황제가 주관한 미국 독립 백주년 기념 국제 박람회 개막식 장면.

그보다 한 달 전 벨은 보스턴에서 있었던 두 차례의 연구 발표회에서 학자들로부터 좋은 평가를 받았다. 그러나 박람회의 팡파르가 울려 퍼지는 필라델피아에서도 그런 평가를 받기는 어려울 것 같았다. 허버드는 진취적인 사업가답게 세계인이 모이는 박람회 같은 큰 행사에서 전화를 공개해야 한다며 머뭇거리는 벨을 다그쳤다.

이 점에서는 허버드의 판단이 옳았다. 신기술을 선보이는 데 백주년 박람회보다 더 많은 시선을 끌 수 있는 곳은 없었다. 박람회에서는 3만 명이 넘는 출품자들이 백만 제곱미터가 넘는 광활한 페어마운트 파크의 190개 건물에서 자신들의 물품을 전시했으며 6개월의 박람회 기간에

전 세계에서 천만 명에 달하는 관람객이 몰려들었다.[2)]

이튿날인 6월 19일 필라델피아에 도착한 벨은 박람회장에 발을 들여놓는 순간부터 다른 관람객들과 마찬가지로 전시된 물건들에 놀라움을 금치 못했다. 그는 메이블에게 보낸 편지에 다음과 같이 적었다.

메이, 당신도 박람회를 보러 왔더라면 좋았을 텐데. 얼마나 멋진지 보기 전까지는 상상도 못할 거요. 방대한 규모를 보니 백주년 박람회라는 말이 실감 나는군. 온갖 나라의 물건들이 몇천 평짜리 건물에 전부 모여 있다고 생각을 해봐요![3)]

•• 백주년 박람회에 온 관람객들은 프레데릭 바르톨디의 '횃불을 든 팔'의 꼭대기까지 올라갈 수 있었다. 이것은 작업 중이던 자유의 여신상의 일부였다.

박람회에는 유럽의 그림과 조각품부터 중국의 도자기와 옥 공예품에 이르기까지 약 37개국에서 보내온 수공예품들이 전시되어 있었다.[4)] 벨은 특히 브라질에서 출품한 두 가지 색깔로 이뤄진 화려한 은제 테이블에 마음을 빼앗겼다.[5)] 베네수엘라 전시관에서는 조지 워싱턴의 초상화가 전시되었다. 남미에서 해방자로 추앙받는 베네수엘라의 혁명 지도자, 시몬 볼리바르 (Simon Bolívar)의 머리카락을 엮어 만든 것이었다. 그중에서도 가장 눈에 띄는 것은 프랑스 조각가 프레데릭 바르톨디(Frédéric Bartholdi)가 출품한 횃불을 든 거대한 손 동상이었다.[6] 건물 몇 층 높이에 구리로 만든 이 동상은 아직 진행 중인 작품으로 박람회장 중앙의 작은 텐트 바깥에 서 있었다. 소액의 입장료를 내면 관람객들은 동상 안으로 들어가 횃불 받침대까지 올라갈 수 있었다. 그들은 바르톨디가 이 야심적인 작품을 완성할 수 있도록 10센트를 기부해 달라는 부탁도 받았다. 그러나 횃불을 든 팔이 바르톨디가 미국에 기증한 자유의 여신상 위로 올라가기까지는 그로부터 십 년이 더 걸렸다. 그리고 1866년 마침내 자유의 여신상은 뉴욕 항구에 확고하게 자리를 잡았다.

그러나 백주년 박람회는 다른 무엇보다 당시 싹을 틔우고 있던 발명 시대의 성과물, 그 가운데서도 특히 미국에서 만들어진 기계와 장치들을 위해 마련된 전시장이었다. 세계 최초의 증기 철도 시스템이 전시되고 페어마운트 파크 벨몬트 힐에는 60여 미터 높이의 전망대까지 한 번에 마흔 명을 실어 나를 수 있는 최신 엘리베이터까지 등장했다.[7]

기계류가 전시된 넓은 홀에는 남북 전쟁 이후 화려한 대호황의 시대를 반영하는 최신 기술들이 전시되었다. 전시장 곳곳에 넘쳐나는 영사기, 화재경보기, 선조기(旋造機), 화기들은 물론이고 재봉틀이나 타자기

도 모두 이곳에서 처음 선보이는 물건이었다. 높이 20미터에 1,400마력의 콜리스 증기 엔진의 56톤짜리 플라이휠(회전 속도 조절 바퀴)은 전시된 기관차들을 압도하며 넓은 전시장을 거의 독차지하다시피 했다.[8] 이 거대한 엔진은 8킬로미터의 벨트와 굴대, 도르래를 통해 건물 안에 있는 다른 전시품들에 동력을 공급했다. 이런 놀라운 기능 외에도 콜리스 엔진은 전체 전시물들의 잠재성을 보여주는 상징물이기도

•• 백주년 박람회의 기계 전시장을 찾은 관람객들이 콜리스 증기 엔진의 거대한 56톤짜리 플라이휠을 보고 있다.

했다. 한 특파원은 다음과 같이 전했다.

불필요한 금속이라고는 전혀 쓰지 않은 거대하고 날렵한 강철 구조물이 중앙에 우뚝 선 가운데 워킹빔들이 아래로 힘차게 움직이며 플라이휠을 회전시켰다.[9]

발명가, 기술자, 제조 회사 대표들이 이곳에 자신들의 물품을 전시하러 온 것은 당연한 일이었다. 에디슨은 동시에 두 개의 전문을 보낼 수

있는 새로운 이중 전신기를 전시했고, 데이브 판탈로니의 특별한 관심 덕분에 이름을 기억하고 있던 파리의 루돌프 쾨니히는 소리굽쇠와 다른 음향 장치들을 전시했다.[10] 그런가 하면 바슈롬이라는 뉴욕 회사는 안경부터 손 망원경, 쌍안경에 이르는 광학 제품들을 전시했다.[11] 석면이라는 새로운 물질의 놀라운 내열성을 선전하는 전시관도 있었다.[12] 한편 박람회의 레스토랑 관에서는 피츠버그의 피클 상인 헨리 하인즈(Henry Heinz)가 새로운 토마토 양념을 선보였다.[13]

벨도 백주년 박람회가 자신의 연구 성과를 선보일 절호의 기회라는 것을 분명히 알고 있었을 것이다. 그런데도 그의 편지에는 다가오는 스포트라이트에 불안해하는 모습이 역력히 드러나 있다. 벨은 메이블에게 이런 불평을 털어놓았다.

모든 게 끝나면 아주 기쁠 것 같소. 전신기 일을 손에서 모두 놓아버리고 싶은 심정이야.[14]

미국 특허권을 손에 쥐고 유례없이 놀라운 발명품을 곧 세상에 소개할 사람의 입에서 나올 말은 아니었다. 공개적인 시연을 앞둔 불안한 심정은 이해할 수 있지만 이런 초조함이 단지 발표를 눈앞에 둔 순간의 불안함으로 보이지만은 않았다.

사실 벨은 몇 달 전 가디너 허버드가 박람회 참가를 제안했을 때부터 거부감을 드러냈다. 결국 그는 박람회 신청을 미루다가 신청 마감일을 놓쳤다.[15] 그러나 허버드는 이에 굴하지 않고 박람회 조직 위원회에 영향력을 행사해 끝내 벨의 전화를 전시 목록에 끼워 넣었다. 그래도 벨은 필라델피아행을 계속 거부했다. 그러자 허버드는 메이블을 끌어들여 벨을 설득했다.

결국 벨이 필라델피아에 간 것은 메이블의 설득에 넘어갔기 때문이다. 후에 벨의 딸 엘지는 집안에 전해 내려오는 이야기를 들려주었는데, 끝내 벨을 설득하지 못한 메이블이 드라이브하자고 그를 꼬여낸 다음 기차역으로 데려가 몰래 싸둔 가방을 건넸다고 한다.[16]

깜짝 놀란 벨은 기차에 오르려고 하지 않았다. 그러자 메이블은 울음을 터트리며 필라델피아에 가지 않으면 결혼하지 않겠다고 협박하면서 벨이 항의하는 말을 듣지 않으려고 (귀머거리였으므로 입술을 읽지 않으려고) 고개를 돌려 버렸다. 벨은 다음날 뉴욕에서 어머니에게 보낸 편지에 메이블이 창백하고 불안해 보여 마지막 순간에야 어쩔 수 없이 기차에 올라탔다고 말했다.[17]

벨이 필라델피아에 도착하자마자 메이블에게 편지를 쓴 것도 바로 이 일 때문이었다.

사랑하는 메이,
　내 의지와 다르게 난 결국 운명에 이끌려 이곳으로 오게 되었소.
이제 그 운명에서 풀려나지 못할 것 같군. (중략) 난 당신의 꾀에 빠져, 당신을 위해 여기에 온 거요.[18]

메이블은 자신에게도 힘든 일이었다고 털어놓았다. 그녀는 이렇게 적었다.

> 당신을 그렇게 강제로 보낸 건 저한테도 힘든 일이었어요. 하지만
> 당신을 위한 일이었으니 당신도 결국에는 기뻐하게 될 거예요. 인제
> 와서 기죽지 마세요. 포기하지 않으면 성공은 반드시 찾아올 거예요.
> 어쨌든 과학자들과 만나는 건 당신에게 큰 도움이 될 거예요.[19]

이를 통해 벨이 자신의 의지와 다르게 필라델피아로 가게 된 경위는 설명된다. 그러나 그가 처음부터 왜 그렇게 가기 싫어했는지는 알 수가 없다. 벨의 전기 작가들은 대부분 그가 교사로서의 사명감 때문에 필라델피아에 전화를 전시하러 가는 것을 망설였다고 말한다. 학생들을 두고 자리를 비우기에는 시기가 적절치 않았다는 것이다.[20] 물론 학기 말이 다가오고 있었으니 그랬을 수도 있다. 그러나 벨은 결국 학기말 시험에 맞춰 보스턴으로 돌아갔다. 따라서 학생들에게 아무리 헌신적인 선생이라도 단 며칠 학교를 비우는 것에 그렇게 야단법석을 피웠다는 것은 쉽게 납득하기 어렵다.

캐서린 맥켄지는 벨이 박람회 참석을 망설인 이유가 신청 마감일을 놓친 후 가디너 허버드의 영향력에 기대고 싶지 않았기 때문이라고 설명한다.

> 허버드는 전시 명단에 벨의 전화를 끼워 넣는 건 쉬운 일이라고
> 안심시켰다. 허버드의 영향력이라면 그 정도 일은 식은 죽 먹기였

다. 그러나 정직한 벨은 그런 행동을 상상도 할 수 없었다. 규칙을 지키지 못한다면 전시도 할 수 없다는 것이 그의 생각이었다.[21]

그러나 이 설명도 딱 들어맞지는 않는 것이, 필라델피아에서 보낸 벨의 편지는 이미 어투에서부터 그 이상의 다른 이유가 있었을 것이라고 짐작하게 한다.

벨이 부모님과 메이블에게 보낸 편지를 좀 더 자세히 살펴보면 그가 걱정하는 가장 큰 이유를 알 수 있다. 바로 박람회에 참석한 엘리샤 그레이의 존재였다. 그레이는 웨스턴 유니언 사의 전시관에서 자신의 다중 전신기를 시연하려고 박람회에 참석 중이었다. 한 번도 만난 적은 없었지만 그레이를 경쟁자로 여기고 근황을 자세히 살피던 벨은 그레이가 전시회를 준비하며 한 달 넘게 필라델피아에 와 있다는 사실을 알고 있었다.

막연하던 벨의 걱정은 박람회 심사 위원들로부터 다음 일요일 그레이의 전신기 시연이 끝난 다음 그의 전화도 시연해 달라는 요청을 받으면서 거의 정신적인 공황 상태로 바뀐다. 가장 큰 두려움이 현실로 나타났던 것이다. 그는 늦은 밤 그랜드빌라 호텔에서 쓴 편지에서 메이블에게 이렇게 고백했다.

이 상황이 전혀 마음에 들지 않소. (중략) 너무 불안해. 충분한 준비도 없이 급하게 왔는데 그레이와 직접 부딪히다니.[22]

처음부터 박람회 참석을 망설이게 만들었던 그의 예감이 맞아떨어지며 벨의 밝은 앞날에는 검은 먹구름이 드리워졌다. 벨은 타고난 웅변가였다. 그런 그가 박람회 시연을 앞둔 밤에 이런 어두운 생각에 잠긴 이유가 죄책감이 아닌 다른 것이었다고 해석하기는 어렵다. 그게 아니라면 자신의 인생 최대의 성공을 선보일 순간을 눈앞에 두고 희망이 없으며 비탄스럽다고 토로할 이유가 뭐였을까?[23] 벨은 다음과 같이 초조함을 드러내기도 했다.

아주 빨리 바꾸지 않으면 나는 전신기와 보이는 음성만으로 끝나고 말 거요. 그러면 우린 결혼도 못하게 될 테지.

무엇을 바꾼다는 말일까? 정확히 무엇 때문에 그가 끝난다는 것일까? 이 초조함에 가득 찬 편지에는 어떤 해답도 드러나 있지 않다. 그러나 벨의 기분과 행동에 그 해답이 들어 있다. 그는 심사 위원들에게 깊은 인상을 주고 싶었던 게 분명하다. 그래서 필라델피아로 보내게 한 전신 장비에 자신이 처음으로 음성을 전송한 액체 송화기도 포함시켰던 것이다. 그러나 그레이가 있는 자리에서 그 송화기를 시연할 수는 아니, 감히 그 존재를 드러낼 수는 없었을 것이다. 벨의 불안은 당연했다. 지독하게 어려운 두 가지 일에 직면해 있었기 때문이다. 심사 위원들 앞에서 성공리에 전화를 시연하는 것과 엘리샤 그레이에게 그의 연구와는 상관없이 독립적으로 전화를 발명했음을 확신시키는 일 말이다. 이 두 가지에 성공해야만 그는 유일한 전화 발명가라는 자신의 명성과 함께 메이블과의 약혼을 무사히 지킨 채 박람회장을 떠날 수 있었다.

며칠 동안 상치를 손보고 시연을 준비하는 가운데 6월 25일 일요일이 다가왔다. 심사 위원들이 그레이와 벨의 전신 장치를 검토하기로 정한 날이었다.[24] 박람회가 끝나는 날이어서 음향 시연에 적합한 조용한 분위기를 유지할 수 있었기 때문이다. 그날 아침은 조용할 뿐만 아니라 찌는 듯이 무더웠다.[25] 정장을 한 50명의 과학자와 고위 인사들이 모인 유리 전시관 안은 특히 더했다. 그들 가운데서 사교적인 성격에 둥실둥실한 몸매를 한 돈 페드로 2세만이 뜨거운 열기에도 아랑곳하지 않았다.[26]

박람회 대강당의 중앙 복도에 있는 웨스턴 유니언 전시관에서 엘리샤 그레이는 하나의 전신선으로 여덟 개의 전문을 동시에 보내는 고조파 전신기를 선보였다.[27] 기술자로서 웅변가 기질이 부족했던 그레이는 전신기에 대한 이론 설명을 위해 펜실베이니아 대학의 조지 바커(George F. Barker) 교수를 대동했다.[28] 그는 여기서 음악 전화도 시연해 심사 위원들의 찬사를 받았다. 백여 미터 떨어진 곳에서 연주된 '즐거운 우리 집'은 관중의 탄성 속에서도 또렷하게 들렸다.[29]

마침내 벨의 차례가 되었다. 그레이의 시연은 벨이 두려워했던 대로 세련되고 전문적이었다. 그러나 그레이와 달리 벨은 뛰어난 웅변가였다. 우선 그의 전화가 성공적으로 작동해야 한다는 전제가 있었지만 그는 심사 위원들을 사로잡는 법을 알고 있었다. 조지 바커 같은 교수의 도움은 없었지만 그에게도 메이블의 사촌으로 아카데미 시연에서 그를 도왔던 윌리 허버드라는 조수가 있었고 윌리의 삼촌도 필라델피아에 함께 와 있었다. 한편 벨에게는 행운도 따랐다. 돈 페드로 2세가 보스턴을 방문했을 당시 그를 만난 적이 있었던 것이다. 황제는 벨을 알아보고 그의 시연을 기대한다며 따뜻하게 맞아 주었다.[30] 벨이 브라질의 황제와 개인적으로 아는 사이라는 사실은 농아 교사로서의 명성 이상을 보여주는 것으로, 학계와 상류사회의 연줄은 그가 이용할 수 있는 또 다른 중요한 장점이었다.

신청 마감일을 넘겨 등록한 탓에 벨의 시연회 장소는 그레이보다 훨씬 조건이 나빴다. 사람들은 넓은 강당을 지나고 계단을 올라가 외딴 곳에 위치한 이스트 갤러리까지 이동했다.[31] 벨의 장치들은 그곳 나무 탁자 위에 준비되어 있었다. 벨과 돈 페드로 2세 뒤로 윌리엄 톰슨 경과 파리의 기구 제작자 루돌프 쾨니히, 앤아버의 천문학자 제임스 왓슨(James C. Watson)과 뉴욕의 헨리 드레이퍼(Henry Draper) 그리고 엘리샤 그레이를 포함한 여러 사람들이 벨의 전시 장소로 들어가 탁자 주위에 모였다. 심하게 땀을 흘리던 몇몇 사람들은 근처에 마련되어 있던 의자에 쓰러지듯 주저앉았다.

벨은 다중 전신기와 전화를 발명하는 데 바탕이 된 공명 진동 이론을 설명하는 것으로 시연회를 시작했다. 그리고 윌리엄 경과 돈 페드로 2세에게 하나의 전선으로 동시에 전문을 보내게 해서 자신이 만든 다중 전신기의 기능을 설명했다. 벨은 부모님에게 보낸 편지에 다음과 같이 썼다.

그런 다음 파동 이론을 설명하고 사람의 음성을 전송하는 시범을 보이겠다고 했습니다. 하지만 이 장치는 아직 미완성 발명품이므로 처음에는 목소리가 먼저 들린 다음 무슨 말인지 명확하게 알아들을 수 있을 거라고 했죠.[32]

벨은 계획대로 윌리 허버드를 수신기 쪽에 남겨둔 채 150미터 정도 떨어진 곳으로 내려갔다. 시연에는 그가 양피지 송화기라고 부른 전자석 송화기를 이용했다.[33] 송화기에는 뒤쪽에 작은 금속 조각을 붙인 양피지 막이 자석 바로 앞에 설치되어 있었다. 수화기로는 철통 수화기라고 이름 붙인 최신 모델을 사용했다. 속이 빈 작은 철제 실린더로 이루어진 이 장치의 중앙에는 구리선을 감은 금속 막대가 세워져 있었다. 철통의 바닥은 막혀 있고 위쪽에는 느슨하게 붙여 놓은 금속판 뚜껑이 붙어 있었다. 이 뚜껑은 전류가 전자석을 통과할 때 진동하며 소리를 전송하는 역할을 했다.

윌리엄 톰슨 경이 수화기가 놓인 테이블 앞 의자에 조심스럽게 앉았

•• 백주년 박람회에서 벨이 전시한 전화 장치. 철통 수화기(왼쪽)와 양피지 송화기(오른쪽).

다. 그리고 벨의 지시에 따라 철통 수화기 뚜껑에 귀를 갖다 댔다. 그는 곧 흥분한 목소리로 작은 실린더에서 나오는 말을 따라했다. "무슨 말인지 알겠습니까?" 윌리엄 경이 믿을 수 없다는 듯 소리쳤다. 윌리 허버드는 윌리엄 경이 자리에서 벌떡 일어나며 이렇게 소리쳤다고 했다. "벨 선생 어디 있나? 벨 선생을 봐야겠네."[34] 윌리가 그를 벨이 있는 곳으로 데려가는 동안 다른 사람들은 차례대로 벨의 수화기에 귀를 갖다 댔다.

다음 차례는 황제였다. "들리는군. 들려!"[35] 그가 놀란 표정으로 소리쳤다. 벨은 할아버지가 자랑스러워할 만한 발음과 억양으로 셰익스피어의 가장 유명하고 쉽게 알아들을 수 있는 햄릿의 구절을 낭송하기 시작했다.

"죽느냐 사느냐!" 황제가 소리치자 사람들이 목을 길게 늘이며 가까이 다가왔다.

다음으로는 엘리샤 그레이가 수화기로 다가갔다. 그는 1879년의 다우드 소송에서 제출한 조서에서 이때의 일을 다음과 같이 증언했다.

> 황제는 막 사용한 수화기를 귀에서 내려놓고 송화기 쪽으로 걸어가며 "죽느냐 사느냐"라고 말했다. 그 소리에 나는 송화기 쪽에서 무슨 말을 하고 있는지 알 수 있었다. 나는 한동안 수화기에 귀를 기울였다. 아주 희미한 귀신 소리 같은 소리가 울리더니 마침내 말을 알아들을 수 있었다. "아, 그것이 문제로다." 돌아앉아 방금 들은 말을 전하자 사람들은 환호성을 질렀다.[36]

엘리샤 그레이가 전화로 들은 첫 말은 그의 상황에 꼭 들어맞는 것이었다.

벨의 시연은 심사 위원들에게 깊은 인상을 남긴 동시에 그레이의 발명을 도용했다는 증거를 성공적으로 감추며 막을 내렸다. 1885년에 그레이는 다음과 같이 말했다.

> 백주년 박람회에서 벨은 명확한 음성을 전송하는 전화를 시연했다. 나도 그 시연회를 목격했다. 액체 송화기를 사용하지는 않았지만 수화기는 내가 발명한 것과 매우 비슷했다. (중략) 나는 한순간도 뭔가가 잘못되었다는 의심을 하지 않았고 변호사 말대로 법적으로는 모든 면에서 벨이 유리하다고 생각했다.[37]

그레이는 벨이 독립적으로 전화를 발명했다는 것을 인정하고 벨에게 전화의 권리와 첫 발명자의 영광을 넘기는 데 동의했다. 벨이 그보다 먼저 음성을 전송하는 전화를 만든 건 사실이었으니 언제나 신사적이던 그레이가 반대할 이유가 없었다. 당시 그레이는 벨의 것보다 훨씬 우월해 보이는 자신의 다중 전신기의 운명에 더 관심이 많았다. 전신업계와 밀접한 관련을 맺고 있던 그레이에게는 음성을 전송하는 전화도 흥미로운 물건이었지만 다중 전신기야말로 더 중요한 상업적 목적을 만족시키고 상당한 액수의 재정적 보상을 즉시 가져다줄 수 있는 발명품이었기 때문이다.

역사학자 데이비드 하운셀(David Hounshell)의 설명처럼 그레이는 당시의 많은 사람들이 그랬던 것처럼 전화를 과학적인 장난감 정도로밖에 보지 않았다.[38] 그는 심사 위원들도 음성 전송을 음악 전송보다 흥미롭게 생각하리라고 기대하지 않았던 것 같다. 하운셀은 그레이가 무엇보다도 전화의 장기적인 상업적 잠재력을 제대로 판단하지 못했다고 주장한다. 적어도 처음에는 그랬다.

하운셀의 해석은 어느 정도 옳았다. 1876년 당시 전신업계의 입장에서는 기존의 전선들을 이용해 한 번에 더 많은 전문을 보내는 방법을 찾는 것이 가장 시급한 문제였다. 이즈음 그레이는 자신의 특허 변호사에게 다음과 같은 편지를 보냈다.

> 벨은 말은 많지만 실제로 하는 일은 별로 없군요. (중략) 저는 필라델피아와 뉴욕 사이에 놓을 팔중 전신기를 연구하고 있습니다. 양쪽으로 동시에 네 개의 전문을 보냄으로써 한 번에 여덟 개의 전문을 보낼 수 있는 장치죠. 벨이 그가 만든 기구로 팔중 전신을 보낼 수 있는지 보고 싶군요.[39]

1876년까지 널리 이용되던 이중 전신 기술을 기준으로 볼 때 벨의 전화는 오히려 후퇴와도 같았다. 지금은 상상하기 어렵지만 전신업계의 이런 시각은 전보는 전신국에서 보내는 것이라는 틀에 박힌 인식에서 비롯된 것이다. 이즈음 웨스턴 유니언 사의 한 임직원은 나중에는 전신국 교환원이 전선으로 목소리를 보내 전문 대신 서로 이야기를 하게 될지도 모른다는 말을 「뉴욕 타임스」에 한 적이 있다.[40] 그러나 전신업계 사람들은 전신 교환원이 서로 이야기한다는 발상이 참신하기는 하지만 상업적인 이점은 없다고 생각했다.

그러나 그레이가 처음에 전화의 중요성을 과소평가했다고 해서 그의 액체 송화기가 벨의 성공에 길을 터주었다는 사실이 변하지는 않는다. 시간이 지나면서 전화 발명과 관련된 사실들이 속속 드러나고 전화의 엄청난 상업적 잠재력이 분명해지자 그레이는 벨이 자신을 속였음을 깨달았다. 그레이는 그 사실에 조용히 분개했지만 이미 때늦은 분노였다. 1901년 그는 다음과 같이 적었다.

> 증언을 하고 언급된 편지를 쓰고 다우드 소송에서 조서를 제출한 때로부터 한참이 지난 최근에 들어서야 나는 벨 교수의 발명이 정당하게 이루어졌다는 내 믿음이 잘못된 것이었음을 알려 주는 정보를 접했다. (중략) 나는 내 발명 내용이 특허청의 비밀이므로 벨에게 알려지지 않았으리라 생각했다. 그러나 지금 내가 진술하는 내용은 내 비밀 서류의 내용을 알게 된 벨이 내 발명을 자신의 것으로 주장하고 내 공로를 가로챘음을 보여주는 정보들을 바탕으로 한 것이다.[41]

그러나 백주년 박람회에서 보여준 벨의 멋진 시연 덕분에 그의 불행한 경쟁자 그레이는 오랜 세월이 지난 후에야 이 사실을 깨달았다.

벨은 박람회에서의 시련을 이겨내고 몰라보게 사기가 올라 있었다. 그는 보스턴으로 돌아가 학기를 마친 다음 시험을 채점했다. 그리고 전화 모델을 개선하는 일을 계속했다. 한편 박람회에서 거둔 벨의 성공 소식이 퍼지면서 전국 각지에서 그의 장치에 대해 더 알고 싶어 하는 사람들이 엑서터 플레이스 5번지에 있는 그의 조그만 연구실을 찾았다. 윌리엄 톰슨 경도 그 중 한 사람이었다. 벨은 그에게 영국에 가지고 가라고 전자석 송화기와 철통 수화기의 복제품까지 건네 주었다. 왓슨은 후에 1876년 여름을 다음과 같이 회상했다.

미국 과학 진흥 협회 회원들 모두 전화를 보러 내 하숙집에 찾아 왔던 것 같다. 하루는 내게 전기에 관해 가르쳐 준 스승 모세 파머가 최신 개선 상황을 보러 실험실을 방문했다. 그는 처음 벨 선생님의 전화에 관한 설명을 읽었을 때 자신이 그런 장치를 미리 생각해 내지 못한 것이 분해서 일주일 동안 잠을 자지 못했다며 눈물을 글썽였다.[42]

1876년 가을 전화의 기능을 개선한 벨은 월워스 제조 회사의 사무실과 공장 사이에 설치된 지정된 전신선을 통해 처음으로 쌍방향 장거리 통화를 시도했다. 벨은 10월 9일 근무 시간이 끝난 후 이 회사의 보스턴 본사 사무실에 앉아 케임브리지포트 강 건너편 3킬로미터 정도 떨어진 공장에 있던 왓슨과 이야기를 나눴다. 「보스턴 애드버타이저(Boston Advertiser)」는 두 사람이 양쪽에서 기록한 거의 같은 통화 내용을 신기술의 가능성을 보여주는 놀라운 증거라며 나란히 실었다.[43]

왓슨의 자서전에 따르면 1876년이 끝나갈 무렵 가디너 허버드는 웨스턴 유니언 사에 은밀히 접촉해 벨의 전화 특허 독점권을 10만 달러에 팔겠다고 제안했다.[44] 기존 전신선에 대해 독점에 가까운 권리를 가진 웨스턴 유니언 사로서는 전화를 상용화할 수 있는 가장 신속하고도 분명한 기회였다. 그러나 허버드 법안을 둘러싼 충돌로 아직 유감을 품고 있던 웨스턴 유니언의 윌리엄 오턴 회장은 이 제안을 단번에 거절했다.

오턴은 곧 자신의 실수를 깨달았지만 이미 기회가 지나간 후였다. 역사상 가장 많은 이윤을 낸 발명품을 몇 푼 안 되는 돈에 살 기회를 놓친 그는 비즈니스를 전공하는 학생들에게 역사상 최악의 경영 판단을 한 인물로 각인되었다.

한편 벨은 사람들에게 돈을 받고 전화 시연을 하기 시작했다. 1877년 2월 23일 매사추세츠 주 세일럼에 있는 라이세움 홀에서 열린 첫 시연회에 사람들은 새로운 발명품을 보려고 한 사람당 50센트씩 내고 밀려들었다.[45] 벨은 약 30킬로미터 떨어진 보스턴의 엑스터 스트리트 연구실에 다른 목격자들과 함께 있던 왓슨과 전화로 이야기를 나누어 관객들을 놀라게 했다. 한 신문 기사에 따르면 전화로 왓슨의 말소리뿐만 아니라 노래하고 기침하고 웃는 소리까지 들은 세일럼의 관객들은 놀라움을 금치 못했다고 한다.

거트루드 허버드는 이것이 바넘식의 흥행성 짙은 쇼와 다를 바 없다

1877년 2월 23일 벨의 첫 공개 시연회. (위에서부터) 보스턴 엑서터 플레이스 5번지 연구실에 앉아 있는 왓슨. 30킬로미터 정도 떨어진 매사추세츠 주 세일럼의 라이세움 홀을 가득 메운 관객들 앞에서 벨이 왓슨과 이야기를 나누고 있다.

며 불만을 터트렸다.[46] 그러나 미래의 장모의 기분과는 상관없이 벨은 그날 밤 자신의 몫으로 149달러를 벌었다.[47] 전화로 벌어들인 최초의 수입이었다. 그러나 그는 뜻밖에 얻은 상당한 수입을 메이블에게 줄 전화 모양의 은 브로치를 주문하는 데 대부분 써버렸다.[48]

벨이 전화 특허를 받으려고 어떤 타협을 했건, 덕분에 그는 그토록 원

•• 갓 결혼한 알렉산더 그레이엄 벨과 메이블 허버드 벨. 1877년 여름, 유럽으로 15개월간의 신혼여행을 떠나기 전의 모습.

하던 것을 얻을 수 있었다. 벨은 1877년 7월 11일 드디어 메이블과 결혼했다. 결혼식은 벨이 3년 전 피아노를 이용해 허버드에게 공명 진동 개념을 설명했던 허버드 저택의 바로 그 방에서 간소하게 치러졌다.[49]

벨은 메이블에게 결혼 선물로 진주가 박힌 은제 십자가와 함께 새로 설립한 벨전화회사의 주식도 10주나 주었다.[50] 주식을 선물로 준 것은 당시로서는 대단히 기발한 행동이었다. 결국 메이블이 갖고 있던 회사 지분 30퍼센트는 엄청난 부를 낳았고 덕분에 그 돈으로 두 사람은 남은 여생을 화려하게 보낼 수 있었다.

소송, 증언 그리고 교훈

나는 강의실 연단에 서서 청중이 하나 둘 들어오는 동안 자료를 준비했다. 2학기에 접어들고 이제 디브너 연구소 세미나에서 내 연구 결과를 발표할 시간이었다. 벽에는 유화 그림들이 걸리고 벽을 따라 늘어선 긴 탁자에는 점심 뷔페가 차려졌다. 꽤 화려한 축에 드는 행사임을 알 수 있었다. 세미나에는 배낭을 멘 대학원생들도 많이 참석했지만 주된 청중은 디브너 연구소의 과학기술 역사학자들과 MIT나 하버드 교직원들이었다.

처음 디브너 연구소 세미나에 참가했을 때 세미나에서 다루는 내용이 어려워서 몹시 당황했던 기억이 난다. 발표자들은 자기 주제 발표에 몰두해 참석자들이 그들이 다루는 특정 전문 분야를 잘 모를 수도 있다는 가능성은 고려하지 않는 것 같았다. 그러나 연구 기간에 세미나에 계속 참석하면서 나는 점차 동료들 간의 협조와 왕성한 학구열이 빛나는 세미나의 참 매력을 느낄 수 있었다.

연구 프로그램 감독 대행을 맡고 있는 조지 스미스 소장은 세미나 주최자의 역할을 특히나 즐기는 것 같았다. 그는 언제나 발표자에 대한 칭찬과 더불어 그날의 대략적인 내용을 소개하며 세미나를 시작했다. 주제는 매번 달랐지만 청중 가운데는 놀라울 정도로 해박한 지식을 갖춘 사람들이 늘 한두 명씩은 있었다. 대양저 탐사를 다룬 과학기술사 세미나에서는 문제의 장비를 설계한 엔지니어가 참석한 때도 있었고, 양자론 기원에 관한 세미나에서는 청중석에 있던 나이 든 물리학자들이 양자론 성립 과정에 직접 관여했던 경험담을 들려주기도 했다.[1]

이번 세미나도 다르지 않았다. 자리가 차기 시작할 무렵 한 신사가 벨의 초기 전화 모형을 들고 내게 다가왔다. 그가 직접 만들었다는 그 아름다운 물건은 실제로 작동하기도 했다. 그는 그 전화 모형을 주제 발표 때 시각 자료로 써도 좋다며 내게 건넸고 나는 감사한 마음으로 받았다. 이번 세미나에도 해박하고 열정적인 청중이 대거 참석할 것 같았다. 잠시 후 50명 정도밖에 들어오지 못하는 세미나실이 그 해 가장 많은 청중으로 가득 메워졌다. '벨은 전화를 훔쳤는가?' 라는 주제가 평소보다 많은 호기심을 불러일으킨 것 같았다.[2]

나는 이 연구를 시작하게 된 계기를 소개하는 것으로 발표를 시작했다. 그리고 스크린에 벨의 실험 노트를 띄워 놓고 그가 진동판과 소리굽쇠, 전자석을 다양하게 배열하면서 진행했던 1875년 실험 사례들을 보여주었다. 다음으로는 실험에 뜬금없이 산성 용액을 담은 컵이 등장한 1876년 3월 8일의 기록과 3월 9일, 왓슨과의 통화에 성공하기 바로 전날 밤 그가 노트에 그려 넣은 액체 송화기 그림을 보여주었다. 벨의 그림과 그레이의 특허권 보호 신청서에 그려진 그림을 나란히 띄우자 청중 속에서 탄성이 새어 나왔다.

"우리는 벨을 전화를 발명한 사람으로 기억하고 있습니다만 자세히 살펴보면 우리가 흔히 받아들이는 이야기와는 다른 또 하나의 이야기가 드러납니다."

"저는 지금까지의 연구를 바탕으로 벨이 왓슨과 통화에 성공한 그 전화 송화기는 알렉산더 그레이엄 벨의 발명품이 아니라고 주장할 수 있습니다. 오히려 증거를 보면 벨이 경쟁자였던 엘리샤 그레이의 도안을 훔쳤다는 사실이 분명하게 드러나죠."

난해한 학술적 담화에 익숙한 청중은 이 흥미로운 이야기를 즐기는 것 같았다. 나는 그들의 침묵에서 모두의 관심을 사로잡았다는 것을 느낄 수 있었다. 아찔한 흥분이 온몸을 덮쳤다. 나는 내 말을 들을 준비가 되어 있는 청중에게 벨이 그레이의 도안을 도용하고 다시 그 혐의에서 빠져나간 경위에 대해 알아낸 사실들을 보고했다.

모두 이 책에 적은 내용들이다. 가족들 사이의 유대 관계와 사업적인 압박감, 예기치 않게 마음을 흔들어 놓은 사랑이라는 복잡한 거미줄에 걸린 재능과 야망을 겸비한 한 청년의 이야기였다.

나는 빅토리아 시대의 정서와 아직 완전히 이해할 수 없는 놀랍고 새로운 가능성들이 부딪히고, 행상인들의 마차와 특허약이 증기 엔진과 전

세계적인 전신기의 힘과 싸우던 1870년대의 이야기를 들려주었다. 그리고 전신업의 급격한 성장으로 사업주들이 많은 돈을 내걸 정도로 절박하게 필요로 했던 동시에 토머스 에디슨이나 엘리샤 그레이, 알렉산더 그레이엄 벨까지 당대의 위대한 발명가들의 마음을 사로잡은 목표였던 다중 전신기에 대한 높은 수요에 대해서도 설명했다.

짚어나갈 내용들이 대단히 많았다. 벨의 노트에 그려진 그림을 우연히 보게 된 후로 내게는 처음에는 상상도 할 수 없던 벨에 관한 정보들이 아주 많이 모여 있었다. 벨의 특허가 매우 의심쩍은 상황에서 접수되었다는 증거와 특허 신청서에는 한 번도 완벽하게 설명된 적이 없는 수상한 추가 사항이 여백에 기록되었다는 증거도 있었고, 벨은 인정하지 않았지만 그가 자신보다 십 년 이상 앞선 시기에 조악하지만 사람의 음성을 전송할 수 있는 전화를 만든 필립 라이스의 연구에 대해 알고 있었음을 시사하는 증거도 있었다.

벨이 당시 다중 전신기 발명에 정신이 팔려 있던 그레이가 알아차릴 수 없도록 전화 발명에 이르는 과정을 교묘하게 숨김으로써 대중과 그레이에게 진실을 숨겼다는 증거도 있었다. 물론 벨의 도용 행위를 돕고 그가 실제로 만들지도 않은 발명품에 특허를 내주었다고 주장하는 미국 특허청 관리의 문제의 소지가 많은 고백도 빠트리지 않았다.

나는 이 모든 증거들을 되짚으며 확실하게 입증되지는 않았지만 벨이 그레이에게서 훔친 것은 액체 송화기 도안만이 아닐 수도 있음을 지적했다. 벨은 그레이의 발명 신청서를 본 이후에야 소리를 전기로 바꾸는 수단으로 이용된 가변 저항의 개념을 명확히 이해할 수 있었다. 그렇다면 그는 가변 저항의 개념까지 그레이에게서 훔쳤다는 가정도 할 수 있었다. 만약 벨이 가지고 있던 특허 신청서에만 유일하게 등장하는 가변 저항의 개념이 겨우 여백에 추가로 적혀 있다는 사실이 시사하는 이 가정이 사실이라면 벨이 만든 것으로 인정받던 중요한 개념의 형성 과정에 의심이 생기며 전화에 대한 그의 주장은 심각하게 손상될 것이다.

결혼식을 올리고 한 달이 지나 1877년 8월 알렉과 메이블 벨은 15개월간의 유럽 여행길에 올랐다.[3] 여행 자금을 마련하려고 벨은 로드아일랜드 주 프로비던스의 한 기업가에게 현금 5천 달러를 받고 영국에서 전화를 상용화할 수 있는 권리를 팔았다.[4] 아이러니하게도 그는 이 과정에서 조지, 고든 브라운 형제와의 실패한 계약에서 적극적으로 확보하려던 권리들을 강화시켰다.

메이블과 결혼한 후 벨은 더는 전화 기술 개발에 참여하지 않았다. 그의 전기 작가들은 이 놀라운 사실을 그저 벨이 사업에 관심이 없었기 때문이라고 과소평가했다. 그러나 이런 관점으로는 결혼 후 첫 몇 년 동안 드러난 벨의 행동들을 충분히 설명할 수 없다.

일 년 동안 역사학자들과 함께 일하면서 나는 역사적 증거를 재해석함으로써 제대로 설명된 적이 없는 의문점들을 풀 수 있다는 사실을 배웠다. 이 경우가 바로 거기에 해당한다. 전화 특허를 따내려고 저지른 공정치 못한 행동에 대한 벨의 죄책감과 혐오감을 이해하면, 그가 자신의 이름을 붙인 새 회사에서 어떤 역할도 맡지 않으려 한 이유도 새로운 시각에서 바라볼 수 있다.

한 예로 1878년 9월 스코틀랜드의 농아 학교를 방문 중이던 벨이 런던에서 메이블에게 보낸 편지는 감정적인 말로 가득 차 있다.

> 나는 이제 전화에는 더는 돈도 시간도 쓰지 않기로 했소. (중략) 전화라면 이제 지긋지긋해. 한가한 시간에 장난감으로 갖고 노는 것 외에는 말이오. 내 특허를 둘러싼 갖가지 추측들로 결혼 후부터 불안한 생활이 이어져왔소. 이 때문에 조만간 본성이 완전히 바뀌고 말 거요. 난 이미 이 일들로 상처를 입고 있소. 점점 더 짜증스럽고 인생이 역겨워지는군.[5]

그가 이런 편지를 쓰게 된 계기는 분명했다. 다우드 소송이 시작되었던 것이다. 언론에는 벨의 전화 특허에 관한 의문점들이 실렸다. 이 소송은 웨스턴 유니언 사가 사업 확장을 시도하며 일어난 갈등에서 시작되었다. 피터 다우드(Peter Dowd)를 책임자로 세우고 자회사를 설립한 웨스턴 유니언 사가 엘리샤 그레이와 토머스 에디슨을 비롯한 몇몇 발명가들이 그들에게 인가한 전화 관련 특허에 대한 법적인 권리를 주장하며 자회사를 통해 전화 서비스를 제공하기 시작했던 것이다.[6] 그러자 벨전화회사가 자신들의 이익을 보호하고자 웨스턴 유니언 사의 전화 사업을 막으려고 나서면서 이 갈등은 결국 벨전화회사가 웨스턴 유니언 사의 대리인으로 다우드를 고소하는 형국으로 치달았다. 특허권 침해 혐의로 전화와 관련된 벨과 그레이의 주장을 법정 싸움으로 끌어들인 첫 번째 소송이었다.

당시 법률 규정에 따르면 모든 소송 당사자들은 공판 전에 조서를 작성해야 했다.[7] 허버드는 아직 해외에 있던 벨에게 다우드 소송의 조서를 작성하라고 압박하기 시작했다. 그러나 벨은 전화 특허를 받는 과정에서 자신이 한 역할을 법정에서 증언하지 않으려고 필사적으로 피했다. 허버드가 파리에서 안토니 폴록과 만나도록 주선한 자리에도 나타나지 않았다.

벨의 마음 상태가 어땠는지는 그해 가을에 일어난 사건들을 통해 분명히 알 수 있다. 벨전화회사는 회사의 전화 독점권 주장을 뒷받침하는 벨의 조서를 받아내지 못하면 소송이 기각될 위기에 처해 있었다.[8] 그러나 벨은 잇달아 날아드는 독촉장에도 결코 조서를 작성할 시간을 내지 않았다. 그해 10월 벨은 허버드에게 메이블과 갓 태어난 딸 엘지와 함께 유럽에서 미국으로 돌아간다는 편지를 보냈다. 그러나 자신의 가족을 보러 곧장 온타리오로 가겠다고 해서 벨전화회사와 허버드를 충격에 빠트렸다.

절박해진 허버드는 벨의 아버지에게 도움을 구하는 편지를 보냈다.[9] 그리고 급기야는 회사를 구하려고 그들이 탄 증기선이 도착하는 퀘벡으로 왓슨을 급파했다.[10] 11월 10일 벨 가족과 유모가 도착했을 때의 일을 왓슨은 다음과 같이 기록했다.

벨 선생님은 편지에 적었던 것보다 전화 사업에 불만이 많은 것 같았다. 그는 더는 이 일에 관여하고 싶지 않으며 교사 자리를 잡는 대로 가르치는 일에만 전념하겠다고 말했다.[11]

결국 허버드와 메이블의 합동 작전과 최전선에서 뛰어 준 왓슨의 협력으로 벨은 마지막 순간에 보스턴으로 가서 조서를 작성하기로 했다. 그러나 그때도 벨은 우선 브랜트퍼드에 있는 아버지 집에 먼저 들르겠다고 고집을 부렸다. 왓슨은 그를 놓치지 않으려고 벨과 함께 가기로 했다고 적고 있다.[12]

몹시 어려운 순간이었지만 결국 메이블은 이전에도 여러 번 그랬듯이 벨을 설득해 보스턴으로 돌려보내는 데 성공했다. 왓슨과 함께 온타리오를 떠날 때 몸이 좋지 않았던 벨은 결국 매사추세츠 병원에서 종기 치료를 받으며 조서를 꾸몄다. 메이블과 엘지는 보스턴에서 벨과 합류했다. 시댁을 떠나기 전 메이블은 이 일에 대해 어머니에게 다음과 같은 편지를 보냈다.

빨리 그이와 함께 있고 싶어요. 그가 보스턴에 간 게 전부 내 책임인 것 같아서 너무나 걱정이 돼요. 내가 그렇게 강하게 밀어붙이지만 않았어도 가지 않았을 텐데.[13]

백주년 박람회에서의 벨을 연상시키는 이 사건에서 벨은 가까운 친구들과 가족, 메이블까지 나선 후에야 자신의 전화 특허를 방어하려고 나섰다. 그리고 이어지는 10년 동안 벨전화회사가 특허권 침해를 막고 벨의 전화 특허가 보장하는 자신들의 독점권을 보호하려고 수백 건의 소송을 걸어 경쟁자들과 싸우는 동안 벨은 법정에서 자신의 역할에 관한 증언을 계속해서 되풀이해야 했다.[14]

물론 벨은 전화 덕분에 편안한 생활 외에 수많은 기회도 부여받았다. 존경받는 동료로서 당대의 과학계 엘리트들과 만나는 기회도 누렸고 1878년에는 빅토리아 여왕 앞에서 전화를 시연하는 영광도 얻었다.[15] 또 1880년에는 프랑스 정부로부터 5만 프랑의 상금과 함께 볼타상을 받았고 그 밖에도 셀 수 없이 많은 훈장을 받기도 했다.[16]

그러나 이 모든 영광에도 벨은 전화 특허를 받기까지의 상황에 어느 정도 수치심을 느꼈던 것 같다. 그리고 이런 죄책감은 그의 선택에 많은 영향을 미쳤다. 벨이 벨전화회사의 지분을 메이블에게 준 것이나 증언을 하는 것을 제외하고는 회사에서 어떤 중요한 역할도 맡지 않으려 했던 이유도 이로써 설명할 수 있다.

그가 캐나다의 케이프브레턴 섬의 외딴 장소에 베인 브레아라는 호화로운 은신처를 지은 것도 죄책감이 작용한 결정이라고 볼 수 있다.[17] 1885년 여름 처음 그곳을 방문했을 때 벨이 '전화 특허를 받는 과정에서 그가 한 역할을 둘러싸고 벌어지는 논쟁에서 멀리 떨어져 나오고 싶어 했다'고 기록한 메이블의 글을 통해 이런 추론이 가능하다. 당시 상황을 보면 벨전화회사는 엄청난 이윤을 내는 한편 경쟁사를 막기 위해 소송을 이어가고 있었고 미국 정부는 부정한 방법으로 특허를 취득했다는 혐의로 벨의 특허를 무효화시킬 준비를 하고 있었다. 윌버의 진술서도 막 공개된 참이었다. 메이블에 따르면 벨은 그를 둘러싼 온갖 비난에

인생이 파괴되어 버린 것 같다고 말했다.[18]

벨은 전화 발명가보다는 농아 교사로 기억되고 싶다는 말을 자주 했다. 벨의 탄생 백주년을 기념하려고 1947년에 AT&T사에서 발간한 책자에도 그런 말이 적혀 있다.

벨은 평생 농아 문제에 깊은 관심이 있었다. 그는 가족들에게 전화 발명가보다는 농아 교사로 기억되고 싶다고 말할 정도로 겸손하고 인간적인 사람이었다.[19]

벨은 농아 교사로서 자신이 이룬 업적에 자부심을 느끼고 있었다. 그러나 이런 자부심도 다른 시각에서 보면 전화의 탄생과 관련된 자신의 역할을 반감시키려는 노력으로 볼 수 있다.

수년에 걸친 벨의 증언을 보면서 나는 그가 자신은 절대로 부정한 행동을 하지 않았다는 이야기를 믿게 되었을지도 모른다는 생각이 들었다. 결국 벨의 전화 연구는 옳은 진로를 따르고 있었고 파동 전류가 음향 신호를 전기로 전달하는 방법을 이론적으로 이해함으로써 전화 발명에 중요한 이바지를 한 것도 사실이다. 그는 또 자신과 생각을 같이하는 사람이 없을 때에도 전화의 가능성을 믿고 있었다. 확실히 그에게는 이런 사실들이 액체 송화기를 도용한 것에 대한 죄책감을 누그러뜨리는 데 도움이 되었을 것이다.

거기에 더해서 메이블과의 행복한 인생도 그에게는 큰 위안이 되었을 것이다. 전화 발명과 관련한 중요한 일들이 일어난 것은 벨이 아직 이십

대일 때였다. 그리고 그가 허버드, 윌버, 폴록, 베일리와 모종의 도덕적인 타협을 한 것은 어쩌면 사랑 때문이었을 가능성이 가장 크다. 다우드 소송이 한창이던 1878년 그는 메이블에게 이런 편지를 보냈다.

> 전화가 세상을 이롭게 한다면 누가 전화를 발명했건 그게 세상 사람들에게 뭐 그리 중요한 문제겠소? 또 그 문제로 세상 사람들이 뭐라 하건 내가 노력해서 얻었고, 그로 말미암아 사랑하는 아내를 얻었으니 그 또한 뭐 그리 중요하겠소?[20]

벨의 실험 노트에 담긴 비밀로 그에 대한 우리의 평가가 바뀐다면 그의 경쟁자였던 엘리샤 그레이의 빛나는 기술 혁신에 관한 평가도 함께 바뀌어야 할 것이다. 오늘날 그레이의 업적을 기억하는 사람은 거의 없다. 그러나 자세히 살펴보면 그의 독창적이고 창조적인 발전이 있었기에 전화가 발명될 수 있었다.

그레이는 동료들에게 발명가로서 존경을 받았고 발명품으로 돈도 많이 벌었다. 언제나 변함없는 신사이기도 했다. 그러나 벨의 행동에 관한 자세한 내막이 드러나면서 그 사실이 그에게까지 알려지자 그는 말년으로 접어들면서 전화 발명에 관한 일들에 대해 점점 더 솔직한 심경을 밝히기 시작했다.

그레이는 벨의 노트에 숨겨진 증거를 보지 않고도 벨의 증언과 전 특허 심사관 세나 윌버의 고백으로 상황을 파악하고 있었다. 1901년 그레이가 세상을 떠나고 일주일 후 그가 「일렉트리컬 월드 앤 엔지니어(Electrical World and Engineer)」에 보낸 편지가 공개되었다. 편지에는 다음과 같이 적혀 있었다.

나는 여러 소송에서 나온 벨의 증언을 통해 그에게 전화 만드는 법을 알려 준 것은 나였으며 그 덕분에 그가 첫 번째 전화를 만들었다고 확신하게 되었습니다.[21]

그레이는 뉴욕 거리에서 윌버를 우연히 만난 적이 있다고도 적었다. 그의 최종 진술서가 나오기 몇 년 전이었다. 그레이는 윌버가 다음과 같이 말했다고 회상했다.

그레이, 전화를 발명한 건 당신이오. 당신 변호사들이 제대로만 했어도 당신이 특허를 받았을 거란 말이오. 하지만 그때 난 당신을 별로 잘 알지도 못했고 당신도 내게 담배를 권하거나 술을 하자고 청한 적도 없었지.[22]

슬프게도 증거들이 차곡차곡 쌓이고 있을 때 그레이는 씁쓸한 분노를 품은 채 세상을 떠났다. 그가 세상을 떠난 후 발견된 친필 메모에는 이런 그의 분노가 극명하게 드러나 있다. 그의 탄식은 당연했다.

전화의 역사는 결코 완성되지 못할 것이다. 진실 일부는 2~3만 장에 이르는 조서에, 또 다른 일부는 죽음이나 그보다 강한 돈의 힘 앞에 입을 다문 몇몇 이들의 심장과 양심에 숨겨져 있다.[23]

그러나 아직 전화를 둘러싼 음모에서 벨이 한 역할에 대해 해결되지 않은 부분이 남아 있었다. 전문가 자격으로 법정에서 증언한 경험이 있는 조지 스미스 소장은 세미나 다음날 내게 매우 중요한 문제를 한 가지 제기했다. 만약 벨의 실험 노트가 소환 대상이었다면 다우드 소송과 이후에 이어진 소송에서 배심원들이 벨의 특허권을 인정하지 않았을 거라는 내용이었다. 그러나 다우드 소송의 예비 심사에서 조서를 쓰지 않으려던 벨의 행동에서도 나타나듯이 당시의 법정은 공판 전 진술서와 조서에만 의존해 논거 사실을 확정했다. 만약 당시에도 지금 우리가 당연한 것으로 여기는 공판 전 증거 서류나 사실을 제시하는 개시(開示) 규정이 있었다면 벨은 범죄 증거가 담긴 그의 노트를 제출해야 했을 것이다.[24] 그러나 1938년 이전에는 이런 규정이 일률적으로 적용되지 않았다.

벨의 노트에 담긴 비밀이 전화에 관한 어떤 소송에서도 등장하지 않은 것은 바로 이런 개시 규정의 변화 때문이다. 하지만 그 이후로는 어떨까? 어떻게 벨을 연구하는 수많은 역사학자들이 그의 노트에 실린 그림을 간과할 수 있었을까? 이 질문에 대한 대답은 생각보다 단순했다. 그러나 내가 그 대답을 찾은 것은 디브너 연구소에서의 연구 기간이 거의 끝나갈 무렵이었다.

봄이 오고 학기 말이 가까워지면서 학교 안의 모든 일정들이 바쁘게 돌아가고 있었다. 내게는 현대물에 관한 새로운 프로젝트가 들어왔다. 나는 1876년에서 다시 미래로 돌아올 수 있는 그 기회를 기쁘게 받아들였다. 디브너 연구소는 내가 여름 동안 사무실을 계속 쓸 수 있게 해주었다. 그러나 5월에 학기가 끝나기 때문에 연구 기간에 사무실 책장에 쌓아두고 보던 수십 권의 책들은 모두 도서관에 반납해야 했다. 중요한 부분을 기록하고 복사해 둘 참이긴 했지만 이 책들이 모두 사라진다고 생각하자 끝이라는 기분과 함께 조금 불안한 마음이 들었다. 내가 원하는 벨의 이야기를 쓰려면 이 책들이 필요한데 이 가운데는 구하기 어려운 희귀본들도 있어서 다시 보기 어려웠기 때문이다.

어느 날 아침 나는 연구 파일을 정리하다가 벨과 관련한 의문점들을 적어 놓은 카드를 발견했다. 연구 기간에 의문점들을 정리해 작성했던 카드들 가운데 하나로 거기에는 벨의 실험 노트의 출처와 관련해 아직 해결하지 못한 질문이 하나 적혀 있었다. 벨 이외의 다른 사람이 그 노트를 본 것은 언제였을까? 원래 내 계획은 모아둔 책들을 뒤져 최대한 앞선 시기에 그 노트를 출처로 밝혀 놓은 인용문을 찾는 것이었다. 그러나 이제는 책들을 모두 돌려주어야 했기 때문에 그것을 조사할 시간이 충분치 않았다. 나는 책을 뒤지는 대신 우리가 매일 당연하게 사용하는 도구를 이용하기로 했다. 전화를 건 것이다.

이제야 좀 기자다운 생각을 하며 나는 미국 의회 도서관 안에 데스크에 전화를 걸어 알렉산더 그레이엄 벨의 자료 담당자에게 연결해 달라고 부탁했다. 이곳에서 벨의 자료를 담당하는 문서 보관인이 오벌린 대학 문서 보관소의 롤랜드 바우만처럼 출처 문제에 관심이 많기만을 바랄 뿐이었다.

운이 좋았다. 내 전화는 미국 의회 도서관 역사기록물 부서의 큐레이터 레오나드 브루노(Leonard Bruno)에게 연결되었다. 나는 우선 벨의 자료를 인터넷에 공개한 것에 대해 그와 도서관에 감사한다는 말을 전하고 내 연구에 그 자료들이 큰 도움이 되었다는 말도 덧붙였다. 그런 다음 벨의 실험 노트들이 정확히 언제 공개되었는지 알 수 있느냐고 물었다. 브루노는 알아보겠다고 말하고 전화를 끊었다.

한 시간도 지나기 전에 브루노에게서 전화가 걸려왔다. 그는 도서 수납 자료에 따르면 1976년에 벨의 가족이 보관하고 있던 자료들을 미국 의회 도서관에 기증하기 전까지는 실험 노트가 일반에 공개된 적이 없으며 그전에는 모두 워싱턴의 내셔널 지오그래픽 본사에 마련된 특별실에 가족의 소유물로 보관되어 있었다고 했다.[25] 브루노는 놀랍게도 그 자료의 인수 협상이 진행되던 1974년에 그의 전임자가 작성한 짧은 메모도 찾아냈다. 내 의문점에 대한 대답은 거기에 들어 있었다.

> 그곳〔내셔널 지오그래픽〕에 보관되어 있을 당시 자료를 이용한
> 사람은 역사학자 한 사람뿐이었음.

브루노가 찾아낸 기록에 따르면 놀랍게도 벨의 노트들은 꼬박 1세기 동안 대중의 눈을 피해 숨겨져 있었던 것이다. 그리고 그 후로도 광범위한 접근이 허용된 것은 1999년에 디지털 형식으로 인터넷에 올라오면서부터였다. 지금도 벨의 실험 노트는 14만 7천여건의 자료들 사이에서 눈앞에 뻔히 보이는 채로 묻혀 있는 것이나 마찬가지다. 브루노가 준 정보 덕분에 나는 범죄 사실을 보여주는 벨의 그림이 지금까지 관심을 받지 못한 이유를 알 수 있었다. 내가 우연히 발견하기 전까지 벨의 노트를 자세히 본 사람이 소수에 불과했기 때문이었다.

돌이켜보면 메모에서 언급한 유일한 역사학자는 로버트 브루노인 것 같았다. 벨의 가족들이 미국 의회 도서관에 자료를 기증하기 전에 자료 접근 권리를 얻은 그는 1973년에 펴낸 벨의 전기를 준비하며 10년을 보냈다. 그의 전기는 벨의 길고 성공적인 인생을 솜씨 좋은 만화경처럼 펼쳐 보여주었다. 그러나 그는 벨이 먼저 전화를 발명했다는 견해에 지나치게 집착한 나머지 앞에 놓인 증거는 보지 못했던 것 같다. 한 예로 빈약한 자료를 근거로 벨이 유일한 전화 발명가로 당연히 인정받아야 한다고 확신한 브루스는 1997년에 이렇게 적었다.

〔벨의〕 기본 아이디어는 1874년 10월에 그리고 가변 저항이라
는 중요한 보조 개념은 1875년 5월에 나온 것으로 독립적으로 증
명된 기록에 나타나 있음에도 벨은 이 두 가지 아이디어를 모두
1875년 11월에 생각해 냈다고 주장하며 그의 발명 우선권에 이의
를 제기한 경쟁자〔그레이〕로부터 괴롭힘을 당했다. 시간 여행이나
비술 같은 것을 믿으며 벨이 이 아이디어들을 훔쳤다고 말하는 이
들은 아직도 남아 있다.[26]

브루스는 벨의 실험 노트를 제일 처음 본 역사학자였지만 벨의 이야
기에서 가장 흥미로운 부분을 놓쳤다.

그러나 아마 가장 중요한 것은 벨이나 브루스의 실수가 아니라 우리
의 실수일 것이다. 벨의 노트는 별도로 하더라도 무엇보다 가장 충격적
인 사실은 벨의 시대에도 많은 사실들이 숨겨져 있었다는 점이다. 그레
이는 많은 내용을 알고 있었고 그를 토대로 벨이 자신의 설계를 훔쳤다
고 결론지었다. 그리고 그 사이에도 여러 분야의 실력자들이 증거를 검
토한 후 비슷한 결론에 도달했다. 나는 이 책을 통해 그들의 연구를 최대
한 알리려고 노력했다.

그러나 이런 노력도 벨이 단독으로 전화를 발명했다는 무적의 통념에
어떤 변화도 일으키지 못했다. 오랫동안 심지어는 1922년에 벨이 세상
을 떠난 후에도 이 통념은 독점 기업의 이익을 위해 살을 붙이며 진화되
었다.

엘리샤 그레이가 전화 발명에 중요한 이바지를 했으며 그의 업적이

부당하게 간과되고 있다는 점에는 의심의 여지가 없다. 그러나 나는 하나의 통념을 다른 통념으로 대체할 생각은 없다. 벨이 그레이의 설계를 훔쳐서 가변 저항 액체 송화기를 만들었다고는 해도 그레이 역시 전신업계가 바라던 다중 전신기의 단기적인 이익에만 몰두한 탓에 전화를 개척해놓고도 상용화에 늦게 눈을 돌렸다는 것 역시 부인할 수 없는 사실이다. 벨과 그레이의 전화 발명은 독일의 필립 라이스의 획기적인 연구에 많은 빛을 지고 있다. 많은 이들이 전화 발전에 이바지했지만 에밀 베를리너와 토머스 에디슨이 송화기를 개선하지 않았다면 채산성 있는 장거리 전화 산업은 결코 시작되지도 못했을 것이다.[27]

특허 과정에서 일어난 비도덕적인 거래에도—최소한 어느 정도는 벨이 공모했거나 동의한 가운데 이루어졌겠지만—그의 비전과 에너지는 여전히 놀라운 본보기로 남아있다. 아직 젊은 나이에 전화로 세계적인 명성을 얻었지만 벨은 그 후에도 절대 쉬지 않았다. 비행 기계를 만들고 유전 형질을 연구하려고 양을 키웠으며 부모님이 사는 캐나다 온타리오 주 브랜트퍼드에서 멀지 않은 곳에 사는 모호크 족의 언어도 배웠다.[28] 그의 통찰력을 보여주는 예는 수없이 많다. 한 예로 당시에 벌써 공기 오염을 걱정하던 그는 1917년에 공기 중의 매연이 태양열을 막는다는 사실을 알아냈다. 그러나 균형을 유지하려면 지구가 다시 우주로 방출되는 열의 일부를 얻게 될 것이라는 판단을 내리고 그것을 일종의 온실 효과라고 불렀다.[29]

역사는 복잡하고, 깊이 파고든다고 해서 더 분명해지지도 않는다. 우리는 과거에 있었던 일들에 대해 많은 것을 밝혀낼 수 있다. 거기서 어떤 교훈을 얻을지는 우리에게 달렸다. 전화 발명에 관한 연구를 진행하며 내가 배운 것이 있다면 그것은 우리가 역사에 끊임없이 도전하고 질문을 던져야 한다는 사실이다. 그렇게 하지 못한다면 우리는 '전화 놀이'처럼 한 세대에서 다음 세대로 밀담처럼 건네지는 왜곡된 이야기를 꼼짝없이 받아들일 수밖에 없을 것이다.

감사의 말

과거의 진실을 밝히는 능력은 관련 기록에 어느 정도 접근할 수 있느냐에 달렸다. 이런 면에서 볼 때 나는 특히 알렉산더 그레이엄 벨의 가족이 기증한 자료를 디지털화하여 인터넷으로 자유롭게 이용할 수 있게 허락한 미국 의회 도서관의 역사 기록물 부서에 감사드리고 싶다. 현대 원거리 통신의 경이로움을 보여주는 데 특히 유용한 자료들이었다. 이 온라인 자료실을 통해 나는 이 책에 인용한 주요 자료들 외에도 수천수만 건의 자료들을 찾을 수 있었다. 전 세계의 문서 보관소들이 따라야 할 본보기였으며 덕분에 나는 더 순조롭게 연구를 진행할 수 있었다.

한편 연구에 필요한 일차 자료나 기구를 이용할 수 있었던 건 여러 문서 보관인, 큐레이터, 사서들의 노고 덕분이다. 특히 데이비드 맥기, 벤 바이스, 필립 크로넨웨트, 앤 배티스, 하워드 케네트와 디브너 연구소의 번디 도서관 직원들, 런던 과학박물관 통신 담당 큐레이터 존 리펜, 오벌린 대학 문서 보관소의 롤랜드 바우만, 켄 그로시, 타마라 마틴, 미국 의회 도서관 역사 기록물 부서 큐레이터 레오나드 브루노, MIT 문서 보관소의 제프리 미플린, 케임브리지 역사 위원회의 수전 메이콕에게 감사드린다.

지금은 MIT와의 결별로 문을 닫았지만 디브너 연구소의 친구, 동료들에게도 많은 도움을 받았다. (번디 도서관 자료와 디브너 연구소와 관련된 특별 연구원 프로그램은 지금은 캘리포니아 산마리노 소재 헌팅턴 도서관으로 자리를 옮겼다.) 디브너 연구소는 내가 벨 연구를 시작한 곳으로 아낌없는 지원을 보내주었다. 특히 이런 연구를 육성하는 특별한 터전을 마련하고 2004년에는 '역사학자들의 자리'에 과학 작가의 자리를 내준 연구소 소장이자 연구 프로그램 감독 대행 조지 스미스와 사무국장 보니 에드워즈에게 감사드린다. 디브너 연구소에 머무는 동안 연구소의 다른 직원들에게도 많은 도움을 받았다. 여러 차례 절차상의 문제를 해결해 준 트루디 콘토프, 리타 뎀지에게도 감사를 드린다.

2004~2005년 학기 동안 나와 함께 디브너 연구소에 있었던 학자들, 톰 아치볼드, 피터 보쿨리치, 알렉산더 브라운, 클레어 컬캐뇨, 대인 대니얼, 포드 둘리틀, 제라드 피츠제럴드, 올리벌 프레이, 크리스틴 하퍼, 안 헤센브루크, 지오라 혼, 카이사르 마피올리, 타카시 니시야마, 프라산난 파르타사라티, 샘 슈웨버, 피터 슐만, 제니 리 스미스, 카트리엔 맨더

스트라에텐, 짐 포엘켈, 사라 베르미엘, 첸팡 양, 이들과의 만남과 토론, 세미나도 내게 큰 도움이 되었다. 특히 기술적으로나 정신적으로 많은 도움을 준 데이비드 카한과 콘베리 발렌셔스에게 깊은 감사를 전한다. 두 사람 모두 이 원고의 초고에 너무나 유용한 제안들을 많이 해주었다. 나는 이 모든 헌신적인 역사학자들이 이루어 놓은 학문으로부터 많은 것을 배웠다. 그렇다고 이들이 내 책을 보증한다는 것은 아니다. 그들의 도움에도 이 책에 해석상의 문제나 실수가 있다면 그것은 모두 나의 책임이다.

특히 이 책의 초고를 읽고 여러 가지 개선할 점을 알려 준 크리스토퍼 클라크, 존 리펜, 낸시 마샬, 데이비드 맥기, 데이브 판탈로니, 질 슐만에게도 감사드린다. 연구를 진행하는 동안 많은 면에서 격려를 아끼지 않은 친구들과 동료들도 많았다. 특히 새로운 연구 방향을 떠올리게 도와준 댄 찰스와 루이스 코헨, 처음부터 끝까지 성원을 보내 준 사라 슐만과 톰 가레트, 보스턴 대학 과학 저널리즘 프로그램의 덕 스타, MIT 대학원 작문 프로그램의 마르시아 바투시악, 롭 카니겔, 톰 레빈슨, MIT 나이트 과학 저널리즘 특별 연구원 프로그램의 전 감독이자 오랜 스승인 빅터 맥켈레니 그리고 나를 이어 MIT의 두 번째(그리고 슬프게도 마지막) 과학 작가 특별 연구원이 된 데보라 크레이머에게 감사를 드린다.

마크 밀러는 내가 처음 들어간 잡지사의 편집자로 상을 받은 바 있는 역사학자이기도 하다. 그는 다행히 그 후로도 내게서 벗어나지 못하고 계속 내 글의 편집을 맡아주고 있다. 내가 쓴 책 다섯 권 모두 그의 손을 거쳤다. 그의 아낌없는 노고에 뭐라고 감사의 말을 전해야 좋을지 모르겠다.

　브록만의 저작권 에이전트 카틴카 맷슨은 처음부터 이 책의 가능성을 믿고 언제나처럼 멋진 출판사를 찾아 주었다. 안젤라 리페의 통찰력과 조언에 감사드리며 그녀와 함께 책이 완성되어 나오기까지 많은 도움을 준 리디아 피츠패트릭, 사빈 엑클 그리고 원고 교열을 맡은 앤 아델만의 예리한 눈과 판단력에도 감사드린다.

　이번에도 원고와 씨름하는 동안 돌봐 준 나의 멋진 가족들에게 감사를 표시하려면 말로는 부족하다. 나를 운이 좋은 아빠로 만들어 준 엘리제와 벤 그리고 다른 가족들 모두에게 깊고 깊은 감사를 전한다. 이 책은 나의 아버지 로이 슐만에게 바친다. 언제나처럼 아내이자 내 영혼의 동반자인 로라 리드의 헌신적인 사랑과 지원이 없었다면 이 일을 해내지 못했을 것이다. 보스턴까지 먼 거리를 다니며 내 일에 깊은 통찰력을 보여주고 적극적으로 이야기를 들어준 그녀에게 특히 더 감사를 전한다.

　마지막으로 전화의 기원에 관한 자료들을 뒤진 다음 알렉산더 그레이엄 벨이 유일한 전화 발명가가 아님을 알리려고 나섰던 많은 연구자들에게도 감사를 전하고 싶다. 그들은 1878년 조지 프레스콧, 1883년의 실바누스 톰슨, 1900년 존 폴 보콕, 1923년 윌리엄 에이트켄, 1937년 로이드 테일러, 1995년 루이스 코우, 2000년 에드워드 에벤슨, 버튼 베이커다. 이미 전화가 나온 초기부터 이런 노력이 나타났다는 사실은 전화 발명을 둘러싼 논쟁의 뿌리가 얼마나 깊으며 변하지 않는 역사적 통념 앞에서 기록을 바로 잡는다는 것이 얼마나 어려운지를 보여준다. 그럼에도 나는 진실을 밝히려 한 이들의 노력에서 많은 것을 배우고 영감을 얻었다. 이들은 복잡한 이야기에 대한 대중의 이해를 넓혀 주었다. 내가 거기에 더한 것이 있다면 벨의 노트에 들어 있는 정보의 중요성을 지적하고 이전 연구자들이 이미 밝혀낸 사실들을 엮고 자르고 한 것뿐일 것이다.

옮긴이의 말

"연구에 이용한 방대한 자료, 철저한 탐구 정신,
손에 땀을 쥐게 하는 흥미진진한 이야기 전개"

오래 전 한 대기업에서 '세상은 일등만 기억합니다'라는 광고를 내건
적이 있다. 이 광고에서 알렉산더 그레이엄 벨은 세상이 기억하는 일등
으로 등장했다. 그리고 그 일등에 가려 역사에서 잊힌 사람이 있었으니
그는 바로 엘리샤 그레이다.

2004년 10월 MIT캠퍼스에 자리 잡은 디브너 과학기술사 연구소에
특별 객원 연구원으로 초빙된 과학 전문 기자 겸 저술가 세스 슐만은 벨

의 연구 노트를 훑어보다가 한 가지 의문점을 발견했다. 점진적으로 진행되던 벨의 '다중 전신기' 연구에 완전히 새로운 장치가 등장하며 갑작스레 방향을 선회한 것이다. 더불어 벨이 연구 노트에 그린 송화기 도안과 그레이의 발명 특허권 신청서에 있는 도안이 너무 똑같다는 사실마저 밝혀졌다.

처음에 저자는 벨이 그레이의 도안을 표절하고 아이디어를 훔쳤을지도 모른다는 의혹을 파헤치는 게 옳은 일인지 판단이 서지 않았다. 벨의 업적뿐만 아니라 그의 인격을 깊이 존경했기에 전혀 다른 벨의 모습을 확인하는 게 두려웠던 것이다. 거대한 모습으로 우뚝 서 있는 굳건한 역사적 사실도 그를 주저하게 만들었다. 수많은 역사학자들의 연구와 조사에서도 발견되지 않았던 사실을 역사학자도 아닌 자신이 밝혀낼 수 있을지 회의도 들었다. 그러나 처음 가졌던 이런 망설임은 전화 발명 과정과 전화 특허의 이면을 추적하는 중에 점차 확신으로 변했다.

그동안 벨의 전화 특허에는 끊임없는 의혹이 제기되었다. 이에 결국 특허 허용 과정에 대한 의회 조사까지 벌어졌고 진실을 밝히려는 이들의 연구도 계속 이어졌다. 벨과 그레이의 운명을 가른 것으로 알려진 몇 시간의 차이가 특허 허가 기준과는 아무 상관이 없다는 사실과 벨이 그레이의 아이디어를 도용했다는 증언, 특허 신청 당시의 정황 증거, 법정 소송 과정에서 드러난 벨의 석연치 않은 행동 등 의문을 가질 만한 근거는 많았지만 항상 이를 밝혀 줄 결정적인 증거가 부족했다.

여러 진통을 겪긴 했지만 결국 '전화의 아버지'라는 벨의 역사적 위치는 조금도 흔들리지 않았다. 운명은 벨의 편이었던 것이다. 부와 권력을 두루 갖춘 허버드의 후원, 알코올 중독에다 빚에 시달리던 부패한 특허청 관리, 당시 허술했던 특허법 규정, 1세기 동안 공개되지 않고 묻혀 있던 결정적 증거. 이 모든 것이 공모하여 벨에게 전화 특허와 함께 부와 명예를 안겨 주었다.

저자가 발견한 증거 자료와 연구 결과가 지금까지 우리 모두가 당연하게 인정했던 역사적 통념을 뒤집는 결정적인 증거로 받아들여질지 아니면 또 하나의 주변 증거로 남게 될지 확신할 수 없지만, 과학서이자 역사서인 동시에 추리 소설적 재미를 두루 갖춘 이 책이 많은 독자들에게 오랜만에 독서의 재미를 일깨워 줄 것이라는 사실은 분명해 보인다.

2008년 11월
강성희

주석

01 복잡하고 수상한 대발견의 순간

1) 1876년 1월 중순 벨은 엑서터 플레이스 5번가에 있는 13번 방과 15번 방으로 이동했다. 이 곳에서 알렉산더 그레이엄 벨이 메이블 허버드에게 1876년 1월 17일에 처음 보낸 편지를 참고하라. 특별히 명시하지 않는 한 여기서 언급하는 편지들은 모두 미국 의회 도서관에 알렉산더 그레이엄 벨의 가족 기록(Alexander Graham Bell Family Papers)으로 모아둔 디지털 문서를 참고한 것이다. 온라인에서도 열람할 수 있다. http://memory.loc.gov/ammem/bellhtml/bellhome.html.

2) 도형 및 세부 사항은 미국 의회 도서관에 소장되어 있는 '실험실 노트 1875~1876' 40~41쪽에서 확인할 수 있다. 왓슨은 처음에 개발한 액체 송화기는 이후 실험에서는 사용하지 않았다고 설명했다. 다음 자료를 참고하라. Thomas A. Watson, "The Birth and Babyhood of the Telephone: An Address Delivered Before the Third Annual Convention of the Telephone Pioneers of American at Chicago, October 17, 1913," American Telephone & Telegraph Co., 1936.

3) 일례로 다음을 참고하라. AGB, U.S. Patent 174,465, "Improvements in Telegraphy," filed Feb. 14, 1876; issued March 7, 1876. 벨은 "진동 또는 유도

반응이 가능한 몸체의 움직임을 이용해 지속적인 동전기 회로에서 파동을 발생시키는 방법"을 주장했다.

4) AGB, Laboratory Notebook, 1875~1876, LOC, pp.40~41.

5) 왓슨의 공책은 AT&T 역사 자료(AT&T Historical Collection)의 일부다. 인용한 페이지는 다음 책에서 올 칼라로 인쇄되어 출간되기도 했다. H. M. Boettinger, *The Telephone Book: Bell, Watson, Vail and American Life 1876~1976*, Riverwood Publishers, 1977, p.67.

6) 알렉산더 그레이엄 벨은 아버지 알렉산더 멜빌 벨에게 1876년 3월 10일에 편지를 썼다.

7) Thomas A. Watson, *Exploring Life*, D. Appleton & Co., 1926, pp.126~127.

02 갑작스런 방향 전환

1) 에디슨의 전기 작가 매튜 제퍼슨에 따르면 이 명칭은 다음 신문 기사에 처음 실렸다. "An Afternoon with Edison," *New York Daily Graphic*, April 2, 1878. 다음 책을 참고하라. Matthew Josephson, *Edison: A Biography*, John Wiley & Sons, 1959, p.170.

2) 에디슨은 1847년 2월 11일에, 벨은 1847년 3월 3일에 태어났다.

3) 다음을 참고하라. Neil Baldwin, *Edison: Inventing the Century*, Hyperion, 1995, p.25.

4) Ibid., p.323; 출퇴근 시간 관리에 대해서는 다음을 참고하라. Seth Shulman, "Unlocking the Legacies of the Edison Archives," *Technology Review*, February~March 1997.

5) 1869년부터 1933년까지 미국 특허청은 토머스 에디슨에게 1,093건의 특허를 발행했으며 이 수치는 개인에게 발행된 최고 특허 기록으로 남아있다. 에디슨이 받은 총 특허 횟수에 대해서는 다음 웹사이트에서 확인할 수 있다. http://edison.rutgers.edu/patents.htm.

6) 다음을 참고하라. Helen Keller, *The Story of My Life*, Grosset & Dunlap, 1905, pp.18~19.

7) 벨이 「사이언스」지 창간을 도운 이야기는 다음 책에 자세히 기록되어 있다. Robert V. Bruce, *Bell: Alexander Graham Bell and the Conquest of Solitude*, Cornell University Press, 1973, pp.376~378. 벨은 편집자 섭외에도 긴밀하게 관여했으며 잡지 유통을 위해 1880년대와 1890년대 초반 총 6만 달러를 기부했다고 로버트 브루스는 추정한다. 1888년에 미국지리학회 설립을 주도했던 인물은 늘 활력이 넘쳤던 가디너 허버드다. 1897년에 허버드가 죽자 벨이 미국지리학회 회장이 되었다. 다음 책을 참고하라. Bruce, *Bell*, pp.422~423.

8) 벨의 역할에 대한 더 자세한 사항은 다음 책을 참고하라. Seth Shulman, *Unlocking the Sky*, HarperCollins, 2002.

9) 벨을 "우생학의 선구자"로 묘사한 다음 자료를 참고하라. "Frontispiece: Alexander Graham Bell as Chairman of the Board of Scientific Directors of the Eugenics Record Office," *Eugenical News: Current Record of Race Hygiene*, vol. 14, no. 8, August 1929; 벨이 찰스 대븐포트에게 보낸 다음 자료도 참고하라. Eugenics Record Office, December 27, 1912. 두 자료 모두 온라인에서 열람할 수 있다. http://www.eugenicsarchive.org; 여성의 권리에 대한 부분은 1975년 10월 5일 벨이 메이블 허버드에게 보낸 편지를 참고하라. 긴 편지 말미에 벨은 약혼자에게 이렇게 썼다. "나는 미국의 대통령을 꿈꾸는 여성을 보게 될 날이 멀지 않았다고 생각합니다!"

10) David Fairchild, *The World Was My Garden: Travels of a Plant Explorer*, Charles Scribner's Sons, 1939, p.290.

11) 흥미진진한 약전에 대해서는 다음 자료를 참고하라. I. Bernard Cohen, "Award of the 1976 Sarton Medal to Bern Dibner," *ISIS*, vol. 68, no. 244, 1977, pp.610~615.

12) N. Bohr and L. Rosenfeld, "Field and Charge Measurein Quantum Electrodynamics," *Physical Review*, vol. 78, no. 6, 1950, pp.794~798.

13) 예컨대 다음 책을 참고하라. I. Bernard Cohen and George E. Smith, eds., *The Cambridge Companion to Newton*, Cambridge University Press, 2002.

14) AGB, Laboratory Notebook, 1875~1876, pp.1~33.

15) Ibid., p.35.

16) 이 이야기는 다음 책을 포함하여 여러 곳에 설명되어 있다. Marvin McFarland and Orville Wright, *The Papers of Wilbur and Orville Wright*, McGraw-Hill, 1953, p.8.

17) 플레밍의 발견은 독창적인 기사로 발행되었다. A. Fleming, *British Journal of Experimental Pathology*, vol. 10, no. 226, 1929; 다음 책도 참고하라. Rupert Lee, *The Eureka Moment: 100 Key Scienti.c Discoveries of the 20th Century*, British Library, 2002, p.29.

18) AGB, Laboratory Notebook, 1875~1876, p.34.

03 워싱턴행과 우선권 다툼

1) 예컨대 다음을 참고하라. AGB, "Notes of Early Life," from the "Notebook of Alexander Graham Bell" *Volta Review*, 1910(Series: Article and Speech Files, Folder: "Autobiographical Writings," 1904~1910, undated). 미국 의회 도서관 웹 사이트에서도 열람할 수 있다. 열네 살에 할아버지를 방문했을 무렵 사람들은 다들 그가 나이보다 성숙해 보인다고 생각했다. 다음을 참고하라. Mabel Hubbard Diaries, January 1879, LOC.

2) *Harper's New Monthly*, February 1876, p.465, 온라인에서도 열람할 수 있다. http://cdl.library.cornell.edu/moa/. 레일로드 가제트(Railroad Gazette)에서 얻은 최근 수치에 따르면 1872년에 미국에 6,202마일의 주요 철도가 개설되었고 1873년에 3,276마일, 1874년에 1,664마일, 1875년에 1,150마일이 새로 추가되었다.

3) 다음 자료에서 간략한 내용을 확인할 수 있다. "Tweed, William Marcy," in Biographical Directory of the U.S. Congress; 온라인에서도 열람할 수 있다. http://bioguide.congress.gov.

4) 예컨대 다음 책을 참고하라. Kathleen Collins, *Jesse James: Western Bank Robber*, Rosen Publishing Group, 2003, p.30.

5) 워싱턴에 대한 묘사는 다음 책에서 일부 참고했다. Cath MacKenzie, *Alexander Graham Bell: The Man Who Contracted Space*, Grosset & Dunlap, 1928, chap. 1.

6) 다음을 참고하라. "A Timeline of Washington, DC History," at http://www.h-net.org/~dclist/timeline1.html.

7) Ibid.

8) Ibid.

9) 다음을 참고하라. George Olszewski, *A History of the Washington Monument*, Department of the Interior, 1971; http://www.nps.gov/archive/wamo/history/.

10) 벨이 아버지에게 1876년 2월 29일에 보낸 편지.

11) Ibid.

12) Ibid.

13) Ibid.

14) 19세기에 미국은 특허권 신청 때 발명품에 대한 설명 및 자세한 그림과 함께 모델을 제출하도록 요구하는 유일한 산업 국가였다. 그러나 미국 특허청에 따르면 "두 번의 화재와 남북전쟁의 혼란으로 발명품 모델을 모아 놓은 정부 수집품에 재앙이 닥쳤고, 1880년대에는 넘쳐나는 발명품 모델들이 아주 성가신 존재"가 되었다. 관련 정보는 다음 웹사이트를 참고하라. http://uspto.gov/web/of.ces/com/speeches/02-11.htm. 다음 책도 참고하라. Seth Shulman, *Owning the Future*, Houghton Mifflin, 1999, p.6.

15) 다음을 참고하라. "United States Patent Laws: Main Points of the Senate Bill Amending the Present Laws," *New York Times*, February 15, 1876, p.1.

16) Timothy Stebins, U.S. Patent 181,112, "Improvement in Hydraulic Elevators," filed March 2, 1876; issued August 15, 1876.

17) William Gates, U.S. Patent 174,070, "Improvement in Electric Fire Alarms," filed April 1, 1874; issued February 29, 1876.

18) *The Congressional Directory*, Office of the Librarian of Congress, 1876. 당시 미국 특허청에는 세나 월버를 포함해 심사관 22명, 우선권 다툼 심사관 1명, 수석 심사관 3명이 있었다. 한편 미국 정부 기록에 따르면 1876년에 15,595건의 특허가 발행됐다. 1866과 1896년 사이에 그 숫자는 매년 두 배 이상 늘어났

다. 다음 책을 참고하라. Thomas P. Hughes, *American Genesis*, Viking, 1989, pp.14~15.

19) Emile Berliner, U.S. Patent 463,569, for a "Combined Telegraph and Telephone" (microphone), filed June 1877; issued November 1891.

20) 예컨대 다음을 참고하라. Daniel S. Levy, "Man-made Mar" *Time*, December 4, 2000.

21) 다음을 참고하라. David A. Hounshell, "Bell and Gray: Contrasts in Style, Politics and Etiquette," *Proceedings of the IEEE*, vol. 64, no. 9, September 1976, pp.1305~1314.

22) 다음을 참고하라. Robert Bruce, "Elisha Gray," in John Garraty and Mark Carnes, eds., *American National Biography*, vol. 9, Oxford University Press, 1999, pp.441~442.

23) Ibid. 다음 책도 참고하라. George B. Prescott, "Sketch of Elisha Gray," *Popular Science Monthly*, November 1878, pp.523~528.

24) Elisha Gray, U.S. Patent 76,748, "Improvement in Telegraph Apparatus," issued April 14, 1868.

25) 다음을 참고하라. *American National Biography*, vol. 9, p.441.

26) 다음을 참고하라. David A. Hounshell, "Elisha Gray and the Telephone: On the Disadvantages of Being an Expert," *Technology and Culture*, April 1975, p.138.

27) Watson, *Exploring Life*, p.60. 왓슨이 말한 전기 기술자(electrician)는 오늘날 우리가 전기 기사(electrical engineer)라고 부르는 사람을 가리키는 통상적인 용어였다.

28) 미국 특허청 규정은 다음 책에 분명하게 명시되어 있다. Webster Elmes, *The Executive Departments of the United States at Washington*, W. H. & O. H. Morrison, 1879, chap.28, "The Patent Office," pp.471~487.

29) 기간에 대해서는 다음 자료를 참고하라. U.S. Patent and Trademark Office, The Story of the United States Patent and Trademark Office, U.S. Government Printing Office, 1981, p.21.

30) Elisha Gray, U.S. Patent Office Caveat, "Instruments for Transmitting and Receiving Vocal Sounds Telegraphically," filed February 14, 1876.

31) 벨과 허버드, 샌더스의 합의하에 1885년 3월 3일 AT&T 사를 설립했다. 수직적으로 결합된 독점 기업 AT&T 사는 곧바로 세계에서 가장 큰 회사가 되었다. 다음을 참고하라. Irwin Lebow, *Information Highways and Byways: From the Telegraph to the 21st Century*, IEEE Press, 1995, p.41.

04 보이는 음성, 말하는 기계

1) Edwin S. Grosvenor and Morgan Wesson, *Alexander Graham Bell: The Life and Times of the Man Who Invented the Tele*, Harry N. Abrams, 1997, p.16.

2) Bruce, *Bell*, p.16. 벨은 에든버러 사우스 샬럿 16번 가에서 1847년 3월 3일에 태어났다.

3) MacKenzie, *Alexander Graham Bell*, p.13.

4) Ibid., p.32, 17~20. 다음 자료를 참고하라. AGB, "Notes of Early Life."

5) 다음을 참고하라. Alexander Melville Bell, *Visible Speech: The Science of Universal Alphabetics*, Simpkin, Marshall & Co., 1867.

6) George Bernard Shaw, *Pygmalion*, Washington Square Press, 2001, preface, p.19.

7) Bruce, *Bell*, p.30.

8) 예컨대 다음을 참고하라. AGB, "Notes of Early Life."

9) Ibid.

10) Ibid. "할아버지가 나를 일류 양복점에 보내셨는데 그곳에서 나는 이튼스쿨 남학생처럼 멋지게 차려입은 내 모습을 보게 되었다."라고 벨은 회상했다.

11) Grosvenor and Wesson, *Alexander Graham Bell*, p.23.

12) Watson, *Exploring Life*, p.58.

13) Ibid., pp.250~296.

14) 다음을 참고하라. MacKenzie, *Alexander Graham Bell*, p.22. 맥켄지는 벨이 "음악을 즐겼고 일생 동안 음악을 위안으로 삼았던" 소년이었다고 말했다.

15) AGB, Address Before the Telephone Society of Washington, February 3, 1910.

16) 벨이 1876년 8월 1일 메이블 허버드에게 보낸 편지. 다음 책도 참고하라. Bruce, Bell, p.22.

17) 예컨대 다음을 참고하라. Stephan Vogel, "Sensation of Tone, Perception of Sound, and Empiricism: Helmholtz's Physiological Acoustics," in David Cahan, ed., *Hermann von Helmholtz and the Foundations of Nineteenth-Century Science*, University of California Press, 1993, pp.259~287.

18) 다음을 참고하라. Daniel P. McVeigh, "An Early History of the Telephone 1664~1865," a project of the New York-based Institute for Learning Technologies; http://www.ilt.columbia.edu/projects/bluetele phone/html/.

19) Ibid.

20) AGB, "Notes of Early Life."

21) 다음을 참고하라. Bernd Pompino-Marschall, "Von Kempelen et al.: Remarks on the history of articulatory acoustic modeling," *ZAS Papers in Linguistics*, no. 40, 2005, pp.145~159.

22) Ibid. 다음 책도 참고하라. Grosvenor and Wesson, *Alexander Graham Bell*, p.17.

23) AGB, "Making a Talking-Machine," unpublished article, undated, Miscellaneous Articles file, LOC.

24) Ibid.

25) Ibid.

26) Ibid.

27) AGB, autobiographical article, February 6, 1879.

28) 다음을 참고하라. AGB, "The Result of Some Experiin Connection with 'Visible Speech' Made in Elgin in November 1865," Alexander Graham Bell Family Collection, LOC (Subject File Folder: The Deaf, Visible Speech, Notebooks, 1865).

29) Wesson and Grosvenor, *Alexander Graham Bell*, p.30.

30) 다음을 참고하라. Hermann von Helmholtz, *On the Sensation of Tone*, 2nd English ed., trans. Alexander J. Ellis, Dover, 1954.

31) Wesson and Grosvenor, *Alexander Graham Bell*, p.30.

32) 헬름홀츠가 고안한 장치에 대해서는 다음 책을 참고하라. Bruce, *Bell*, p.50.

33) 다음 자료를 참고하라. Bell's explanation in The Bell Telephone: The Deposition of Alexander Graham Bell in the Suit Brought by the United States to Annul the Bell Patents, American Bell Telephone Co., 1908, Int. 19, p.12.

34) 다음 책에 인용되어 있다. MacKenzie, *Alexander Graham Bell*, p.41.

35) Ibid., p.37.

36) J. 시먼즈가 1868년 7월 26일에 벨에게 보낸 편지. 다음 책도 참고하라. Bruce, *Bell*, p.57.

37) 예컨대 다음을 참고하라. Wesson and Grosvenor, *Alexander Graham Bell*, pp.30~31.

38) Ibid., p.58.

39) 다음을 참고하라. Bruce, *Bell*, p.59.

40) MacKenzie, *Alexander Graham Bell*, p.44.

41) Bruce, *Bell*, p.73.

05 보스턴 대학의 젊은 교수

1) Bruce, *Bell*, p.168.

2) AGB, Laboratory Notebook, 1875~1876, p.39.

3) 특별히 벨은 찰스 크로스, 루이스 먼로, 에드워드 피커링 교수를 만났다. 다음 책을 참고하라. Bruce, *Bell*, pp.110, 171.

4) AGB, "Researches in Telephony," *Proceed of the American Academy of Arts and Sciences*, May 10, 1876.

5) Walworth Manufacturing Co., Cambridgeport, MA. 다음을 참고하라. Watson, *Exploring Life*, pp.91~95; AGB, "The Pre-Commercial Period of the Telephone," speech delivered November 2, 1911, p.16.

6) 이 그림은 다음 자료에서 확인할 수 있다. Gilbert H. Grosvenor Collection of Alexander Bell Photographs, LOC, Bell Collection, neg. no. LC-G9-Z2-4429-B-3.

7) 이 공작소에 관한 설명은 다음 책을 참고하라. Charlotte Gray, *Reluctant Genius: Alexander Graham Bell and the Passion for Invention*, Arcade Publishing, 2006, p.82.

8) 보스턴 비콘 스트리트에 있는 이 빌딩은 에드워드 클라크 캐벗이 설계했으며 1847년에 공사를 시작했다. 다음 웹사이트를 참고하라. http://www.bostonathenaeum.org.

9) 다음을 참고하라. Watson, *Exploring Life*, passim.

10) 벨이 1874년 5월 6일 부모님에게 보낸 편지. 다음 책도 참고하라. Grosvenor and Wesson, *Alexander Graham Bell*, pp.41~43.

11) 다음을 참고하라. "Report of a Committee on the New Method of Instruction for Deaf-Mutes," *Boston Daily Advertiser*, December 1871; AGB Papers, LOC (Subject File Folder: The Deaf, Visible Speech, Misc., 1868~1919). 다음 자료도 참고하라. 벨이 1873년 6월 22일 부모님에게 보낸 편지. "수업 덕분에 저는 보스턴에서 새로운 지위를 부여받게 되었고 그 결과 과학에 대한 관심이 높은 지역 인사들과 접촉할 수 있게 되었습니다."라고 벨은 쓰고 있다. 다음 책도 참고하라. Bruce, *Bell*, p.76.

12) 벨이 1873년 11월 1일 부모님에게 보낸 편지. 1874년 4월에 보낸 편지도 참고하라.

13) 벨이 1873년 10월 2일 부모님에게 보낸 편지. 벨은 샌더스의 집으로 옮기고 나

서 부모님에게 첫 번째 편지를 썼다. 샌더스의 집에 관해서는 다음 자료를 참고하라. Bruce, *Bell*, pp.127~131.

14) Watson, *Exploring Life*, p.52.

15) 다음을 참고하라. Josephson, *Edison*, p.62.

16) Thomas A. Edison, U.S. Patent 90,646, "Improvement in Electrographic Vote-Recorder," issued June 1, 1869.

17) Watson, *Exploring Life*, p.54.

18) Ibid. 다음 책도 참고하라. Bruce, *Bell*, pp.134~135.

19) 다음을 참고하라. Hounshell, "Elisha Gray and the Tele," *Technology and Culture*, p.144.

20) Joseph Stearns, U.S. Patent 126,847, "Duplex Telegraph Appara" issued May 14, 1872. 다음 책도 참고하라. Bruce, *Bell*, p.93.

21) 가장 완전한 형태의 설명은 다음 책에서 찾아볼 수 있다. Bell, *The Multiple Telegraph*, Franklin Press, 1876. 이 특수 연구서는 우선권 다툼 과정에서 상세한 설명을 요구하는 미국 특허청 규칙 제53조에 준하여 벨이 자신의 발명의 방향을 자세히 설명하고자 준비했던 것이다. 벨이 1874년 10월 4일 조지 브라운에게 보낸 편지도 참고하라.

22) Watson, *Exploring Life*, p.57.

06 아이디어와 자본의 만남

1) 벨이 1874년 10월 20일에 부모님에게 보낸 편지.

2) 예컨대 다음을 참고하라. Lilias M. Toward, *Mabel Bell: Alexander's Silent Part*, Methuen, 1984, pp.19~20.

3) 성홍열에 관한 자료는 다음 책을 참고하라. Helen Elmira Waite, *Make a Joyful Sound: The Romance of Mabel Hubbard and Alexander Graham Bell*, Macrae Smith Co., 1961, pp.36~49.

4) 그 집은 오래 전에 불타 버렸시만 1922년에 찍은 사진들이 다음 자료에 남아있다. Gilbert H. Grosvenor Collection of Alexander Graham Bell Photographs, LOC. 다음을 참고하라. neg. nos. LC-G9-Z3-126545-AB and LC-G9-Z3.

5) Bruce, *Bell*, p.98.

6) Fred DeLand, *Dumb No Longer: Romance of the Telephone*, Volta Bureau, 1908, pp.124~127.

7) Ibid., p.124.

8) Ibid.

9) Ibid., p.125.

10) 다음을 참고하라. Toward, *Mabel Bell*, p.xvii.

11) Bruce, *Bell*, p.126.

12) 벨이 1874년 10월 23일 알렉산더 멜빌 벨, 엘리자 시몬즈 벨, 캐리 벨에게 보낸 편지.

13) Ibid.

14) 예컨대 1874년 3월이라고만 쓰여 있는 벨이 부모님에게 보낸 편지를 참고하라. 이 편지에 벨은 "제가 얘기했는지 모르겠네요. 정부가 모든 전신선을 매입하도록 의회에 법안을 제출한 신사분이 제가 가르치는 학생 아버지라는 거 말이에요. 제 전신기에 대해 그분에게 편지를 쓰는 게 좋을까요?"라고 쓰고 있다.

15) 벨이 1874년 10월 20일에 부모님에게 쓴 편지.

16) 신발에 관해서는 다음을 참고하라. W. Bernard Carlson, "The Telephone as Political InstruGardiner Hubbard and the Formation of the Middle Class in America, 1875~1880," in Michael Thad Allen and Gabrielle Hecht, eds., *Technologies of Power*, MIT Press, 2001, pp.25~55. 톱에 관해서는 다음을 참고하라. Edwin Jenney, "Machinery for Sawing Staves," U.S. Patent 7,380, May 21, 1850.

17) 다음을 참고하라. "In the Matter of the Postal-Telegraph Bill," Gardiner G. Hubbard's presentation before the U.S. House Committee on Appropriations, April 22, 1872, Government Printing Office, 1872.

18) Gardiner G. Hubbard, "Our Post-Office," *Atlantic Monthly*, January 1875.

19) 다음을 참고하라. "In the Matter of the Postal-Telegraph Bill," Gardiner G. Hubbard before the House Committee on Appropriations, April 22, 1872.

20) Ibid.

21) 허버드 법안 관련 논쟁에 대해서는 다음 책을 참고하라. W. Bernard Carlson, "The Telephone as Political Instrument," in Allen and Hecht, eds., *Technologies of Power*, pp.25~55.

22) 무료 우송 특권에 대해서는 다음을 참고하라. Alvin F. Harlow, *Old Wires and New Waves*, D. Appleton-Century, 1936, p.336.

23) 대통령 선거에 관한 자세한 설명을 들으려면 다음 책을 참고하라. C. Vann Woodward, *Reunion and Reaction: The Compromise of 1877 and the End of Reconstruction*, Oxford University Press, 1991.

24) DeLand, *Dumb No Longer*, p.124.

25) Robert W. Lovett, "The Harvard Branch Rail1849.1855," *Cambridge Historical Society Proceedings*, vol. 38(1959~1960), pp.23~50; Carlson, "The Telephone as Political Instrument," p.35. 칼슨의 책 각주 28번에 따르면 운송과 설비를 향상시킨 허버드의 공로로 케임브리지의 인구는 1850년대에 거의 두배가 되었고 1860년에는 약 2만 6천 명에 이르렀다.

26) 케임브리시 역사 위원회에 보관되어 있는, 날짜가 없는 메이블 벨의 회고록 내용으로 다음 자료에 상술되어 있다. Carlson, "The Telephone as Political Instrument," p.34.

27) 벨이 1874년 10월 23일 알렉산더 멜빌 벨, 엘리자 시몬즈 벨, 캐리 벨에게 쓴 편지.

28) Bell, *The Multiple Telegraph*, p.14.

29) 다음을 참고하라. Bruce, *Bell*, p.129.

30) 벨이 1875년 2월 21일 부모님에게 쓴 편지. 벨은 폴과 베일리에 대해 "그들은 미국 특허청과 연결된 가장 저명한 사람들이에요."라고 썼다.

31) 가디너 허버드가 1874년 11월 18일 벨에게 쓴 편지. 허버드는 "폴록 씨에게 전화를 해서 그 문제를 의논했는데, 발명 특허권 보호 신청을 하는 건 아주 어리석은 일이고 자네에게 큰 타격이 될 거라는 말을 들었네."라고 썼다.

32) 벨이 1874년 11월 23일 부모님에게 쓴 편지.

33) Watson, *Exploring Life*, p.62.

34) Ibid., p.63.

35) Bell, U.S. Patent 161,739, filed March 6, 1875; issued April 6, 1875.

36) *The Bell Telephone: The Deposition of Alexander Graham Bell in the Suit Brought by the United States to Annul the Bell Patents*(cited hereafter as

Deposition of Alexander Graham Bell).

37) Bruce, *Bell*, p.501.

38) *Deposition of Alexander Graham Bell*, Int. 102, p.82.

39) Agreement between George Brown, John Gordon Brown, and AGB, December 29, 1875, AGB Family Papers, LOC (SubFile Folder: The Telephone, Brown, George, 1875~1888).

40) South Street Seaport Museum, New York, shipping records for the Russia, Cunard Line, cited in A. Edward Evenson, *The Telephone Patent Conspiracy of 1876*, McFarland & Co., 2000, p.70.

41) *Bell Telephone Co. et al. v. Peter A. Dowd*, Circuit Court of the U.S., District of Massachusetts, filed September 12, 1878, p.435.

42) *Deposition of Alexander Graham Bell*, Int. 102, p.82.

43) MacKenzie, *Alexander Graham Bell*, p.111.

44) 1875년 12월 29일 조지 브라운, 존 고든 브라운, 알렉산더 그레이엄 벨이 맺은 협약.

07 휘그주의의 위험, 통념과의 모순

1) "Bell and Helmholtz Meet," *New York Daily Tribune*, Wednesday, October 4, 1893.

2) 화학계와 휘그주의의 관계에 대한 흥미로운 논의에 대해서는 다음 책을 참고하라. Jan Golinski, "Chemistry," in Roy Porter, ed. *The Cambridge History of*

Science, vol. 4: *Science in the Eighteenth Century*, Cambridge University Press, 2001, pp.375~397.

3) John William Strutt, Baron Rayleigh, *The Theory of Sound*, Macmillan & Co., 1877~1878.

4) Daniel Davis, Jr., et al., *Davis's Manual of Magnetism*, Daniel Davis, Jr., 1842; J. Baile, *Wonders of Electricity*, Scribner Arm& Co., 1872. 벨은 이들의 책을 참고했다고 자신의 책에 언급한 바 있다. Bell, *The Multiple Telegraph*, p.7.

5) Bell, *The Multiple Telegraph*, p.7. 다음 책도 참고하라. Bruce, *Bell*, pp.104~105.

6) MacKenzie, *Alexander Graham Bell*, p.vii.

7) Watson, *Exploring Life*, p.57.

8) Ibid., p.58. 왓슨은 "그 때까지 우리 가족과 지인들에게는 나이프가 주요 식사 도구였다."고 쓰고 있다.

9) Ibid., p.57.

10) Ibid., p.61.

11) 벨이 1878년 9월 9일 메이블 허버드 벨에게 쓴 편지.

08 솟구치는 사랑의 열정

1) 거트루드 허버드가 1875년 8월 20일 벨에게 보낸 편지를 참고하라. 이 편지에 그녀는 "언제나처럼 일요일 오후에 당신을 볼 수 있을까요?"라고 썼다.

2) Waite, *Make a Joyful Sound*, p.85.

3) 사적인 서술에 대해서는 벨이 1875년 6월 30일 부모님에게 쓴 편지를 참조하라. 이 편지에서 벨은 "제 사랑스런 학생 메이블 허버드를 처음 만나고 1년이 더 지난 지금 그녀는 제 마음 속에 들어오고 있습니다."라고 썼다.

4) Mabel Hubbard Diaries, January 1879.

5) Mabel Hubbard to her mother, vol. 78, available at the Alexander Graham Bell National Historic Site, Baddeck, Nova Scotia.

6) 메이블 허버드가 1874년 2월 3일 어머니에게 보낸 편지.

7) Ibid.

8) 메이블 허버드가 1873년 11월 19일 어머니에게 쓴 편지.

9) 다음을 참고하라. Toward, *Mabel Bell*, p.22.

10) 거트루드 허버드가 1874년 2월 14일 가디너 허버드에게 쓴 편지.

11) 이 특별 일기장 사본은 다음 자료에서 찾아볼 수 있다. AGB and Melville James Bell, from 1867 to August 26, 1875, LOC (Series: Miscellany; Folder: Miscellaneous Writing and Copies of Correspondence, 1868~1875).

12) 벨이 1875년 8월 1일 거트루드 허버드에게 쓴 편지.

13) Ibid.

14) 벨이 1875년 6월 30일 부모님에게 쓴 편지. 다음 책도 참고하라. Bruce, *Bell*, pp.145~149.

15) *Deposition of Alexander Graham Bell*, Int. 68, p.59.

16) Ibid.

17) 벨이 1875년 6월 30일 부모님에게 쓴 편지.

18) Watson, *Exploring Life*, p.108.

19) 벨이 1875년 6월 24일 거트루드 허버드에게 쓴 편지.

20) AGB, Journal entry, June 25, 1875.

21) AGB, Journal entry, June 27, 1875.

22) 벨이 1875년 8월 8일 메이블 허버드에게 쓴 편지.

23) 벨이 1875년 8월 8일 메이블 허버드에게 쓴 편지.

24) AGB, Journal entry, August 4, 1875.

25) AGB, Journal entry, August 3, 1875.

26) 메이블 허버드가 1875년 8월 2일 어머니에게 쓴 편지.

27) 벨이 1875년 8월 5일 허버드 부부에게 쓴 편지.

28) 가디너 허버드가 1875년 8월 6일 벨에게 쓴 편지.

29) AGB, Journal entry, August 7, 1875. 벨은 "도로가 약 40피트 넓이에 3.5인치 깊이"의 급류에 잠겨 섬으로의 통행이 불가능했다고 썼다.

30) 벨이 1875년 8월 8일 메이블 허버드에게 쓴 편지.

31) AGB, Journal entry, August 9, 1875.

32) AGB, Journal entry, August 26, 1875. 이 만남을 회상하며 벨은 "내 생애 가장 행복했던 날"이었다고 썼다.

33) AGB, Journal entry, August 26, 1875.

34) 가디너 허버드가 1875년 10월 29일 벨에게 쓴 편지.

35) 벨이 1875년 11월 23일 가디너 허버드에게 쓴 편지.

36) 가디너 허버드가 1875년 10월 29일 벨에게 쓴 편지.

37) 벨이 1875년 11월 23일 가디너 허버드에게 쓴 편지.

38) 벨이 1875년 11월 25일 부모님에게 쓴 편지.

39) 벨이 1875년 8월 1일 거트루드 허버드에게 쓴 편지.

40) Watson, *Exploring Life*, pp.108~109.

09 수상한 특허 심사

1) Grosvenor and Wesson, *Alexander Graham Bell*, p.8.

2) Conevery Bolton Valencius, *The Health of the CounHow American Settlers Understood Themselves and Their Land*, Basic Books, 2002. 이 책은 2002년 최우수 환경사 부분 조지 퍼킨스 마쉬 상을 받았다.

3) Conevery Bolton Valencius with Peter J. Kastor, "Sacagawea's Cold," presentation at the Conference on Health and Medicine in the Era of Lewis and Clark, College of Physicians, Philadelphia, November 2004. 관련 기사는 다음 자료에 실려 있다. *Bulletin of the History of Medicine*, Summer 2008.

4) Elisha Gray, U.S. Patent Office Caveat, filed February 14, 1876.

5) AGB, U.S. Patent No. 174,465, "Improvements in Telegraphy," filed February 14, 1876; issued March 7, 1876.

6) 의회의 결의로 내무부는 벨의 특허권을 둘러싼 정황을 조사했다. 다음 자료를 참고하라. *Report of the Department of the Interior*, December 22, 1885. 내무부 차관보 조지 젠크스가 제출한 이 보고서에는 M.B. 필립의 증언도 담겨 있다. *In the United States Patent Office. In the matter of the petition on behalf of Elisha Gray to re-open the interferences between A.G. Bell, Elisha Gray and others, before the Commissioner of Patents.* M.B. Philipp, counsel for Gray and the

Gray National Telephone Co., B. Quick Print Co., 1888, p.67.

7) Gray, *Reluctant Genius*, p.121.

8) 다음 자료에서 엘리샤 그레이의 편지를 참고하라. *Electrical World and Engineer*, February 2, 1901, p.199.

9) Evenson, *The Telephone Patent Conspiracy of 1876*, pp.73~83.

10) 벨의 특허 174,465호의 파일 포대 부분은 이새 국립문서보관소에 보관되어 있다. 본문은 다음 책에서 확인할 수 있다. Evenson, Ibid., pp.78~80; 사본들은 다음 책에 인쇄되어 있다. Burton H. Baker, *The Gray Matter: The Forgotten Story of the Telephone*, Telepress, 2000, pp.A25~A45.

11) 다음을 참고하라. U.S. Patent Code, 1839.

12) Patent Office memo to Pollok & Bailey, February 19, 1876, file wrapper, U.S. Patent 174,465.

13) Pollok & Bailey to the Commissioner of Patents, undated, file wrapper, U.S. Patent 174,465.

14) U.S. Patent Office, "Commissioner's Decision of February 3, 1876," Official Gazette, March 14, 1876, p.497; Baker, *The Gray Matter*, p.A64.

15) Ibid.

16) Pollok & Bailey to the Commissioner of Patents, undated, file wrapper, U.S. Patent 174,465.

17) Ibid.

18) *Report of the Department of the Interior*, p.67.

19) Ibid., p.69.

10 기계들의 증언

1) George B. Prescott, *The Speaking Telegraph, Talking Phonograph and Other Novelties*, D. Appleton, 1879.

2) William Aitken, *Who Invented the Telephone?*, Blackie & Son, 1939; Lewis Coe, *The Telephone and Its Several Inventors*, McFarland & Co., 1995.

3) 예컨대 다음을 참고하라. Aitken, *Who Invented the Telephone?*, p.7. 페이지의 생애에 대해 더 많은 정보를 알고 싶다면 다음 논문을 참고하라. Robert C. Post, *Physics, Patents, and Politics: The Washington Career of Charles Grafton Page, 1838~1868*, Ph.D. dissertation, University of California, Los Angeles, 1973.

4) Bell, "Researches in Telephony," *Proceedings of the American Academy of Arts and Sciences*, May 10, 1876, p.1. 벨의 노트는 페이지를 포함한 많은 연구자들의 업적을 인용하고 있다. C. G. Page, "The Production of Galvanic Music," *Silliman's Journal*, 1837, vol. 32, pp.396~354; vol. 33, p.118.

5) Bell, "Researches in Telephony," pp.1~2.

6) *Deposition of Alexander Graham Bell*, Cross-Int. 384, p.256. 벨은 "이런 것들이 1876년 3월 7일 내 특허 출원보다 앞선다는 걸 알지만 전기 기구들로 음향을 만드는 것과 관련된 작품들에 대해서 아주 무지했다."고 말했다.

7) 다음을 참고하라. Charles Bourseul, "Transmission electrique de la parole," *L' Illustration Journal Universel*, August 26, 1854.

8) Ibid., p.139.

9) 하나는 「이시스(ISIS)」라는 잡지를 출간하는 과학사회사(The History of Science Society)로 1920년대에 설립되었고, 다른 하나는 「기술과 문화(Technology and Culture)」라는 잡지를 출간하는 기술사연구회(The Society for the History of

Technology)로 1958년에 시작되었다. 각 그룹은 구별된 회원제, 학술회의, 시상 제도를 가지고 독립적으로 활동한다.

10) 다음을 참고하라. David Pantalony, "Rudolph Koenig's Work of Sound: Instruments, Theories, and the Debate Over Combination Tones," *Annals of Science*, vol. 62, no. 1, January 2005, pp. 57~82.

11) 쿡과 휘트스톤의 자침 전신기에 관해 더 알고 싶으면 다음 자료를 참고하라. B. Bowers, "Inventors of the Telegraph," *Proceedings of the IEEE*, vol. 90, no. 3, March 2002, pp. 436~439. 과학박물관 수집품 사진들은 다음 웹사이트 에서 볼 수 있다. http://www.ingenious.org.uk.

12) 더 자세한 학술적인 설명을 들으려면 다음 책을 참고하라. Bern Dibner, *The Atlantic Cable*, Burndy Library, 1959.

13) 사진과 설명을 보려면 다음을 참고하라. "Ingenious," exhibit, Science Museum, London, online at: http://www.ingenious.org.uk.

14) 다음을 참고하라. Silvanus P. Thompson, *Philipp Reis: Inventor of the Telephone*, E. & F. N. Spon, 1883. 다음 자료도 참고하라. John Liffen, "Precursors of the Telephone," unpublished talk given at the Royal Museum of Scotland, Edinburgh, November 18, 2003; copy courtesy of the author.

15) 다음을 참고하라. Thompson, *Philipp Reis*, pp. 11~12.

16) 라이스가 근무했던 가르니에 인스티튜트 음악 교사였던 하인리히 페터의 시 연은 앞의 책에 인용되어 있다. Ibid., p. 127.

17) 하이델베르크 대학 물리학 교수 게오르크 퀸케의 시연은 앞의 책에 인용되어 있다. Ibid., p. 112.

18) 다음을 참고하라. Basilio Catania, "The Telephon of Philipp Reis," *Antenna*,

vol. 17, no. 1, October 2004, pp.3~8. 온라인에서도 찾아볼 수 있다. http://www.esanet.it/chez_basilio/reis.htm.

19) 예컨대 다음을 참고하라. McVeigh, "An Early History of the Telephone 1664~1865."

20) Bell, "Researches in Telephony," *Proceedings of the American Academy of Arts and Sciences*, May 10, 1876.

21) Wilhelm Von Legat, "On the Reproduction of Sounds by means of Galvanic Current," *Zeitschrift des Deutsche-Oesterreichischen Telegraphen Vereins* [Journal of the Austro-German Telegraph Union], vol. 9, 1862, p.125. *Dingler's Polytechnishces Journal*, vol. 169, 1863, p.23, reproduced the article. 영역본은 다음 자료를 참고하라. "Deposition of Antonio Meucci," part iii, p.29, copy in the New York Public Library.

22) 다음을 참고하라. Robert M. Ferguson, *Electricity*, William & Robert Chambers, 1867, pp.257~258.

23) *Deposition of Alexander Graham Bell*, Cross-Int. 327, p.221.

24) 라이스의 전화는 에든버러 소재 메서즈 켐프 사의 판매업자 시어러 씨가 설명했다. 다음을 참고하라. "The Telephon of Philipp Reis," p.8, notes 23 and 24.

25) *Deposition of Alexander Graham Bell*, Int. 54, p.50. 벨이 1875년 3월 18일 부모님에게 보낸 편지도 참고하라.

26) *Deposition of Alexander Graham Bell*, Cross-Int. 843, p.428.

27) 필립 라이스가 1863년 7월 13일 윌리엄 라드에게 보낸 편지. 런던 과학박물관 소장(inv. 1953, p.118).

28) *Deposition of Alexander Graham Bell*, Cross-Int. 854, p.432.

29) 다음 책을 참고하라. Baker, *The Gray Matter*, pp.42~43. 라이스 건은 여러 법정에서 다뤄졌다. 그러나 소위 돌베어 건에서 중요한 시연이 실패했다. Dolbear II, 17 Fed. Rep. 604, U.S. Circuit Court, District of Massachusetts, filed October 10, 1881.

30) 다음 책을 참고하라. Thompson, *Philipp Reis*, pp.165~179.

31) 자세한 내용은 다음 책을 참고하라. Aitken, *Who Invented the Telephone?*, citing "The First Telephone," *Post Office Electrical Engineers' Journal*, vol. 25, July 1932, pp.116~117.

32) STC 사의 L.C. 포콕 씨가 1946년 10월 4일 과학박물관 큐레이터 W.T. 오 데아에게 보낸 편지. 런던 과학박물관 소장.

33) 이 사건에 대한 전체 개관은 다음 자료를 참고하라. Liffen, "Precursors of the Telephone," unpublished talk. 다음 자료도 참고하라. Liam McDougall, "Official: Bell didn't invent the telephone; 'top secret' file reveals that businessmen suppressed the identity of the telephone's real inventor," *Sunday Herald*(Glasgow), November 23, 2003.

11 액체 송화기

1) "Bell and Gray," *Proceedings of the IEEE*, p.1308.

2) Transcript of "Complimentary Reception and Banquet to Elisha Gray, Ph.D., Inventor of the Telephone," at Highland Park, *McRoy Clay Works*, 1904, November 15, 1878.

3) Ibid., 다음 신문에 인용되어 있다. *The Interior*, a weekly Presbyterian

newspaper in Chicago, p.7.

4) Gray reception booklet, p.10. 빙엄은 축사 두 번째 순서로 '전화의 기원(The Telephone in Its Origin)' 이라는 제목으로 연설했다.

5) Ibid.

6) Ibid., p.38.

7) Bruce, *Bell*, p.170.

8) David A. Hounshell, "Two Paths to the Telephone," *Scientific American*, vol. 17, no. 3, January 1981, p.161. 하운셀은 "이 때(1875)까지 그레이와 벨은 서로 쫓고 쫓겼다. 두 사람은 서로 상대방이 자신을 염탐한다고 의심했다."라고 적었다.

9) 다음을 참고하라. "Deposition of Elisha Gray," in *Speaking Telephone Interferences, The Case for E. Gray*, Washington DC, 1880, pp.41~42.

10) 전기 치료 기기에 관한 풍부한 자료와 사진은 전기치료박물관 웹사이트를 참고하라. http://www.elec trotherapymuseum.com.

11) Bruce, *Bell*, p.116.

12) Ibid., p.118.

13) 다음을 참고하라. Elisha Gray, U.S. Patent 165,728, "Improvement in Transmitters for Electro-Harmonic Telegraphs," July 20, 1875.

14) 더 자세한 그레이의 설명을 들으려면 다음 책을 참고하라. Elisha Gray, *Nature's Miracles*, vol. 1, Eaton & Mains, 1900, p.141: "난 과일 깡통을 들고 있는 두 소년을 보았다. 깡통 바닥 중앙에는 실이 달려 있었고 그 실은 거리를 가로질러 뻗어 있었다. 보자마자 관심이 생겼다. 소년의 손에서 깡통 하나를 건네받고……귀를 깡통 주둥이에 갖다 댔더니 길 건너편에 있는 소년의 목소

리를 들을 수 있었다. 나는 잠깐 그 소년과 대화를 나눴고 어떻게 실이 두 깡통 바닥에 연결되었는지 알아챘다. 그 때 갑자기 전기로 소리를 전달하는 문제가 내 머릿속에서 스르륵 풀렸다."

15) "Deposition of Elisha Gray," pp.48~49. 다음 책도 참고하라. Hounshell, "Elisha Gray and the Telephone," *Technology and Culture*, p.153.

16) Coe, *The Telephone and Its Several Inventors*, p.71.

17) Lloyd W. Taylor, "The Untold Story of the Tele" *American Physics Teacher*, December 1937, pp.243~251. 다음 책에도 등장한다. Coe, *The Telephone and Its Several Inventors*, Appendix 9, p.206.

18) Lloyd W. Taylor, "The Untold Story of the Tele" unpublished MS, Oberlin College Archives, Oberlin, OH, chap. 2.

19) Taylor, "The Untold Story of the Telephone," *American Physics Teacher*, p.246.

20) Coe, *The Telephone and Its Several Inventors*, p.73.

21) 문서 보관소는 오벌린 대학 중앙 도서관 자료실, 실리 머드 센터 꼭대기 층에 있었다.

22) 다음 자료를 참고하라. Marlene D. Merril, "Daughters of America Rejoice: The Oberlin Experiment," *Timeline: A Publication of the Ohio Historical Society*, October~November 1987, pp.13~21.

23) Taylor, "The Untold Story of the Telephone," *American Physics Teacher*, p.247.

24) Ibid., p.245.

25) 예컨대 다음 자료를 참고하라. Bruce, Foreword, in Wesson and Grosvenor,

Alexander Graham Bell, p.6.

26) Taylor, "The Untold Story of the Telephone," *American Physics Teacher*, p.251.

27) Ibid.

12 전신 특허 심사관

1) 다음을 참고하라. Lloyd W. Taylor, correspondence, 1921.1948, Untold Story of the Telephone, Folders 1.4, Lloyd W. and Esther B. Taylor Papers, courtesy of the Oberlin College Archives.

2) 다음을 참고하라. Correspondence between Lloyd W. Taylor and Walter Tust, editor of the *Encyclopaedia Britannica*, August. October 1945, Lloyd W. and Esther B. Taylor Papers, courtesy of the Oberlin College Archives.

3) 다음을 참고하라. Lloyd W. Taylor, correspondence, 1921~1948, Oberlin College Archives.

4) 엘리샤 그레이가 1877년 3월 2일 벨에게 쓴 편지.

5) "Personal column," *Chicago Tribune*, February 16, 1877. 이 기사는 "전화기의 진짜 발명가인 시카고의 엘리샤 그레이는……벨 교수의 그럴싸한 주장에 대해 전혀 걱정하지 않으며"라는 부분으로 시작되었다.

6) 벨이 1877년 3월 2일 엘리샤 그레이에게 쓴 편지.

7) Zenas Fisk Wilber affidavit, October 21, 1885; Zenas Fisk Wilber affidavit, April 8, 1886, Thomas W. Soran, Notary Public, in Lloyd W. and Esther B. Taylor Papers, courtesy of the Oberlin College Archives.

8) Wilber affidavit, October 21, 1885.

9) Ibid.

10) George Washington University Law School, "Marcellus Bailey and the Telephone," available online at http://www.law.gwu.edu.

11) Wilber affidavit, October 21, 1885.

12) 예컨대 다음을 참고하라. Affidavit of John F. Guy, September 18, 1885, Elisha Gray Collection, National Museum of American History, reprinted in Evenson, *The Telephone Patent Conspiracy*, p.175. 다음 책도 참고하라. Bruce, *Bell*, p.278. 특별한 증거도 전혀 언급하지 않고 브루스는 이런 식으로 월버의 10월 진술서를 간단하게 처리해 버렸다. "세나 월버(아마 술에 취했거나 글로브 전화 회사 대리인들에게 뇌물을 받았거나 둘 다 일지도 모른다)는 벨에게 그레이의 특허권 보호 신청서 전문을 보여주었다고 진술했다."

13) Taylor, unpublished manuscript, chap.11.

14) 세나 월버의 1885년 10월 21일 자, 1886년 4월 8일 자 진술서 사본은 다음 자료를 참고하라. Taylor's unpublished manuscript, Appendix III.

15) Wilber affidavit, October 21, 1885.

16) Wilber affidavit, April 8, 1886.

17) Taylor, unpublished manuscript, Appendix III, p.2.

18) Wilber affidavit, April 8, 1886.

19) Ibid.

13 신청서 여백의 진실

1) "Affidavit of Alexander Graham Bell in reply to that of Zenas Fisk Wilber," *Washington Post*, May 25, 1886.

2) Ibid.

3) 벨과 메이블 허버드 벨이 길버트 그로스브너에게 말한 내용, 날짜 미상. Alexander Graham Bell Family Papers, LOC.

4) Bell Telephone Co. et al. v. Peter A. Dowd, Circuit Court of the U.S., District of Massachusetts, filed September 12, 1878.

5) *Deposition of Alexander Graham Bell*, Int. 266, pp.194~195.

6) 다음 사본을 참고하라. AGB Patent Application filed February 14, 1876, LOC. 다음 책에도 등장한다. Coe, *The Telephone and Its Several Inventors*, p.6; Baker, The *Gray Matter*, p.A76.

7) John E. Kingsbury, *The Telephone and Telephone Exchanges: Their Invention and Development*, Longmans, Green & Co., 1915, p.213.

8) Aitken, *Who Invented the Telephone?*, p.100.

9) 벨이 1876년 1월 13일 가디너 허버드에게 쓴 편지.

10) Ibid.

11) *Deposition of Alexander Graham Bell*, Int. 103, p.86.

12) Bruce, *Bell*, p.165.

13) 벨이 1876년 1월 19일 메이블 허버드에게 쓴 편지.

14) Bruce, *Bell*, p.165.

15) 조지 브라운이 가지고 있던 1876년 벨의 특허 신청서 사본은 전화 특허 소송에

서 중요한 문제로 다시 표면화되어 미국연방법원으로 보내졌다. 다음 자료에서 확인할 수 있다. U.S. Reports 126US 88, October term, 1887. 다음 책들에도 선문이 실려 있다. Evenson, *The Telephone Patent Conspiracy*, pp.245~252; Baker, *The Gray Matter*, pp.A60~A63.

16) Evenson, *The Telephone Patent Conspiracy*, p.180.

17) 조지 브라운이 1878년 11월 12일 벨에게 보낸 편지.

18) 존 고든 브라운이 1876년 2월 27일 벨에게 보낸 편지를 참고하라. 이 편지에서 그는 영국에 있는 자기 형이 관련 당사자들로부터 알게 되었는데 벨의 특허 신청서가 실현되지 못할 것이라는 소식을 알려 주었다. 1876년 3월 10일 벨이 부모님에게 보낸 편지도 참고하라. 벨은 "조지 브라운이 특허 신청서가 영국에서는 상업적인 성공을 거두지 못할 것이라는 전보를 보냈다."고 설명했다. MacKenzie, *Alexander Graham Bell*, p.111. 맥켄지는 브라운이 영국에서 특허 획득에 실패한 일을 "벨은 결코 잊어버리지도 용서하지도 않았다."고 적고 있다.

19) Bruce, *Bell*, p.164.

20) *Deposition of Alexander Graham Bell*, Int. 102, p.82. 벨은 "미국 신청서는 1876년 1월 20일 보스턴에서 서명되었고 워싱턴으로 보내져 거기서 내 변호사의 손에 전해졌다."고 진술했다.

21) 다음 책을 참고하라. Baker, *The Gray Matter*, pp.117~122.

22) Ibid., p.132.

23) 벨이 1875년 5월 4일 가디너 허버드에게 보낸 편지.

24) *Deposition of Alexander Graham Bell*, Int. 103, pp.83~88.

25) AGB, U.S. Patent 174,465.

26) *Deposition of Alexander Graham Bell*, Int. 103, p.87.

27) *Deposition of Alexander Graham Bell*, Cross-Int. 410, p.265. 벨은 세나 윌버가 자신의 신청서 파일 포대 안에 다음과 같은 기록을 해 두었다고 증언했다. "이 건의 도면과 견본은 심사 요건을 충족시킨다."

28) *Deposition of Alexander Graham Bell*, Int. 266, p.195.

29) Ibid.

30) Taylor, unpublished manuscript, chap.7.

14 의도된 침묵, 통념의 유포

1) Prescott, *The Speaking Telegraph, Talking Phonograph and Other Novelties*, p.34.

2) Evenson, *The Telephone Patent Conspiracy*, p.198.

3) George B. Prescott, *Bell's Electric Speaking Telephone: Its Invention, Construction, Application, Modification and History*, D. Appleton, 1884, p.34. 이 판본은 『말하는 전신기』라는 제목으로 나왔던 초판과 비교할 때 중요한 부분이 여러 군데 삭제되고 수정되었다. (초판보다 훨씬 광범위하게 배본되었던 이 책의 가장 최신판은 1972년 「뉴욕 타임스」의 계열사였던 아노 프레스가 출간했다.)

4) Prescott, *The Speaking Telegraph*, p.73, note 1.

5) Prescott, *Bell's Electric Speaking Telephone*.

6) 다음 책을 참고하라. Isaac d'Israeli, *Curiosities of Literature*, 1835, p.24. 사과

신화에 대해 더 자세한 사항은 다음 책을 참고하라. James Gleick, *Isaac Newton*, Pantheon Books, 2003, pp.54~57. 글리크는 이것을 "과학 발견의 연대기에서 가장 영구적인 전설"이라고 불렀다.

7) George Smith, "Myth versus Reality in the History of Science" unpublished proposal, February 2005, quoted courtesy of the author.

8) Irving Fang, *A History of Mass Communications: Six Information Revolutions*, Focal Press, 1997, p.84.

9) Gerd Binning, "How Does the Telephone Work?," in Bettina Steikel, ed., *The Nobel Book of Answers: The Dalai Lama, Mikhail Gorbachev, Shimon Peres, and Other Nobel Prize Winners Answer Some of Life's Most Intriguing Questions for Young People*, Chemical Heritage Foundation, 2003, p.121.

10) Ian McNeil, ed., *The Encyclopaedia of the History of Tech*, Routledge, 1996, p.719.

11) *Famous Americans: 22 Short Plays for the Classroom*, Scholastic Books, 1995, p.93.

12) Casson, *The History of the Telephone*, A. C. McClurg & Co., 1910, p.10.

13) Joseph Carr, Steve Winder, and Stephen Bigelow, *Understanding Telephone Electronics*, Newnes, 2001, p.1.

14) Victoria Sherrow and Elaine Verstraete, *Alexander Graham Bell(On My Own Biographies)*, Carolrhoda Books, 2001, p.43.

15) Baker, *The Gray Matter*, p.62, citing congressional hearings, 1886.

16) Taylor, unpublished manuscript, chap.2.

17) Ibid.

18) MacKenzie, *Alexander Graham Bell*, p.115.

19) Bell, "Researches in Telephony," *Proceedings of the American Academy of Arts and Sciences*, May 10, 1876.

20) 예컨대 다음 책을 참고하라. Karl L. Wildes and Nilo A. Lindren, *A Century of Electrical Engineering and Computer Science at MIT, 1882~1982*, MIT Press, 1985, p.25.

21) 벨이 1876년 5월 12일 부모님에게 쓴 편지.

22) Ibid.

23) *Deposition of Alexander Graham Bell*, Int. 118, p.85.

24) AGB, Laboratory Notebook, 1875~1876, pp.81~83.

25) Bruce, *Bell*, p.185.

26) 다음 책을 참고하라. Bernard Finn, "Alexander Graham Bell's Experiments with the Variable-Resistance Transmitter," *Smithsonian Journal of History*, vol. 1, no. 4, 1966, pp.1~16.

27) AGB, Laboratory Notebook, 1875~1876, pp.12~13.

28) 다음을 참고하라. Thomas A. Edison, "Improvement in Speaking-Telegraphs," U.S. Patent 203,015, filed August 28, 1877; issued April 30, 1878. 벨의 라이벌 토머스 에디슨이 탄소 송화기 발명으로 상업적으로 발전할 만한 전화 설계를 완성한 것은 전화 역사의 커다란 아이러니 중 하나다. 이 사실은 1879년 11월 벨전화회사와 웨스턴 유니언 사 간에 있었던 다우드 소송의 최종 결정에 상당한 역할을 했다.

29) Bruce, *Bell*, p.185.

30) Minutes of the May 25, 1876, meeting at MIT, "The 197th meeting of the

Society of Arts," available courtesy of the MIT Archives, Cambridge, MA.

31) *Boston Transcript*, May 31, 1876, courtesy of the MIT Archives, Cambridge, MA.

32) 벨이 1876년 3월 10일 아버지에게 보낸 편지.

15 백주년 박람회

1) 벨이 1876년 6월 21일 메이블 허버드에게 쓴 편지.

2) 전시회에 대한 간결한 개요는 다음 자료를 참고하라. "Progress Made Visible: The Centennial Exposition, Philadelphia, 1876," Special Collections Department, University of Delaware Library. Available online at http://www.lib.udel.edu/ud/spec/exhibits/fairs/cent.htm.

3) 벨이 1876년 6월 21일 메이블 허버드에게 쓴 편지.

4) 상세한 논평은 다음 책을 참고하라. Robert C. Post, ed., *1876: A Centennial Exhibition*, Smithsonian Institution, 1976.

5) 벨은 1876년 6월 21일에 메이블 허버드에게 쓴 편지에서 이 전시회와 다른 전시회들을 회상했다.

6) 다음 자료를 참고하라. "Colossal hand and torch 'Liberty,'" photograph in the collection of LOC, digital file reproduction no. LC-DIG-ppmsca-02957. 자유의 여신상에 관한 정사(正史)는 미국 국립공원청 홈페이지를 참고하라. http://www.nps.gov/stli/.

7) 다음 책을 참고하라. John Allwood, *The Great Exhibi*, Studio Vista, 1977, p.57.

8) 다음 자료를 참고하라. Post, ed., *1876*, p.31.

9) W. D. Howells, "A Sennight of the Centennial," *Atlantic Monthly*, vol. 38, no. 225, July 1876, p.96. 코넬 대학교 도서관 '미국 건국' 컬렉션 웹사이트에서 확인할 수 있다. http://cdl.library.cornell.edu.

10) U.S. Centennial Commission, *International Exhibition 1876: Official Catalogue*, John R. Nagle & Co., 1876, p.331; *Reports and Awards*. Vol. VII, ed. Francis A. Walker, Government Printing Office, 1880, p.12.

11) Ibid.

12) *International Exhibition 1876: Official Catalogue*, p.104.

13) 하인즈 사의 케첩 역사에 따르면 케첩은 1876년에 소개되어 피클, 고추냉이, 소금에 절인 양배추가 전시되어 있던 회사 전시관에 추가되었다.

14) 벨이 1876년 6월 21일 메이블 허버드에게 쓴 편지.

15) Bruce, *Bell*, p.190. 다음 책도 참고하라. MacKenzie, *Alexander Graham Bell*, p.119.

16) Elsie Grosvenor, "Mrs. Alexander Graham Bell.A Reminiscence," *Volta Review*, vol. 59, 1957, pp.209~305. 다음 책도 참고하라. Gray, *Reluctant Genius*, p.134.

17) 벨이 1876년 6월 18일 엘리자 벨에게 쓴 편지.

18) 벨이 1876년 6월 21일 메이블 허버드에게 쓴 편지.

19) 메이블 허버드가 1876년 6월 19일 벨에게 쓴 편지.

20) 예컨대 다음 책도 참고하라. Waite, *Make a Joyful Sound*, p.131.

21) MacKenzie, *Alexander Graham Bell*, p.119.

22) 벨이 1876년 6월 21일 메이블 허버드에게 쓴 편지.

23) Ibid.

24) 벨이 1876년 6월 22일 부모님에게 쓴 편지.

25) 다음 책도 참고하라. Hounshell, "Bell and Gray," *Proceedings of the IEEE*, p.1305.

26) Grosvenor and Wesson, *Alexander Graham Bell*, p.72.

27) 벨은 부정적인 반응을 보였다. 벨이 1876년 6월 27일 부모님에게 쓴 편지를 참고하라.

28) 벨이 1876년 6월 27일 부모님에게 보낸 편지.

29) "Home, Sweet Home" : Grosvenor and Wesson, *Alexander Graham Bell*, p.72.

30) 벨이 1876년 6월 27일 부모님에게 쓴 편지. 다음 책도 참고하라. Bruce, Bell, p.194.

31) Bruce, *Bell*, p.195.

32) 벨이 1876년 6월 27일 부모님에게 쓴 편지.

33) Bruce, *Bell*, pp.196~198.

34) 벨이 1876년 6월 27일 부모님에게 쓴 편지에 회상하고 있다.

35) Ibid.

36) Gray testimony in *Dowd* 108, p.138.

37) Horace Coon, *American Tel & Tel: The Story of a Great Monopoly*, Longmans, Green, 1939, p.54.

38) 엘리샤 그레이가 1876년 11월 1일 W.D. 볼드윈에게 쓴 편지. Elisha Gray

Collection, Archive Center, National Museum of American History. 다음 자료
에도 나와 있다. Hounshell, "Bell and Gray," *Proceedings of the IEEE*, p.1312.

39) 엘리샤 그레이가 1876년 8월 15일 A.L. 헤이스에게 쓴 편지. Elisha Gray
Collection, Archive Center, National Museum of American History. 다음 자료
에도 나와 있다. Hounshell, "Elisha Gray and the Telephone," *Technology
and Culture*, p.157.

40) 앞의 책을 참고하라. Ibid., p.145. *New York Times*, July 10, 1874, quoted
Western Union official Albert Brown Chandler.

41) 엘리샤 그레이의 편지는 다음 잡지에 수록되어 있다. *Electrical World and
Engineer*, February 2, 1901, p.199.

42) Thomas A. Watson, "The Birth and Babyhood of the Telephone: An Address
Delivered Before the Third Annual Convention of the Telephone Pioneers of
America, Chicago, October 17, 1913," p.22.

43) "Telephony: Audible Speech Conveyed Two Miles by Telegraph," *Boston
Advertiser*, October 9, 1876. 이 기사는 벨이 필사한 '케임브리지포트 레코드
(Cambridgeport Record)' 대신 왓슨이 필사한 '보스턴 레코드(Boston
Record)'로 기입되었다. 발췌문은 다음 책에도 나와 있다. Boettinger, *The
Telephone Book*, p.89.

44) Watson, "Birth and Babyhood" p.23. 다음 책도 참고하라. W. Bernard
Carlson and Michael E. Gorman "A Cognitive Framework to Understand
Technological Creativity: Bell, Edison, and the Telephone" in Robert Weber
and David Perkins, eds., *Inventive Minds: Creativity in Technology*, Oxford
University Press, 1992, p.64.

45) "The Telephone: More Interesting Experiments Between Boston and Salem,"

New York Times (from the Boston Transcript, Feb. 24), February 27, 1877, p.5.

46) 메이블 허버드가 1877년 4월 6일 벨에게 쓴 편지에 회상하고 있다.

47) 1911년 11월 2일 벨이 한 말.

48) 브로치 사진은 다음 책에서 볼 수 있다. Grosvenor and Wesson, *Alexander Graham Bell*, p.78.

49) Bruce, *Bell*, p.233.

50) Ibid.

16 소송, 증언 그리고 교훈

1) Claire Calcagno, "Edgerton's Work on Underwater Archaeology," *Dibner Institute Colloquium*, MIT, November 2, 2004.

2) Seth Shulman, "Did Bell Steal the Telephone?," *Dibner Institute Colloquium*, MIT, February 15, 2004.

3) 신혼부부는 1877년 8월 4일 뉴욕에서 앵커리아 호를 타고 출발해 1878년 11월 10일 온타리오 주 퀘벡으로 돌아왔다. 메이블 허버드 벨이 1877년 8월 4일 알렉산더 멜빌 벨 부인에게 쓴 편지. 다음 책도 참고하라. Bruce, *Bell*, p.235.

4) Bruce, *Bell*, p.231.

5) 벨이 1878년 9월 9일 메이블 허버드 벨에게 쓴 편지.

6) Bruce, *Bell*, pp.262~263.

7) 가디너 허버드가 1878년 11월 2일 벨에게 쓴 편지.

8) Watson, *Exploring Life*, pp.151~152.

9) 가디너 허버드가 1878년 11월 2일 알렉산더 멜빌 벨에게 쓴 편지.

10) Watson, *Exploring Life*, p.152.

11) Ibid.

12) Ibid.

13) 메이블 허버드가 1878년 11월에 거트루드 허버드에게 쓴 편지로 다음 책에 인용되어 있다. Toward, *Mabel Bell*, p.59.

14) Bruce, *Bell*, p.270.

15) 다음을 참고하라. "The Telephone at Court," *The Times*(London), January 16, 1878.

16) 다음을 참고하라. "The Volta Prize of the French Academy Awarded to Prof. Alexander Graham Bell," *Daily Evening Traveler*(Boston), September 1, 1880. 이 기사는 상을 근거로 "라이벌은 발명에 대한 우선권을 주장했는데 이제 이 문제는 처리되었다고 본다."라고 결론지었다.

17) 벨의 자산에 대해서는 다음 자료를 참고하라. Mabel Hubbard Bell, "The Beinn Bhreagh Estate," typewritten history in *Beinn Bhreagh Recorder*, February 14, 1914, pp.125~138.

18) Wesson and Grosvenor, *Alexander Graham Bell*, p.113.

19) American Telephone and Telegraph Co., *Alexander Graham Bell: Inventor of the Telephone*, American Telephone & Telegraph Co., 1947, p.6.

20) 벨이 1878년 8월 21일 메이블 허버드 벨에게 쓴 편지.

21) 엘리샤 그레이의 편지는 다음 잡지에 수록되어 있다. *Electrical World and*

Engineer, February 2, 1901, p.199.

22) Ibid.

23) Lloyd W. and Ester B. Taylor Papers, Oberlin College Archives.

24) 발견에 관한 법적 규칙을 포함한 민사 소송은 1938년에 연방 민사 소송 규칙을 채택함으로써 개정되었다. 더 자세한 사항은 다음 책을 참고하라. Charles Alan Wright, *Federal Practice and Procedure*, West Publishing Co., 1969.

25) 2006년 11월 미국 의회 도서관 큐레이터 레오나드 브루노와 저자의 인터뷰.

26) 브루스가 서문을 쓴 다음 책을 참고하라. Grosvenor and Wesson, *Alexander Graham Bell*, p.6.

27) Berliner and Thomas Edison: Emile Berliner, "Improvement in Tele" U.S. Patent 199,141, issued January 15, 1878, and Thomas A. Edison, "Improvement in Speaking-Telegraphs," U.S. Patent 203,015, issued April 30, 1878. 다음 책을 참고하라. John Brooks, *Telephone: The First Hundred Years*, Harper & Row, 1975, pp.70~71.

28) 캐나다에 있는 그의 사유지에서 행한 기록들은 다음 자료를 참고하라. Bell, *Beinn Bhreagh Recorder*. 예컨대 비행술과 양 사육은 1909년 7월 24일부터 1909년 10월 19일 자 기록에 언급되어 있다; AGB, Laboratory Notebook, "From undated to April 23, 1903," LOC (Subject File Folder: The Deaf, Visible Speech, Mohawk Language, 1870~1903).

29) Grosvenor and Wesson, *Alexander Graham Bell*, p.274.

지상 최대의 과학 사기극
알렉산더 그레이엄 벨의 모략과 음모로 가득 찬 범죄 노트

초판 인쇄 │ 2009년 1월 12일
초판 발행 │ 2009년 1월 22일

지은이 │ 세스 슐만
옮긴이 │ 강성희
펴낸이 │ 심만수
펴낸곳 │ (주)살림출판사
출판등록 │ 1989년 11월 1일 제9-210호

주소 │ 413-756 경기도 파주시 교하읍 문발리 파주출판도시 522-2
전화 │ 031)955-1350   기획·편집 │ 031)955-4667
팩스 │ 031)955-1355
이메일 │ book@sallimbooks.com
홈페이지 │ http://www.sallimbooks.com

ISBN 978-89-522-1019-7 03900

책임편집·교정 : 이은진

값 12,000원